"一带一路"：
联动发展的中国策

于洪君 著

人民出版社

目　录

前　言　关于"一带一路"的观察思考永远在路上 ……………………1

上　篇
"一带一路"：创新区域合作新模式

"一带一路"倡议的时代意义和历史价值 ………………………………3

推进"一带一路"建设，担起大国的历史责任 ……………………11

推进"一带一路"是中华民族的共同意志和集体行为 ……………24

推动"一带一路"建设必须妥善处理各种关系 ……………………33

"一带一路"不是搞简单扶贫而是要联动发展 ……………………42

发挥区位优势　参与"一带一路"建设大有可为 …………………51

中国企业参与"一带一路"建设，要正确应对各种风险 …………60

关于"一带一路"建设中的"经济走廊"问题 ……………………67

中国—东盟有望成为"一带一路"建设先行区和命运共同体
　　示范区 ………………………………………………………………92

"一带一路"将成为中哈两国发展进步的共同事业 ……………105

"一带一路"将为中欧互利合作开辟新境界 ……………………110

中国—中东欧合作在"一带一路"轨道上不断加速 …………114

紧跟"一带一路"全球进程，推动中拉合作全面发展 ………125

中非务实合作：现实成就与美好前景 …………………………133

中韩两国应携手共进，推动区域经济合作 ……………………139

参与"一带一路"建设，带动黑龙江全面振兴 ………………150

发挥区位优势，做走向"三亚""两洋"的先行区和示范区……155

利益兼顾是确保能源合作健康发展的重要前提 ………………164

应对南海局势变化，继续推进海上丝绸之路建设 ……………168

"一带一路"的时代风帆将在新起点上全速远航……………173

下　篇
联动发展：打造中国与世界命运共同体

裂变的世界和崛起的中国 ………………………………………185

倡导命运共同体意识，积极引导国际秩序变革………………199

打造人类命运共同体：现实与愿景……………………………206

"两个走向"是个不断加速的历史进程………………………213

国力走强时更要客观理性地看待自己和世界…………………222

合作共赢是当前中国特色大国外交的核心理念………………232

万隆精神对中国特色大国外交仍具有重大指导意义…………240

和平发展合作共赢是中国成长为世界大国的必由之路………248

构建中美新型大国关系要有足够的战略定力…………………260

共创中俄关系美好未来符合时代潮流…………………………266

中国倡导的金砖合作将成为世界联动发展的主要驱动力 ……………273

中国始终坚持裁军与强军并举，发展与安全兼顾…………………284

不忘初心：沿着和平发展与合作共赢的道路砥砺前行…………………289

前言　关于"一带一路"的观察思考永远在路上[*]

冷战结束以来，国际形势一直处于深刻而复杂的剧烈变化之中。世界多极化持续发展，经济全球化势如潮涌，体制多样化成为常态，社会信息化加速推进。然而，历史早已昭示我们：任何一个时代的进步，从来都没有也不可能自然而然地解决人类社会面临的所有问题。

的确，告别冷战时代后，我们很快就发现，我们所处的当今世界依然很不太平。冷战思维、强权政治、霸权主义，仍在相当范围内严重存在；领土主权纠纷、恐怖主义袭击、大规模社会动乱、地区冲突和国家间的战争，不但此起彼伏，而且有增无减；国际贸易争端、意识形态较量、价值观体系对抗、国际事务主导权之争、全球性发展不平衡以及气候变化等人类社会面临的共同性问题，比以往任何时候都更加突出；反多极化势力、反全球化思潮、反社会反文明行为、极端民族主义和粗陋民粹主义，对国际社会和人类发

---

* 这是"一带一路"倡议提出四周年前夕，作者以察哈尔学会国际咨询委员会委员、首席专家名义为《人民政协报》撰写的专稿。

展进程的挑战和威胁同样日甚一日。

在这种情况下，如何认识我们所处的时代，如何思索我们赖以生存的这个世界，如何看待人类面临的各种挑战？世界进步发展的方向在哪里，摆脱困境的出路在何方，怎样才能在山重水复中开辟柳暗花明的新境界，实现人类的共同发展与繁荣？这一系列重大的历史性难题，亟待远见卓识的政治家和领袖人物做出理智的判断和科学的解答。

2013 年 3 月，刚刚就任中国国家主席的习近平，首次出访选择俄罗斯，在国际上引起广泛关注。而令国际社会更为瞩目的是，他在这次访问中，作为中国新一届国家领导人，在莫斯科国际关系学院发表了有关时代特点和世界潮流的政策性演说，首次阐述了对当今世界形势和重大国际问题的基本看法和主张。这些看法和主张，确实给人以耳目一新之感。

习近平指出，我们所处的是一个风云变幻的时代，是一个日新月异的世界。这个时代和世界的主要特点是：和平、发展、合作、共赢成为时代潮流，旧的殖民体系土崩瓦解，冷战时期的集团对抗不复存在，任何国家或国家集团都再也无法单独主宰世界事务；一大批新兴市场国家和发展中国家走上发展的快车道，多个发展中心在世界各地区逐渐形成，国际力量对比继续朝着有利于世界和平与发展的方向发展；各国相互联系、相互依存的程度空前加深，人类生活在同一个地球村里，生活在历史和现实交汇的同一个时空里，越来越成为你中有我、我中有你的命运共同体；人类依然面临诸多难题和挑战，维护世界和平、促进共同发展依然任重道远。

　　面对这样的时代和世界，习近平庄严宣告："我们希望世界变得更加美好，并且也有理由相信，世界会变得更加美好。同时我们也清楚地知道，前途是光明的，道路是曲折的。""面对国际形势的深刻变化和世界各国同舟共济的客观要求，各国应该共同推动建立以合作共赢为核心的新型国际关系，各国人民应该一起来维护世界和平、促进共同发展。"

　　基于对时代潮流和世界大势的科学分析与判断，2013 年秋，习近平利用访问哈萨克斯坦和印度尼西亚之机，以振聋发聩的磅礴气势，向周边各国和国际社会发出了共建"丝绸之路经济带"和"21 世纪海上丝绸之路"的倡议。在哈萨克斯坦，习近平提出，为了使欧亚各国经济联系更加紧密、相互合作更加深入、发展空间更加广阔，我们可以用创新的合作模式，共同建设"丝绸之路经济带"，以点带面，从线到片，逐步形成区域大合作。加强政策沟通、道路联通、贸易畅通、货币流通和民心相通。在印度尼西亚，习近平提出："东南亚地区自古以来就是'海上丝绸之路'的重要枢纽，中国愿同东盟国家加强海上合作，使用好中国政府设立的中国—东盟海上合作基金，发展好海洋合作伙伴关系，共同建设 21 世纪'海上丝绸之路'。中国愿通过扩大同东盟国家各领域务实合作，互通有无、优势互补，同东盟国家共享机遇、共迎挑战，实现共同发展、共同繁荣。"

　　当年 11 月，习近平在周边外交工作座谈会上发表讲话，要求全党全国"推进'丝绸之路经济带'建设，抓紧制定战略规划，加强基础设施互联互通建设。建设 21 世纪海上丝绸之路，加强海上通道互联互通建设，拉紧相互利益纽带"。

从此，全力推进"一带一路"建设，便成为中华民族的统一意志，成为中国共产党的最高决策，成为中国实践开放发展、包容发展理念，带动整个世界互动发展、联动发展的神圣事业。2014年，《丝绸之路经济带和21世纪海上丝绸之路建设战略规划》获得通过。2015年3月，《推动共建丝绸之路经济带和21世纪海上丝绸之路的愿景与行动》白皮书正式发表。

近四年来，推进"一带一路"，同国内京津冀协同发展、长江经济带发展的国家战略已经紧密结合，相得益彰。习近平主席作为"一带一路"倡导者，积极利用各种外交场合，反复深入地阐述"一带一路"的宗旨、原则、目标和行动方向。他指出：中国发出"一带一路"倡议，就是要加强传统的陆海丝绸之路沿线国家的互联互通，实现经济共荣、贸易互补、民心相通。他强调，"一带一路"是共商共享共建，不是封闭而是开放包容的，不是一家独奏而是沿线国家的合唱，不是空洞的口号而是看得见摸得着的实际举措。"一带一路"也不是要代替现有的地区合作机制和倡议，而是要在已有的基础上，推动沿线国家实现发展战略的互相对接，优势互补。

在国内，习近平总书记把"一带一路"定性为"我国实行全方位对外开放的重大举措、推行互利共赢的重要平台"，要求必须以更高的站位、更广的视野，吸取和借鉴历史经验，以创新的理念和创新的思维，扎扎实实做好工作，使沿线各国人民实实在在感受到"一带一路"的好处。他指出，古代丝绸之路既是贸易之路，更是友谊之路，它的主要精神特征是和平合作、开放包容、互学互鉴、互利共赢。提出"一带一路"倡议，就是要继承和发扬丝绸之路精神，把我国发展同沿线国家发展结合起来，把中国梦同沿线各国人民的梦想结合起来，赋予古代丝绸之路以全新的时代内涵。

2016 年 8 月，当"一带一路"已在国际上得到广泛支持，并且取得一系列重要的阶段性成果时，习近平出席"一带一路"建设工作座谈会，向全党全社会提出新要求，这就是：总结经验、坚定信心、扎实推进，聚焦政策沟通、设施联通、贸易畅通、资金融通、民心相通，聚焦构建互利合作网络、新型合作模式、多元合作平台，聚焦携手打造绿色丝绸之路、健康丝绸之路、智力丝绸之路、和平丝绸之路。这一次，他把推进"一带一路"建设提到了"实现世界经济再平衡"的新高度。他指出，以"一带一路"建设为契机，开展跨国互联互通，提高贸易和投资合作水平，推动国际产能和装备制造合作，本质上是提高有效供给来催生新的需求，是实现世界经济再平衡。

推进"一带一路"建设，是前无古人的伟大事业，是通过合作发展拉动全球经济增长的神圣事业，因此得到了世界各国和众多国际组织的广泛支持和响应。据不完全统计，截至 2016 年 12 月，全世界已有 100 多个国家和国际组织表示积极支持并愿意参与"一带一路"建设，有 40 个国家和国际组织与中国签署了共建"一带一路"合作协议。中国发起成立的亚洲基础设施投资银行，创始成员国多达 50 多个。其成员不仅包括全体金砖国家、绝大部分新兴经济体，也包括英国、法国、德国等许多发达国家，加拿大等很多国家也在等待加入。

2016 年 12 月，中国外长王毅对"一带一路"倡议以来的成就做了总结。他将"一带一路"的"早期收获"概括为：合作理念深入人心，规划布局初步完成，互联互通网络逐步成形，产能合作加快推进，机制创新取得突破，人文交流更加紧密，金融支撑机制开始发挥作用，新型合作模式和制度安排成效显现。

近四年来，国际社会对"一带一路"总体上热议高涨，好评如潮。2016 年 8 月，联合国一位副秘书长来华参加《2016 全球治理高层论坛》时，高度评价中国的"一带一路"倡议。他认为，"一带一路"项目不仅会成为推动经济增长和地区合作的重要平台，而且会对进一步落实联合国提出的可持续发展目标、实现积极发展发生重要影响。2016 年 11 月 7 日，第七十七届联合国大会一致通过的关于阿富汗问题的决议，敦促各国通过参与"一带一路"，促进阿富汗及地区经济发展，同时呼吁国际社会为"一带一路"建设提供安全保障，绝非偶然。这份决议出台，一方面反映出，我们在多边机制中宣介"一带一路"取得新突破；另一方面也表明，国际社会对"一带一路"的支持度在进一步提升。

到 2017 年 5 月"一带一路"国际合作高峰论坛前夕，中国已在"一带一路"沿线的 20 多个国家建立了 56 个经贸合作区，中国企业累计投资达 500 多亿美元，为相关国家创造了 18 万个就业岗位，提供了 11 亿美元的税收。2014 年至 2016 年间，中国与"一带一路"沿线国家的贸易额达 3 万亿元，年均增速高于全球平均水平近一倍。在延续丝路精神、加强文化交流、促进民心相通方面，中国通过新设"丝绸之路"奖学金，每年资助 1 万名沿线国家新生来华学习或研修，与沿线国家互办文化年、艺术节，实施"丝绸之路影视桥工程"和"丝路书香工程"。丝绸之路联合申遗取得成功，海上丝绸之路联合申遗业已启动，首届丝绸之路国际文化博览会也将举办。

2017年5月在北京召开的首届"一带一路"国际合作高峰论坛，举世瞩目并取得圆满成功，论坛结束后形成了5大类、76大项、总共270多项具体成果。越来越多的国家和国际组织，与中国签署了参与"一带一路"建设的合作文件。中国提出的"一带一路"倡议，已经成为携手周边各国共同发展的动员令，成为引领世界各国互利合作共铸繁荣的新举措，成为国际社会共同抵御保守主义和封闭主义，推动新一轮经济全球化健康平衡普惠发展的新路径。

近四年来，国内外专家学者研究和解读"一带一路"的著述与文章可谓汗牛充栋。国内职能部门、权威机构和主流媒体宣介、阐述和诠释"一带一路"，更是高潮迭起。我们对习近平所阐述的"一带一路"是和平之路、繁荣之路、开放之路、创新之路、文明之路的深刻道理，也有了更加全面的认识和更加深入的理解。"一带一路"不但会大大加速"中国走向世界、世界走向中国"的历史进程，提升中国与外部世界"相互影响"的良性互动水平，同时也使人类社会超越社会制度差异，超越意识形态分歧，逐步走向命运共同体变得前景可期。国人的"四个自信"、民族自豪感和与此相联系的爱国情怀，也因此而陡增百倍。

但另一方面，我们也要清醒地看到，当前国际形势和未来世界，正在发生并将继续发生更加剧烈而复杂的深刻变化。中国推进"一带一路"建设的进程，必然会遇到许多新的问题和挑战。对此，我们应冷静观察、沉着应对，要在政治上、经济上、外交上做好足够准备。推进"一带一路"建设，无疑是一项极为艰巨、复杂而长

久的历史性任务。实现"一带一路"的美好夙愿，需要中国和国际
社会共同努力，经过几代人甚至更长时间才能完成。

　　从这一意义上说，"一带一路"这一恢宏的事业，目前还仅
仅是开始。成就和感悟也还是初步的。我们的"一带一路"建设，
将长期在路上。有关"一带一路"的观察和思考，必然是现在进
行时！

上　篇

"一带一路"：创新区域合作新模式

"一带一路"倡议的时代意义和历史价值[*]

  2013 年秋，习近平主席在哈萨克斯坦提议共建丝绸之路经济带、在印度尼西亚提议建设 21 世纪海上丝绸之路，引起国际社会广泛关注。短短两年多时间，"一带一路"不仅成了中国实现和平发展、全面复兴宏图大略的重要组成部分，同时也成为世界各国广泛参与、牵动国际关系走势的全球行动。我们说"一带一路"在中国已家喻户晓，在世界上也广为人知，绝不是夸大其词。

  中国倡导"一带一路"的背景和目的是什么，推动实现"一带一路"将遵循哪些原则，"一带一路"的主攻方向和当前着力点集中在哪里？国家发改委、外交部、商务部 2014 年 3 月发表的白皮书《推动共建丝绸之路经济带和 21 世纪海上丝绸之路的愿景与行动》，对此做了具体阐述。各方面权威人士和专家学者，也做了充分论述和解读。但就目前情况看，可以说人们对"一带一路"这个划时代倡议的认识并没有完全到位。如果我们放宽视野，站在创新区域合作模式、推动国际秩序重建、引领时代发展潮流、促进人

---

 * 本文系作者 2015 年 11 月在国际金融论坛年会上的讲话稿。

类文明进程的历史高度，深入研究"一带一路"的现实意义和历史价值，至少可以得出以下几点新结论。

第一，"一带一路"是创新亚洲地区区域合作模式的新思路。

当今时代是经济全球化时代，世界各国各地区之间经济上的相互联系和依存日益紧密。持续发展并不断深化的区域经济合作和区域经济一体化，则是经济全球化持续发展的客观要求和重要表现，也是区域经济合作模式升级换代的主要驱动力。中国所在的亚洲地区，是当今世界经济发展最为活跃、增长潜力最大的一个地区。但是，由于历史的和现实的种种原因，亚洲国家经济合作的意愿较低，经济一体化水平不高。相互间经济依存度远低于北美国家，更低于欧盟国家的水平。

在东北亚地区，中日韩三国经济体量很大，对世界经济的影响举足轻重，但三国间的经济一体化一直没有实质性进展。俄罗斯、蒙古和朝鲜三国经济上存在着明显的外向性需求，但缺少强有力的政策支撑和内在动力，对外开放与合作力度不够，朝鲜甚至长期实行封闭式的发展战略。在中亚地区，原为苏联加盟共和国的哈萨克斯坦等五个新国家，经济上曾共处于统一体系之内，地缘和人文方面也有密切联系，但独立后相互关系复杂，经济合作举步维艰，互联互通意愿很低，原有的基础设施互联体系，如供电网、公路网等，也被人为断裂。在南亚地区，印度等八个国家结成南亚联盟，但成员国的发展思路和资源禀赋差异巨大，各国为共谋发展虽然做出了一定努力，但成效甚微。唯有东南亚地区，印度尼西亚等国在东盟框架内密切协调与合作，并于十多年前大胆提议构建共同体，在区域合作和一体化发展方面多有建树，明显地走在了亚洲其他国家的前面。

全面考察近年来经济全球化发展趋势和中国周边地区一体化发展的客观要求,特别是中国与周边各国发展经贸关系、推进技术合作,尤其是共建基础设施的成就和经验,可以说,中国以共商共建共享为原则,倡导和引领周边国家广泛开展务实合作,争取在基础设施建设方面相互协调,取得突破,不仅极为必要,而且完全具有可操作性。在某些条件较好的国家和次地区,可以统一规划,共同建设,共同使用;暂不具备共建条件的国家和次地区,可以各自规划,单独建设,而后相互借用,彼此受益。就这样,区别不同情况,采取不同思路,实行不同方式,就可以推动古丝绸之路沿线各国分阶段、分步骤地实现互联互通,最终实现共同发展和繁荣。

中国周边各国积极响应"一带一路"倡议,也说明这一倡议恰逢其时。如果能顺利推进,首先实现政策相通,使"一带一路"与相关各国的发展规划有机衔接,使上海合作组织、东南亚国家联盟、南亚国家联盟、俄罗斯主导的欧亚联盟以及拟议中的中日韩经济合作相互协调,"一带一路"完全可以成为打造亚洲区域合作新模式、开拓亚洲互利共赢新局面、提升亚洲经济一体化水平的重要途径,成为打造中国与周边国家命运共同体,进而成为打造整个亚洲国家命运共同体的有效手段。

第二,"一带一路"是重新激发南南合作内生动力的新范式。

二战结束以来几十年间,国际社会一直为南北方国家之间,即广大发展中国家与少数发达国家之间的发展鸿沟不断扩大而困扰。上世纪70年代,发展中国家为自立图强、脱贫解困提出了南南合作的设想,并为此做出了多方面的探索和努力。但是,由于南南合作缺少发达国家的真诚配合与支持，发展中国家相互之间又缺少切实可行的中长期纲领和多边行动计划，南南合作始终处于裹足不前、举步维艰状态，总体成效非常有限。进入 21 世纪以来，如何提升南南合作的质量和水平，打造南南合作的升级版，如何激发南南合作的活力并创新合作机制等问题，再次提到国际社会的议事日程上来。

中国领导人发出的"一带一路"倡议，首要目的是在共商共建共享原则基础上，共同破解中国周边地区广大发展中国家基础设施建设长期滞后、严重掣肘经济和社会发展的难题。其主要途径，是通过实现地区国家基础设施的互联与互通，同时推动中国与相关国家的产能合作与技术合作，扩大相互间的经贸规模，开辟金融合作的新渠道，并进一步深化人文交往，增进各国人民之间的友谊，最终以中国的快速发展，带动周边国家及古丝绸之路沿线所有发展中国家的共同发展，最终不仅惠及中国自身和中国周边各国，同时也惠及原苏联东欧地区的所有转型国家，甚至惠及非洲乃至更远地区的大批发展中国家。

中国是世界上最大的发展中国家，是广大发展中国家在诸多国际事务中，其中包括实现联合国千年发展目标进程中的主要代表。中国倡导并推进"一带一路"，本身就是南南合作中的重大创举。也正因为如此，这一倡议得到了广大发展中国家的普遍认同和支持，包括远在非洲、拉美和南太平洋地区的许多发展中国家，也满怀期望和热情，与中国探讨参与"一带一路"的可能性，许多国家已与中国政府或相关部门签署了"一带一路"合作备忘录等文件。对于中国倡导成立的亚洲基础设施投资银行，广大发展中国家也热烈欢迎，积极参与。印度、南非、巴西、埃及、阿根廷等新兴经济体无一例外地加入亚投行，充分表明了这一点。

中国是南南合作的参与者和推动者。在发出"一带一路"倡议的同时，中国提出了打造中国—中亚、中国—东盟命运共同体的新构想，而后又陆续提出了打造亚洲命运共同体、中国—非洲命运共同体、中国—拉美命运共同体等一系列相关构想和主张。如此下去，南南合作自然而然地将以"一带一路"倡议为契机，出现前所未有的广泛参与、全面推进、联动发展、利益交织、共同进步的历史新局面。

第三，"一带一路"是引领和推动建设新型国际关系的新创举。

世界上不同国家之间的基础设施互联互通，以及与此相关联的区域合作与一体化发展，并非始自今日。这一过程往往与国际经济关系、贸易格局、金融秩序、行为规则、安全机制的构建或重整相联系，其结果不仅事关参与国的发展取向，而且事关全人类的前途和命运。国际社会在此方面积累了不少成功的经验，也有许多沉痛的教训。

第二次世界大战后不久，美国为帮助濒临破产的西欧国家在废墟上实现战后重建，拯救百孔千疮的西欧经济和危机四伏的社会，斥巨资实施了马歇尔计划，即所谓的欧洲复兴计划。这个计划对于美国和西欧而言是成功的，其结果是所有西欧国家从此更加仰仗美国人之鼻息，全部加入了以美国为首的反苏反共阵线，搭上了美国称霸欧洲和世界的战车，这就大大加剧了刚刚开始的东西方冷战。美国通过所谓的马歇尔计划，名为复兴欧洲，最初还摆出高姿态，邀请苏联和东欧国家参加，但实际推行的是美国主导下的区域合作，实施的是霸权逻辑下的共建理念和集团政治背景下的经济一体化，从而打造了一个长期服务于美国全球战略的势力范围。如果没有当年的马歇尔计划，甚至也不可能有后来的冷战堡垒北大西洋公约组织。

当时的苏联政府或多或少地意识到了美国的意图，因而拒绝了美国要苏东国家参与欧洲复兴计划的建议。但是，在两个对立阵营、两种社会制度、两个平行市场、两大货币体系的思想指导下，苏联带领东欧各国搞起了莫斯科主导下的"经济互助"，参加经济互助委员会即经互会的，不仅有东欧各国，后来还有亚洲和拉美地区的社会主义国家。在这个不同于欧洲复兴计划的经合体系和框架内，苏联根据壮大自身实力地位并扩张势力范围的战略需要，极力推行国际劳动分工，在内政外交两大方面严密控制经互会成员国，同时建立了以莫斯科为总部的政治军事集团华沙条约组织。其结果是相互矛盾的，一方面，某些参与"国际劳动分工"的国家日益成为其附庸，严重丧失主权与独立；另一方面，某些不愿被苏联控制的国家与苏联反目成仇，分道扬镳，导致社会主义大家庭最终瓦解。

中国倡导的"一带一路"，首先基于人类社会的统一性，同时也基于人类利益的共同性，基于人类文明共同发展和进步的崇高理念。这一理念摈弃冷战思维、拒绝零和游戏，反对丛林法则，超越社会制度差异和意识形态分歧，超越资源禀赋障碍和自然地理阻隔。它不从根本上打破现有的国际政治经济秩序，不去颠覆现行的金融合作机制和产能转移规则，更不是重划势力范围和重建集团政治，而是顺应世界多极化、经济全球化、道路多样化、社会信息化的历史大潮，引导世界各国探索相互尊重并相互支持、共担风险和共克时艰、互利共赢与合作共赢的新道路，最终形成更为公正合理、更为健康稳定、得到广泛认同并使各国人民普遍受益的国际关系新体系。

第四，"一带一路"是中国为人类社会做出更大贡献的新途径。

中华民族历史上曾经为人类文明的发展做出过重要贡献。两千多年前起始于中国的古丝绸之路，将中国的物品和特产带到欧洲和世界上许多地区，同时也使欧洲和世界各地的物质产品和精神文化传入中华大地，其伟大意义在于沟通了东西方的直接联系，实现了广泛而深刻的文化交流与文明互动。新中国成立后，毛泽东、邓小平等领导人多次谈到，随着中国的自身发展和逐渐走向强大，中国应当为人类做出更大的贡献。习近平总书记也多次表示，全面复兴和崛起中的中国，应当为人类社会的和平发展与共同进步承担更多的责任、使命和义务。"一带一路"是实现当代中国人这一崇高意愿和理想的新途径。

当今世界属于全球化加速发展的新时代，中国倡导并大力推动建设陆上和海上两个新丝绸之路，首先着眼于帮助广大发展中国家消除基础设施建设长期滞后的瓶颈。在这个可能相对较长的历史时期，中国政府将会尽最大努力，为"一带一路"的实施提供多种形式的财力、物力和智力支撑。面对不可预测的风险和挑战，中国政府和企业可能为困难和挫折承担必要的损失和牺牲。也就是说，为了充分兑现和全面履行中国领导人对世界的庄严承诺，中华民族将义无反顾、矢志不移地履行自己的国际义务和责任。

中国倡导并推动实现"一带一路"宏伟计划，将使拥有数十亿人口的广大发展中国家与中国一道，全面加快经济和社会发展现代化的步伐，这将有助于缩小人类社会不同组成部分之间的发展鸿沟，较好地解决全球范围内的发展失衡与两极分化问题，从根本上铲除国家间对立与冲突的土壤，铲除以国家为背景的极端主义滋生蔓延的温床。实现这样一个崇高目标，将是中华民族在新的历史条件下为人类进步事业做出的了不起的新贡献。

中国倡导的"一带一路"是开放而不是排他的，是包容而不是封闭的。实施"一带一路"，不仅要发掘广大发展中国家自身的潜力，同时也要动员和利用发达国家的富余资源，调动国际金融机构和相关组织的潜能。邻国间的、次地区的和跨区域的资源配置、金融合作、产能转移、技术交换、劳动力流动，将使相关国家和地区，首先是欧亚大陆在基础设施方面实现前所未有的相互联通。这就会带动并推进更多国家的发展战略、政策理念相互衔接，进一步夯实经济全球化与区域一体化的物质技术基础，使世界上不同文明类型深入展开新形式的互动与互鉴。构建人类命运共同体，届时将不再是空泛的概念，而是历史发展新常态。人类社会如能形成这样一个新局面，中华民族的贡献不仅无可比拟，也无法估量和超越。

（2015 年 11 月）

推进"一带一路"建设，
担起大国的历史责任[*]

当今世界是经济全球化和区域一体化同步发展的世界。人类社会不同组成部分之间，不同民族国家之间的联系与交往日益广泛，相互间的经济交融和利益交汇更加紧密，发展中的互求度和安全上的依存度也空前加大。在这一大的历史背景下，中国国家主席习近平洞观国际风云变幻和时代发展潮流，郑重而坚定地提出了与周边国家乃至世界各国共建"一带一路"的宏伟构想。人类历史上前所未有的史诗般的"一带一路"建设，在和平与发展热潮翻卷、合作与共赢势不可挡的时代大潮中拉开了序幕。

一、"一带一路"符合中国自身利益
也符合世界发展潮流

2013年9月，习近平主席以中华人民共和国新任国家元首身

---

* 本文系作者2016年1月应约为某杂志撰写的特稿，此文为发表前的原稿，标题作了调整。

份，访问了中国在中亚地区的重要邻国哈萨克斯坦。正是在这次访问中，习近平主席在该国首都阿斯塔的纳扎尔巴耶夫大学发表演讲，郑重地提出了中国愿与中亚国家及古丝绸之路沿线各国共建"丝绸之路经济带"的战略构想，引起了国际社会的广泛关注。

习近平主席当时指出，中国与中亚国家及古丝绸之路沿线各国创新合作模式，共同建设丝绸之路经济带，目的是"为了使我们欧亚各国经济联系更加紧密、相互合作更加深入、发展空间更加广阔"。① 而要实现这个功在当代、利在千秋的宏伟构想，习近平提议各方先从几个方面做起，通过以点带面，从线到片的合作方式，逐步形成区域性的大合作，最终实现中国与中亚国家及古丝绸之路沿线各国的政策沟通、道路联通、贸易畅通、资金融通和民心相通。

当年 10 月，习近平主席访问了中国的海上邻国、东盟（东南亚国家联盟）的重要国家印度尼西亚。时值中国与东盟建立战略伙伴关系 10 周年，习近平主席与印尼时任总统苏西洛共同宣布，中国与印尼的关系升级为全面战略伙伴关系。而后，他在印尼国会发表演讲，提出了"携手建设更为紧密的中国—东盟命运共同体"的新思想和"坚持讲信修睦"、"坚持合作共赢"、"坚持守望相助"、"坚持心心相印"、"坚持开放包容"五个努力方向，进而又提出了中国与东盟国家及相关各国共建"21 世纪海上丝绸之路"的重大倡议。

习近平主席之所以在印尼提议与东盟国家共建"21 世纪海上丝绸之路"，原因在于"东南亚地区自古以来就是'海上丝绸之路'

---

① 参见《人民日报》2013 年 9 月 8 日。

的重要枢纽"。他指出，"中国愿同东盟国家加强海上合作，使用好中国政府设立的中国—东盟海上合作基金，发展好海洋合作伙伴关系"。中国与东盟共同建设"21世纪海上丝绸之路"，就是要"通过扩大同东盟国家各领域务实合作，互通有无、优势互补，同东盟国家共享机遇、共迎挑战，实现共同发展、共同繁荣"①。

习近平主席提出的共建丝绸之路经济带和共同建设21世纪海上丝绸之路两大构想和倡议，很快便以"一带一路"的新概念而闻名于世。倡导并推动实施"一带一路"计划，是当前国际事务中前所未有的一件大事。中国下一步如何动作，相关国家充满期待，国际社会高度关注。跃跃欲试的中国社会各界，也需要正确指导和引领。因此，2013年10月下旬中央召开周边外交工作座谈会，习近平总书记在论述周边外交时强调，我们要谋大事、讲战略、重运筹，把周边外交工作做得更好。要本着互惠互利的原则同周边国家开展合作，编织更加紧密的共同利益网络，把双方利益融合提升到更高水平，让周边国家得益于我国发展，使我国也从周边国家共同发展中获得裨益和助力。在谈到"要着力深化互利共赢格局"时，习近平特别指出，我们要同有关国家共同努力，加快基础设施互联互通，建设好丝绸之路经济带、21世纪海上丝绸之路。要以周边为基础加快实施自由贸易区战略，扩大贸易、投资合作空间，构建区域经济一体化新格局。要不断深化区域金融合作，积极筹建亚洲基础设施投资银行，完善区域金融安全网络。要加快沿边地区开放，深化沿边省区同周边国家的互利合作。②

---

① 《人民日报》2013年10月4日。
② 《人民日报》2013年10月26日。

      "一带一路"倡议是在当今世界发生复杂而深刻的巨大变化，人类社会面临的发展问题依然十分严峻和突出的时代背景下提出来的。这个倡议和构想刚刚提出时，西方有人将其类比于二战结束初期美国为拯救德国和西欧重建而提出的"马歇尔计划"，即欧洲复兴计划。这一比喻很不恰当，原因在于美国当年提出的马歇尔计划，主要目的在于扶持战败后的德国和支离破碎的西欧，用以对抗以苏联为首的东欧阵营，进而确立美国在西欧乃至全球的影响力。它是美国谋求称霸全球的国际大战略的重要组成部分，具有很大的历史局限性，其规模与"一带一路"倡议也不可同日而语。

      我国领导人发出的"一带一路"倡议或者说计划则截然不同。这个倡议和计划，顺应了当今世界力量多极化、经济全球化、发展多样化、社会信息化的历史潮流，秉承了新世纪以来已被广泛认可的开放性区域合作精神。它首先致力于维护现有的全球贸易体系和开放型的世界经济，旨在促进各类经济要素在中国周边和更大范围内实现有序地自由流动，实现资源的高效配置和市场的深度融合，进而推动沿线各国实现经济政策协调，开展更大范围、更高水平和更深层次的合作，逐步打造出开放、包容、均衡、普惠的区域经济合作新框架。因此，我们说，实施"一带一路"倡议和计划，既适应中国自身发展需要和根本利益，也符合国际社会的普遍意愿和共同诉求，既是对国际合作以及全球治理新模式的积极探索，也是中华民族为世界和平发展增添新动力、为人类共同进步做出新贡献的伟大事业。

二、中亚和东南亚是"一带一路" 建设的主攻方向和重点区域

中国不仅是"一带一路"倡议和计划的发起国，更是这一伟大事业全面实施和推进的组织者和原动力。2015 年 3 月，中国国家发改委、外交部、商务部受权发布《推动共建丝绸之路经济带和21 世纪海上丝绸之路的愿景与行动》白皮书，对国际社会普遍关心的有关问题，诸如"一带一路"提出的时代背景、共建原则、框架思路、合作重点、合作机制以及中国所要采取的行动、中国各地方的开放态势、"一带一路"未来前景等重大问题做了更加全面的阐述。

针对国际上关于中国倡议"一带一路"是为了与美国争夺在亚太地区的领导权，甚至断言中国此举意在抗衡美国的"亚太再平衡"战略等误读和曲解，上述白皮书特别指出，"一带一路"是共商共建共享的系统工程。共建"一带一路"，首先要恪守联合国宪章的宗旨和原则，遵守和平共处五项原则，坚持开放合作、和谐包容、市场运作和互利共赢的原则。"共建'一带一路'致力于亚欧非大陆及附近海洋的互联互通，建立和加强沿线各国互联互通伙伴关系，构建全方位、多层次、复合型的互联互通网络，实现沿线各国多元、自主、平衡、可持续的发展。"[①]

---

① 参见国家发改委、外交部、商务部发布的《推动共建丝绸之路经济带和21 世纪海上丝绸之路的愿景与行动》。

中国倡议建设"丝绸之路经济带"，重点是要畅通中国经中亚和俄罗斯至欧洲、经中亚和西亚至波斯湾和地中海、经东南亚和南亚至印度洋的联系。建设"21世纪海上丝绸之路"，重点是从中国沿海地区各港口出发，经南海到印度洋，延伸至欧洲，另经南海至南太平洋。根据这样的思路，推进"一带一路"建设，陆上要依托国际大通道，以沿线中心城市为支撑，以重点经济产业园区为合作平台，共同打造新欧亚大陆桥、中蒙俄、中国—中亚—西亚、中国—中南半岛等国际经济合作走廊。海上要以重点港口为节点，共建通畅安全高效的运输大通道。其中，中巴（中国—巴基斯坦）经济走廊、孟中印缅（孟加拉—中国—印度—缅甸）经济走廊与"一带一路"建设的关联度最高，最为密切，也至关重要。

由哈萨克斯坦、吉尔吉斯斯坦、塔吉克斯坦、乌兹别克斯坦和土库曼斯坦共同构成的中亚地区，目前共有6000多万人口，资源富集，物产丰硕，发展潜力很大，因与我国毗邻，且可北上俄罗斯和欧洲、南下印度次大陆和印度洋、西通西亚北非，地理位置十分重要，是共建"丝绸之路经济带"的重点区域。自上世纪90年代初中亚国家获得独立以来，中国与该地区各国的睦邻友好合作关系持续发展，中国与哈萨克斯坦、吉尔吉斯斯坦、塔吉克斯坦三国边界，开辟了8个边境公路口岸。中国与哈萨克斯坦之间，不仅有两条铁路相接，还有石油管道相接，哈萨克斯坦的原油经此管道源源不断地进入中国。当今世界最长的中国—中亚天然气管道，起始于土库曼斯坦北部，途经乌兹别克斯和哈萨克斯坦，与中国西气东输项目对接，目前已有三条管线运营，每年输送大约800亿立方米天然气。第四条管线建设已经启动。正是由于有了互联互通的合作，中国不仅与中亚各国贸易额逐年增加，人文交往日益密切，安全合作更加有效，而且打开了经过中亚进入欧洲、西亚北非和南亚的广阔通道。

东盟所在的东南亚是世界上发展状况较好、增长潜力较大的一个地区。该地区10个国家人口总数超过6亿，早在2003年就提出了共建政治安全共同体、经济共同体和社会文化共同体三大理念，2009年又进一步提出了在东盟内部实现互联互通的构想。近年来，东盟经济一体化进程持续加速，东南亚作为世界上最繁忙的黄金水道和空运航线，作用也更加突出。中国与东盟2010年全面建成自由贸易区，双方贸易总额2012年突破4000亿美元大关。中国成了东盟第一大贸易伙伴。双方累计相互投资额当年超过了1000亿美元，中国与整个东盟的关系，虽然近年来受到南海领土主权和海洋权益之争的影响，但总体上是稳定的和积极向好的，中国与东盟国家无论多边还是双边框架下的互利合作，都在持续发展之中。即使与菲律宾、越南等国，分歧和争议也是可控的。如同哈萨克斯坦是中国实施"一带一路"在中亚地区的重要国家一样，印度尼西亚作为东南亚地区头号大国，自然而然地成了中国实施21世纪海上丝绸之路的最主要国家。

"一带一路"涉及欧亚大陆沿线几十个国家，尽管各国的社会制度千差万别，发展道路五光十色，经济体量大小不一，资源禀赋相互有异，但经济上互补性强，互求性高，依存度越来越紧是普遍认同并且不可改变的总趋势。因而，我们说"一带一路"沿线各方合作空间很大，合作前景非常广阔，并非像有些人说的那样是一厢情愿。中国倡议共建"一带一路"的基本目标和核心任务，就是要在中国周边和更加广阔的区域范围内，实现政策沟通、设施联通、贸易畅通、资金融通和民心相通。

要实现"一带一路"计划中"五通"的目标，中国和有关各方就要积极利用双边与多边两类不同的合作机制。利用双边机制，就是要在中国与相关国家之间进一步加强双边合作，开展多层次多渠道的沟通、磋商与对话，推动双方各领域的互利合作关系全面发展，首先要建设好一批具有示范意义的大项目，引导双边合作不断向纵深发展。利用多边机制，就是要强化上海合作组织、中国—东盟"10＋1"、亚太经合组织、亚欧会议、亚洲合作对话、亚信会议、中阿合作论坛、中国—海合会战略对话、大湄公河次区域经济合作乃至中非合作论坛、中拉论坛等多边机制的作用，使更多的国家和地区组织参与到"一带一路"建设中来，使"一带一路"倡议和计划最终成为21世纪人类社会携手共进、迈向历史新阶段的重大行动。

为了更好地利用多边机制的潜能，充分调动各种多边合作机制的积极性，中国主张继续发挥沿线各国现有的区域性和次区域国家论坛、展会、博览会的作用，尤其应发挥好中国举办的博鳌亚洲论坛和各类涉外博览会、论坛、投资贸易洽谈会等平台的建设性作用。还要支持沿线国家地方、民间组织挖掘"一带一路"历史文化遗产，联合举办专项交流活动，譬如丝绸之路国际文化博览会、国际电影节和图书展，等等。为了更有力地推动实施"一带一路"计划，中国还倡议建立"一带一路"国际高峰论坛。

三、"一带一路"是中华民族为人类
做出新贡献的重大举措

提出并全力推进"一带一路"计划是中国以负责任的发展中大国身份走向世界舞台中心的重大步骤，是中国共产党人和13亿中国人民全心全意致力于和平与发展的意志体现。从某种意义上说，"一带一路"能否顺利实现，不仅事关中国自身发展利益，事关中国的国际形象和影响，同时也事关中华民族全面复兴的伟大事业。正因为如此，习近平主席、李克强总理等中国领导人充分利用各种外交场合，向国际社会反复阐释"一带一路"的深刻内涵及其重大意义。

2014年11月，中国主办了APEC会议和东道主伙伴对话会议。会议期间，习近平发表了题为《联通引领发展　伙伴聚焦合作》的主旨讲话，提出以亚洲国家为重点方向，以经济走廊为依托，以交通基础设施为突破，以建设融资平台为抓手，以人文交流为纽带，深化亚洲国家之间的互联互通伙伴关系，共建发展和命运共同体。他在会见巴基斯坦等周边国家领导人时宣布，中国将出资400亿美元，成立丝路基金，以便为"一带一路"沿线国家基础设施建设等项目提供融资支持。为帮助周边国家解决人才不足的短板，习近平当时还表态，中国未来5年将为周边国家提供2万个互联互通领域的培训名额。

现在看，短短两年多时间，习近平主席提出的"一带一路"

倡议以及他所阐明的互联互通伙伴关系概念，受到了周边各国和国际社会的普遍欢迎和高度赞赏。其中一个最有说服力的例证就是，中国发起的亚洲基础设施投资银行，在国际上得到广泛认同和支持。2014 年 10 月，中国等 21 个首批创始成员国的财长和代表在北京开会，共同决定成立亚洲基础设施投资银行。2015 年 4 月，亚投行意向创始成员国确定为 57 个，其中包括英国、德国、法国、加拿大等 20 个域外国家。2015 年 6 月 29 日，成立亚投行的相关协定在北京签署。

2016 年 1 月 16 日，亚洲基础设施投资银行在北京举行开业仪式。中国作为第一大股东，股本金占其总资本的 30.34%，首笔股金近 12 亿美元已缴付到位。习近平主席出席开业仪式并在致辞中再次表态，中国作为亚投行倡议方，将坚定不移支持其运营和发展，除按期缴纳本金之外，还将向银行即将设立的项目准备特别基金出资 5000 万美元，用于支持欠发达国家开展基础设施项目准备。中国发起成立的这个新型国际金融机构，承载着广泛的理解和厚望。相信它的问世不会与现有的国际金融平台产生冲突，也不会引发恶性竞争和对立，它将与现有的国际的和地区的金融机构相互借力，互为补充，共同克服现有的国际融资方式滞后于时代、区域性金融机构运行乏力所造成的发展障碍和瓶颈。

如今，"一带一路"已成为中国未来对外开放战略的代名词，其实质是中国通过自身发展，带动周边地区和相关国家共同发展、共同繁荣、共同进步。这是合作计划、互利计划和共赢计划，它所涵盖的国家，已不限于中国周边以及西亚、北非、独联体、中东欧等地区，而是延伸到了拉丁美洲、南太平洋等更为遥远的地方，涉及更多的国家。由于中方大力推动和相关国家积极回应，中国已经与不少国家达成了在"一带一路"框架内开展合作的共识，与周边和域外许多国家签署了各种形式的合作文件，如地区合作备忘录、边境合作备忘录、经贸合作中长期规划，等等。

2014年9月，经中方发起，中蒙俄三国元首举行会晤。习近平主席提议将中国的"丝绸之路经济带"计划与俄罗斯的跨欧亚大铁路计划、蒙古的"草原之路"①计划进行对接，共同打造中蒙俄经济走廊，得到俄蒙两国的赞同和响应。当年9月，习近平主席访问塔吉克斯坦，与该国总统共同启动了杜尚别2号热电厂二期工程和中国—中亚天然气管道D线开工仪式。2015年4月，习近平主席访问巴基斯坦，两国领导人不仅就共建中巴经济走廊达成政治共识，同时还签署了总额高达数百亿美元的合作文件。瓜达尔港、能源、基础设施建设和产业合作，成为中巴共同实施"一带一路"计划的重点领域。同年10月，习近平主席访问英国期间，双方签署高达400多亿英镑的合作协议，涉及能源、航空航天、产能合作、金融合作、创新产业合作等诸多领域。两国与第三方合作共建核电站的项目意义尤为重大。

中国广泛投资或积极参与兴建的这些大项目，不仅会推动相关国家基础设施的更新换代，促进其现代化发展进程，提高其整体经济潜能和人民生活水平，同时也将带动中国与其他国家共建"一

---

① 蒙古"草原之路"计划总投资约500亿美元，主要项目是连接中俄两国的近千公里的高速公路、1100公里的电气化铁路，扩展跨蒙古国铁路、天然气管道和石油管道。

带一路"、实现互联互通的发展进程。例如，哈萨克斯坦方面表示，愿将该国总统提出的旨在发展基础设施和工业、民生事业的"光明之路"计划，与中国"一带一路"对接起来，为两国开拓更加广阔的合作前景。俄罗斯总统普京亦表示，要研究该国主导建立的欧亚经济联盟与中国"一带一路"计划对接的可能性，两国已签署相关文件并已启动相关工作。孟加拉国、斯里兰卡、泰国、印度尼西亚等周边许多国家，匈牙利、波兰、罗马尼亚、土耳其等许多域外国家，也都提出了类似建议和构想，有些国家已与中国签署合作文件和备忘录，中国的高铁、核电、航天等优势产业伴随"一带一路"计划，大步走向世界各地。

2015 年是"一带一路"计划顺利实施和成果初显的一年。中国与许多国家在基础设施互联互通、产业投资、资源开发、经贸合作、人文交流、生态保护、海上合作等领域确定了重点项目，获得了早期成果。据中国商务部有关信息，截至 2015 年 4 月，中国在"一带一路"沿线国家共有 70 多个在建合作区，建区企业基础设施投资超过 80 亿美元，带动入区企业投资将近 100 亿美元，预计年产值超过 200 亿美元，可为当地创造 20 万个就业机会。从外贸方面看，中国与"一带一路"沿线国家的双边贸易额达到 2360 亿美元，占中国外贸总额的 26%。利用外资方面，2015 年第一季度，"一带一路"沿线国家在华设立外商投资企业 457 家，同比增长 18.4%，实际投入外资额为 16.8 亿美元。对外投资方面，第一季度中国对"一带一路"沿线国家非金融类直接投资 25.6 亿美元，占同期对外投资总额 9.9%。中国在"一带一路"沿线国家承包工程新签合同额 152 亿美元，完成营业额 140 亿美元，同比分别增加

7.6% 和 10.3%。①

　　"一带一路"是一项前无古人的伟大事业，它将给中国自身，首先是中国企业带来巨大的发展机遇和空间，但我们的经验应当说还不十分充分，人力物力财力准备和技术素养还相当欠缺，适应外界环境的能力、运用国际规则的水平还不是很多，还可能遇到许多意想不到的困难、风险和挑战，在个别国家和具体项目上，甚至可能遭遇挫折和失败。但正如习近平主席所说，有志者事竟成。我们相信，面对人类和平与发展的繁重任务，只要国际社会坚定信心、增进共识、合作共赢，我们不仅能够想做事，而且一定能够做成事。② 和平崛起中的中华民族，一定能够出色地履行自己对国际社会的庄严承诺，一定会以"一带一路"建设的辉煌成就，做出负责任大国的历史性贡献。

（2016 年 1 月）

----

① 中国新闻网，2015 年 4 月 28 日。
② 参见《人民日报》2016 年 1 月 17 日。

推进"一带一路"是中华民族的
共同意志和集体行为*

　　2015 年的中国外交，依然保持着近年来全球布局、积极进取的态势。中国在着力大国外交的同时，也没有忽略周边外交。这一年，习主席访问了巴基斯坦，出席了上海合作组织成员国元首理事会第 15 次会议，访问了越南、新加坡等国。李克强总理访问了韩国，出席了第六次中日韩领导人会议，出席了东亚合作领导人会议，并且还访问了马来西亚。当然，这并不是我国周边外交的全部内容，而是其中最精彩的几个片段。我们为什么要花这么大力气开展周边外交呢？我们就从周边外交说起。

　　应该说，世界上任何一个国家，它的生存和发展都与其周边环境密切相关。哪个国家也不可能离开周边环境独善其身，任何民族也不可能脱离周边世界而独自发展。中国更是如此。中国是一个大国，有 14 个国家与我们在陆地上接壤，还有很多国家是我们海上邻国，有 10 多个少数民族与周边国家跨界。历史上，中华民族

---

　　* 本文系作者 2015 年 12 月在光明网的访谈记录稿。收入本书时文字做了调整。

就与周边地区各国各民族有着千丝万缕的联系与交往，共同发展、共同进步、共同安全，早就成为我们和周边世界的共同宿命。

现在，随着全球化的加速发展，随着区域合作日益扩大，国际社会关于周边的概念也越来越宽泛。从大周边的角度来看，我们的周边世界是非常复杂的。或者说，世界上没有哪个大国，像中国这样处在一个极为复杂多变的周边环境之中。所以，我们要想实现和平发展，要想实现和平崛起，要想实现中华民族全面复兴的中国梦，必须处理好同邻居的关系，处理好同周边国家的关系，努力争取和维护一个安宁、稳定、和睦、合作的周边环境。

实际上，新中国成立不久，我们的领导人就意识到了这个问题的极端重要性。虽然新中国成立之初我们明确宣布在外交上向以苏联为首的社会主义国家"一边倒"，但1953—1954年间，我们就已经与邻国共同提出了著名的和平共处五项原则，主张并坚持以和平共处五项原则为指导，同周边地区具有不同社会制度的国家发展友好关系。正是在和平共处五项原则基础上，60年代前期，我们成功地与一些国家解决了历史遗留的边界争议，也就是领土纠纷问题。但是，由于当时的情况很复杂，与有些国家的边界问题没有解决。现在，新中国成立已将近70年，国际形势风云变幻，我们周边地区的形势也发生了过去我们没有料到的重大变化。

当然，我们的周边环境不管怎么变，有一点应该说始终不变，也不会改变。这就是我们的周边世界一直十分复杂，我想将来也会依然如此。我国周边地区几十个国家，经济发展水平不同，历史文化背景不同，对外政策取向不同。它们之间由于各种原因，往往也存在着各种各样的矛盾、分歧和摩擦，比如领土问题、资源问题、宗教文化冲突，等等。另外，我们的周边地区又是大国利益最集中的地区，是大国博弈最复杂，甚至是最紧张的地区。所以，维护良好的周边环境，对我们争取一个稳定的友善的国际大环境，至关重要。如果周边地区都搞不定，我们现代化建设和改革开放所需要的良好的国际大环境，从何而来？因此，自改革开放以来，从邓小平开始，我国领导人就一直强调，要重视周边地区，要改善周边环境，要强化周边外交。

进入新世纪以来，我们提出了与邻为善、以邻为伴，睦邻、安邻、富邻等一系列政策主张，同周边各个国家建立了不同形式的伙伴关系。其中，在世界上影响最大的，就是中国同俄罗斯的全面战略协作伙伴关系。即使同日本，我们双方也曾确认要建立一种战略互惠合作关系。我们同菲律宾，也曾确认要建立战略合作伙伴关系，而所有这些主张，都曾用双边文件的形式固定下来。

但是，周边地区的形势发展，常常不以我们的意志为转移。近些年来，围绕着钓鱼岛归属问题、东海大陆架划界和开发问题，特别是南海地区的领海领土主权之争与海洋权益之争，越来越复杂，越来越激烈。南海问题甚至出现了冲突表面化、尖锐化的危险趋向。有些国家甚至还试图使南海争端国际化。在这种情况下，我们更要尽最大努力，去做好周边工作。2015 年习近平主席访问了周边地区许多国家，主要目的就是要稳定我们的周边世界，强化我们同周边国家的睦邻友好关系。

有人喜欢用经济学家的视角观察我们的周边外交，用投入和产出的关系来衡量我们的外交成果。应该说，我们在周边地区这些年的外交投入，的确是越来越大，有一份投入就有一份产出。坦率地说，在周边外交方面，我们是有收益的，并且是有良好收益的。一个突出例子就是我们发起成立的上海合作组织。上合组织不仅在共同打击"三股势力"，维护我国西部和中亚地区稳定方面发挥了重要作用，同时还为我们提供了一个前所未有的、中国主导成立并发挥重大作用的多边外交平台。

这两年，我们在大力倡导和创新区域合作模式，努力扩大并发挥人文交往的积极作用，这将为我们全面推进"一带一路"建设发挥独特作用。上合组织的成员国俄罗斯、哈萨克斯坦、塔吉克斯坦、吉尔吉斯斯坦、乌兹别克斯里坦，还有印度、巴基斯坦、蒙古、伊朗等观察员国和对话伙伴国，都表示愿意参与"一带一路"建设，有些国家表现出极大兴趣。俄罗斯等国成为中国发起成立的亚投行的创始成员国，充分说明了这一点。

我们经营周边地区，既有长远的战略谋划，也有近期的阶段性安排，战略与策略，相辅相成，可谓有板有眼。譬如，在东南方向，我们同东盟的关系整体上是好的。我们是域外国家中率先同东盟签订睦邻友好条约的国家。我们在东盟加中国即"10＋1"框架内，全面开展各领域合作。2015年，中国与东盟的自贸区有了升级版。我们的务实合作将发展到更高水平和更高阶段。

不久前，李克强总理出席了东亚峰会。在东亚峰会上，李总理就南海问题提出了五点新的倡议。这表明，中国始终秉持非常负责的态度来处理同周边国家的关系，包括同东盟各国、同南海争议岛屿相关声索国的关系。在南海岛礁主权和涉及海洋权益的重大问题上，一方面，我们旗帜鲜明地维护主权和利益；另一方面，我们也坚定不移地维护地区和平与稳定，我们把维护本国主权和维护地区稳定紧紧地结合起来。我们不害怕冲突，但我们希望管控冲突，防止冲突失控，防止因擦枪走火而导致地区局势复杂化。对于外部势力在这个地区指手画脚，搬弄是非，我们坚决抵制，坚决反击。这样一个严正立场，符合中国的利益，也符合本地区各国的共同利益。我们的做法和立场，于理有据，于情可依，得到了国际社会大多数成员的理解和赞同。

关于周边形势和周边外交，我还要补充一点：2015 年我们恢复了中断三年的中日韩首脑会晤，这意味着我国同日本的关系，以及韩国同日本的关系，有了一点转机。尽管中日、日韩之间许多根本性问题还没有解决，但三国领导人能够走到一起，恢复会晤，已经是不小的外交举动。我们期待着中国的周边环境，经过各方共同努力，能够变得越来越稳定，越来越友善，越来越良好。我们更希望通过大力加强区域合作，周边各国围绕"一带一路"建设，最终形成新的发展共同体、利益共同体、责任共同体和命运共同体。

中国外交，目前已具有大国外交的种种特征。因此，除了大家所熟知的周边关系和我们反复谈到的大国关系外，我国近年来在多边舞台上的活动，也开展得有声有色。2015 年，中国声音不仅响彻联合国，而且响彻 APEC、G20 峰会等大型国际会议。对于中国这样一个正在大步走向世界舞台中心的国家来说，没有丰富多彩的多边外交，中国在国际舞台上的作用和影响，归根到底还是有限的。

由于历史原因，我国参与多边事务相对较晚。只是从 1971 年中国恢复在联合国的合法席位之后，我们才开始逐渐地介入到多边事务中来。而真正广泛地参与国际上的多边事务，即在多边组织和多边机构中积极活动，则是在改革开放以后，尤其是进入新世纪以来这 10 多年间。

2015 年，我国多边外交的最大亮点就是习近平主席出席联合国成立 70 周年纪念活动。联合国是当今世界最大、最权威、最具代表性的政府间组织。随着时间的发展，联合国自身也需要不断改革，不断完善，不断适应时代的要求和挑战。另一方面，放眼全球，还没有哪个组织能取代联合国，所以中国非常重视联合国的作用，一贯主张加强联合国在地区和全球事务中的主导地位。

习近平主席参加联合国成立 70 周年纪念活动，不仅参加了一般性辩论，而且参加了发展峰会、维和峰会，并和潘基文秘书长一起主持了南南合作圆桌会，与联合国妇女署共同举办了全球妇女峰会，充分体现了我国领导人对联合国事务的支持和重视。在联合国这一崇高讲坛，习近平主席向国际社会做出一系列重要承诺：继续支持联合国事务，出资 10 亿美元与联合国共创和平发展基金；组建常备维和警队和 8000 人规模的待命维和部队；免除最不发达国家、内陆发展中国家、小岛屿发展中国家到期的债务；为世界妇女组织提供新的项目支持；等等。

这里特别值得一提的是，正是在联合国发展峰会上，习近平主席宣布，中国愿意同有关各方一道，继续推进"一带一路"建设。中国将以落实联合国提出的 2030 年发展议程为己任，推动全球发展事业。中国在"一带一路"倡议中所确定的政策沟通、设施联通、贸易畅通、资金融通、民心相通，与 2030 年可持续发展议程中的可持续发展目标紧密相关。

除联合国外，习近平主席还参与了其他许多大型多边活动。

如 G20 峰会、APEC 会议、巴黎气候大会等。在所有这些重大的多边外交场合，习近平主席都要宣介和阐释"一带一路"倡议，使全世界看到了中国与国际社会一道，谋求共同发展共同繁荣的意志和决心。他所提出的坚定信心、齐心协力、携手共进，建立公平合理的全球治理机制的倡议，也引起了国际社会的广泛重视。国际社会不同程度地意识到，中国已开始发挥引导全球治理潮流的作用。中国在多边事务中的作用不断上升，不仅提高了自己的地位和影响力，同时也为世界的未来发展提出了中国方案。所以说，多边外交是我国总体外交的一个重要方面。

当前，中国作为世界第二大经济体，已经成为全球增长的主要驱动力之一。中国把脉世界经济，提出了相应的方案。中国推动的"一带一路"建设，步入全面落实阶段，并且得到 60 多个国家和国际组织的积极响应。亚投行创始成员国，达到 50 多个，涵盖了除美国、日本、加拿大之外的主要西方国家，成员遍及五大洲①。

当然，国际形势复杂多变的特点目前也十分突出。例如，肆虐西亚地区的 IS 在全球范围内向和平人类发起攻击，这是人们没有料到的。而就在国际社会谋划建立反恐联盟时，发生了土耳其击落俄罗斯战机事件，土俄关系骤然紧张。近日，美国正式向 IS 宣战。这样一来，联合国五个常任理事国中，俄罗斯、法国、英国、美国相继卷入冲突，外部势力纷纷介入，多种势力厮杀，中东乱局更难收拾。但大家看到，所有这一切，并没有影响我们坚定不移地

---

① 2016 年 9 月，加拿大也正式提出了加入亚投行的申请。

推进"一带一路"建设。

2016 年的国际形势，不可测因素依然很多，突发事件还会时有发生，我们应该做好充分准备。至于世界经济，至今仍未摆脱 2008 年国际金融危机的阴影。复苏进程缓慢而不均衡。国际社会寄予厚望的新兴经济体，经济形势不如预期。俄罗斯由于西方制裁等各种因素相互交织，经济下滑 3.7%。巴西据说也要滑到 3% 以下。有人据此做出了"金砖在褪色"的预言。

世界经济明年仍将举步维艰，不太令人乐观。在此形势下，我国经济下行压力也不小。尽管如此，我们能够通过积极努力，通过开放式发展与合作式发展，把经济增长率维持在 7% 左右。中国依然是发展势头最强劲，为世界经济增长贡献最大的经济体。

至于中国全力推进的"一带一路"建设，目前已经成为我国扩大开放大战略的代名词。"一带一路"已与中华民族全面复兴，与中国的和平发展与崛起紧密联系在一起。我们要通过大力推进这个战略，实现周边各国、丝绸之路沿线国家和海上丝路沿途各国的互联互通。要充分意识到，当今世界各国经济联系日益紧密，人文交流更加频繁，利益交融甚至到了不可分割的程度，人类社会经过共同努力，最终实现共同发展、共同进步、共同繁荣、共同安全的目标是完全可能的。

当然，对"一带一路"倡议，最初确有一些国家不甚了了，因而冷眼旁观，甚至冷嘲热讽，怀疑我们是不是在玩弄外交概念，怀疑中国是不是有这个能力。但两年多的事实已充分证明，我们提出的这个倡议，首先在国内得到了全党全国人民的积极支持和响应。"一带一路"，现在已成为我们国家的集体意志和最高决策，成为中国共产党和中华民族对当今世界的庄严承诺。而我们又是一个"言必行、行必果"的民族。我们必须集中全国的智慧和力量，广泛参与、深度参与、持久参与这一前无古人的伟大事业，必须把中国的发展战略和更多国家的发展战略紧密衔接起来，通过政策沟通、设施联通、贸易畅通、资金融通和民心相通，实现中国与外部世界以及整个国际社会在经济、政治、人文、安全等诸多领域的密切联动与共同发展。

总之，无论明年以及未来一段时间国际风云如何变幻，世界形势多么复杂，我们坚持自己的外交理念，坚持自己的外交布局，坚持推进我们的"一带一路"倡议，我们会在外交事务中有更大作为，会在地区和国际事务中进一步提升自己的影响力，因而也会更加接近于世界舞台的中心。

（2015 年 11 月）

推动"一带一路"建设
必须妥善处理各种关系[*]

习近平主席 2013 年秋访问中亚和东南亚,向周边国家和全世界发出"共建丝绸之路经济带""建设 21 世纪海上丝绸之路"的倡议。从此,"一带一路"成为我国扩大对外开放、加快现代化建设步伐的新国策,成为我国坚持和平发展道路、引领国际关系变革的新战略。

这一新的国策和战略,包含政策沟通、设施联通、贸易畅通、资金融通、民心相通五大方面,涉及政治、经济、民生、社会、文化、环境、安全等诸多领域。

截至 2016 年 6 月,已有 70 多个国家和组织表示支持和愿意参与"一带一路"建设,另有 30 多个国家和组织与中国签署了相关合作文件。中国发起成立的亚投行和丝路基金,成功开局。标志着中国技术和装备走向世界的一些铁路和高速公路项目,正在陆续推进。中国对外产能合作和制造业合作,方兴未艾,支持产能合作基

---

[*] 本文系作者 2016 年 6 月出访东欧途中应约为某杂志撰写的专稿,此为发表前的原稿。

金总额已达 1000 亿美元。与周边国家共建经济走廊计划，有的已开始落实。仅在东盟各国，就已建立 20 多个不同形式的经贸合作区。一些城市发往欧洲的货运班列，有了统一品牌并已常态运行。中国企业对"一带一路"国家的直接投资势头良好，人民币国际化步伐大大加快。

但是，世界上的事情是复杂的，是由多方面因素决定的。在推进"一带一路"过程中，我们也遇到了一些困难和挑战。这些困难和挑战，有的源于政策沟通不畅，有的源于我们经验不足，也有的源于合作方意外变故。国际上某些势力为阻碍我国和平崛起而制造麻烦，经常导致"一带一路"项目节外生枝。如何破解这些压力和风险，是我们始终面对并且必须认真解决的重大难题。

不久前，习近平总书记在中央政治局第二十七次集体学习时发表重要讲话，明确指出，我们推动"一带一路"建设，就是要形成并弘扬"和平合作、开放包容、互学互鉴、互利共赢"的丝路精神，把中国发展与沿线国家的发展结合起来，把中国梦与沿线各国人民的梦想结合起来。为此，要妥善处理中国利益与沿线国家利益的关系，政府、市场和社会的关系，经贸合作和人文交流的关系，务实推进与舆论引导的关系，对外开放和维护国家安全的关系，国家总体目标和地方具体目标的关系。讲话高屋建瓴，切中要害，为我们破解压力、应对挑战提供了强大思想指南。我们要深入学习领会并认真贯彻执行。

一、找准战略利益共同点与发展思路契合点，打造
　　我国与"一带一路"沿线国家互利合作新格局

当今时代是和平发展与合作共赢的时代。发展经济，改善民生，实现社会进步与繁荣，这是各国人民的根本利益。但各国经济社会发展水平不同，内外环境不同，执政理念不同，对国家利益的理解差异很大。我国当前最根本的国家利益，就是坚持和平发展道路，动员各方力量，完成"两个一百年"奋斗目标，社会对国家利益的认知高度统一。有些国家则不然，特别是执政党频繁轮替的国家，政府和社会对国家利益的理解变数很大。

不同国家之间的利益观差异，是不以人的意志为转移的客观存在。推进"一带一路"建设，必须坚持政策沟通为先，注意开展政治对话和磋商，在我国与"一带一路"国家之间找到利益最大公约数，找准发展理念与相关规划有机对接的耦合点。对我们而言，就是要坚持正确义利观，有原则、讲情谊、讲道义，多向发展中国家提供力所能及的帮助。要使国际社会充分认识到，"一带一路"由中国倡导，但不是中国一家之事。中国要以自身发展带动各国发展，帮助其实现发展目标。在发展自身利益时，中国将更多考虑和照顾合作伙伴的利益，以正确的义利观为指导，统筹我国利益与别国差异性的利益关切点，寻找利益的交汇点。

二、要形成政府、市场、社会有机结合的合作模式，打造政府主导、企业参与、民间促进的立体化格局

"一带一路"倡议是全球性的经济振兴与合作共赢计划，其规模史无前例。推进"一带一路"建设，不仅需要政府、市场和社会共同参与，更需要三方密切协调，密切配合。我们要严格遵照习近平总书记的讲话精神，由政府把握方向，统筹协调，宣传推介，在建立机制方面发挥主导作用，同时形成以市场为基础、以企业为主体的区域经济合作机制，在广泛调动各类企业的同时，引导更多社会力量积极参与。两年多来，习近平总书记在国际上亲自推介"一带一路"，得到各方广泛响应。国务院授权有关部委发布白皮书，系统阐明这一倡议的时代背景、共建原则、框架思路、合作重点与机制等问题。国内有关方面与驻外机构密切配合，协调行动，成效显著，相得益彰。这些都表明，政府在"一带一路"建设中的主导和引领作用，特别是战略谋划与统筹协调，是绝对必要的，也是不可替代的。

企业是市场经济的主要行为体。坚持市场运作，遵循市场规律和国际通行规则，充分发挥市场在资源配置中的决定性作用和各类企业的主体作用，这是"一带一路"成功推进的重要基础。在此前提下，无论国有企业还是民营企业，都有机会参与"一带一路"建设，都应得到政府支持和指导，都要掌握国内国外两种规则。此

外，我们还必须注意到，文教机构、科技团体、大众传媒、环保组织等社会力量，也是参与"一带一路"建设的重要因素。政府机构要为其提供支持和指导，提供服务和保障。企业也要学会利用社会资源，学会借助民间力量，使社会资源成为"一带一路"建设中不可或缺的重要力量。

三、通过基础设施联通拓展贸易合作规模，通过人文领域交流夯实贸易合作基础

"一带一路"建设的核心任务是基础设施联通，而基础设施联通的目的则在于实现更大规模的贸易畅通。推进"一带一路"建设，要着力解决投资贸易便利化、消除投资贸易壁垒、建立各种形式自贸区等问题。要把拓宽贸易领域，优化贸易结构，创新贸易方式，建立健全服务贸易促进体系当作重要任务。要以扩大投资等方式带动贸易发展，以传统贸易与现代服务贸易相结合的方式培育贸易增长点。为此，要不断推进我国与相关国家在海关监管、检验检疫、认证许可、标准计量等各方面的合作。

习近平总书记指出，我国与"一带一路"沿线国家的贸易往来既有悠久的历史渊源，又有深厚的人文基础。今天，经济全球化深入发展、各国之间的联系更趋紧密，贸易畅通尤应以民心相通为依托，民心相通则应以人文交流为底蕴，二者此生彼长，相辅相成。我们要按照习近平总书记指示，以精耕细作的思维和方式，努力与"一带一路"国家开展文化、教育、科技、新闻、智库等方面

的交流合作，打造"相互欣赏、相互理解、相互尊重"的人文格局，实现经贸合作与人文交流的有机统一。要在不断加强国际传播能力建设的基础上，不断提高我国传统文化和现代文明的影响力，提高我国和平发展道路与合作共赢理念的感召力。

四、牢固树立国家安全意识，把扩大对外开放 与维护国家安全紧密地结合起来

实施"一带一路"战略，将大幅度提高我国对外开放的整体水平，优化对外开放格局，开创对外合作新局面。我国引进外国资本、先进技术和现代化管理模式的能力将持续增强，这将有利于我国持续提高综合国力，更好更快地实现全面崛起与复兴。我国参与全球事务、参与全球治理的渠道将更加宽广，国际地位将更加有利，维护安全和主权的手段会更加多元。

但是，当今国际关系错综复杂。社会制度和战略利益竞争相互交织。我们推进"一带一路"，扩大对外开放，要始终把国家安全放在首位，旗帜鲜明地为国家安全而斗争，这是同一事物的两个方面。没有坚持不懈的对外开放，就没有综合国力持续增强，国家安全就是无本之木。而忽视国家安全，放松国家安全工作，对外开放就会迷失方向，就可能招致混乱，甚至引发"颜色革命"。因此，我们要大力倡导互信、互利、平等、合作的新安全观，大力推进区域的和次区域的安全合作，通过打造利益共同体、责任共同体和命运共同体，争取实现休戚与共、命运与共。

五、务实合作与舆论先导要常抓不懈，讲好 中国故事、传播中国声音要持之以恒

为了打造中国与"一带一路"沿线各国合作发展新格局，形成更大范围、更高水平、更深层次的大开放大交流大融合，我们必须以更高的站位，更广的视野，以创新的理念和思维，扎扎实实做好各项工作。具体而言，就是要通过提供无可挑剔的优良产品，建设经得起检验的优质工程，打造共同受益的各种经济园区，为中国企业和中国人民赢得良好形象。习近平总书记要求中国企业要注重投资利益，更要注意好名声好口碑，遵守纪律和社会责任，意义就在这里。

由于不难理解的原因，国际上某些势力对中国和平崛起如芒刺在背，对"一带一路"倡议极尽歪曲。我们推进"一带一路"建设，既要求真务实，大胆前行，又要关注外部舆论，做好宣传导向。对那些影响较大的合作领域和工程项目，尤应搞好舆论引导。要通过文化年、旅游年、艺术节、电影展、影视桥工程、丝路书香工程、孔子学院和孔子课堂等各种方式，着力加强对周边国家的宣传工作、公共外交、民间外交、人文交流，巩固和扩大我国同周边国家关系长远发展的社会和民意基础。要像习近平总书记在2013年周边外交工作座谈会上指示的那样，对外介绍好我国的内外方针政策，讲好中国故事，传播好中国声音，把中国梦同周边各国人民过上美好生活的愿望、同地区发展前景对接起来，让命运共同体意

识在周边国家落地生根。

六、"一带一路"既要有国家总体战略和部署，
又要有地方的具体目标和规划

开展"一带一路"建设，是中国人民对世界的庄严承诺，是中华民族为人类进步做出更大贡献的重要途径。习近平总书记就此明确指出："要确立国家总体目标，也要发挥地方的积极性。地方规划和目标要符合国家总体目标，服从大局和全局。"目前已经开始执行的"十三五"规划，对我国未来几年推进"一带一路"建设的主要目标和实现路径做了总体规划和安排。

国内各地方参与"一带一路"建设，应结合各自优势，制定独具特色的目标和规划。譬如，西北与东北省区，重在深化和扩大与中西亚各国以及俄罗斯和蒙古的交往，志在打造向西向北两大经济走廊，形成更多的贸易通道、产能合作基地与人文交流中心。西南中南各省区重点构建中国面向东盟的国际通道，打造我国西南和中南地区开放发展的新战略支点，构建海上丝绸之路和丝绸之路经济带紧密对接的门户，与周边国家共同谋划建设国际运输大通道。沿海和港澳台地区，则全力打造自由贸易区、经济发展示范区、开放合作试验区等对外合作新平台，争当"一带一路"排头兵与主力军。总之，地方的具体规划与国家的总体规划，要相互关联，紧密交织。地方参与"一带一路"，要服从国家"一带一路"的总体布局和安排。

实践将继续证明，我国的"一带一路"倡议符合和平发展合作共赢的时代潮流，切合各国人民普遍诉求。国际社会总体评价之好，合作期望之高，参与力度之大，使我们有理由为已经取得的成果感到骄傲和自豪，也有信心战胜可能遇到的困难和挑战。中华民族通过"一带一路"走向世界舞台中心的步伐不可阻挡，通过"一带一路"为人类文明做出的新贡献将永载史册。

（2016 年 6 月）

"一带一路"不是搞简单扶贫
而是要联动发展*

"一带一路"引领了国际经济秩序的变革

习近平主席在哈萨克斯坦提议共建丝绸之路经济带时，明确表示，这是"更新的区域合作模式"。我们多年前就已经倡议建立国际政治经济新秩序，但总是没有具体的政策主张做支撑，现在有了。我们可以通过推进"一带一路"建设，实现资源共享、成果共享和经验共享，实现基础设施在我国周边区域内以及全球范围内互联互通，实现前所未有的贸易畅通大格局，同时，通过民心相通、政策沟通，使相关国家和人民进一步强化人类命运共同体意识，使我们与周边各国乃至整个人类社会，越来越成为一个发展联动、利益交融、各方面紧密联系的整体。

---

* 本文根据作者 2016 年 10 月在凤凰网、凤凰卫视主办的"与世界对话——2016 年凤凰国际论坛"上与凤凰网主笔陈芳的谈话稿整理而成。凤凰网发表时的题目为《中国搞"一带一路"不是扶贫济困而是联动发展》。

当然，在这一过程中，还要实现资金融通，这是"一带一路"能否顺利推进的关键环节。而在"一带一路"所要实现的"五通"中，可以说，政策沟通是先导，设施联通是重点，贸易畅通是目的，民心相通是基础，资金融通则是保障。在推进"一带一路"过程中，设立多种形式和规模的区域合作基金，势在必行。我国倡导成立的亚投行，已经不仅仅是中国和"一带一路"沿线国家开展务实合作的融资平台，也可能事实上成为继世界银行、亚洲开发银行以后的世界第三大金融合作机制。

从这个意义上说，"一带一路"战略引领了国际经济秩序变革的潮流。此外，要看到，"一带一路"也是迄今为止规模最大的具有全球性影响的经济振兴与合作共赢计划。大家知道，从2008年到现在，8年多时间，世界经济一直没有摆脱金融危机的阴影，经济发展动力不足，贸易保护主义和投资保护主义呼声甚高，甚至连反全球化倾向都在蔓延和滋长。我们倡导"一带一路"，就是要在更大范围内实现包容发展、开放发展、合作发展、联动发展。

要深刻理解"一带一路"战略提出的时代背景

2013年9月，习近平主席首次以国家主席身份出访中亚，各方都很关注，希望了解中国新领导人对于中亚问题的外交构想和政策理念。在这种情况下，习近平发表演说，全面回顾了中国同中亚国家相互交往的友好历史，阐述了中国与中亚国家发展务实合作的成就与经验，同时就中国与中亚国家的未来提出了新的建议和思考。共建丝绸之路经济带的倡议，就是在这样的具体背景下提出来的。

但是，仅仅了解这一点是远远不够的。习近平主席在哈萨克斯坦提出共建丝绸之路经济带倡议，同时也源于中国与中亚各国开展务实合作的成就与经验。1991 年 12 月苏联解体 25 年来，我们和中亚各国建立了崭新的国家关系。经贸关系也发展得很好。在中亚地区的 5 个国家中，有 3 个国家即哈萨克斯坦、吉尔吉斯斯坦和塔吉克斯坦与我国接壤。我们之间有着 3000 多公里的共同边界，陆续开通了 8 个陆路口岸和 2 个铁路口岸。这些年来，中国货物就是通过这些口岸进入中亚，再从中亚进入西亚、南亚和欧洲的。我们和中亚 5 国都已通航。尽管这几个国家有的彼此之间不通航，但他们与中国都已架起空中桥梁。中国与外国共同修建的第一条跨国石油管道，就是从哈萨克斯坦进入中国的。世界上最长的天然气管道，就是从土库曼斯坦经过乌兹别克斯坦、哈萨克斯坦进入中国的。中国与中亚国家在互联互通方面，已经积累许多成果。

所有这一切，为我们和中亚各国开展更大范围的互利合作、在更大范围内加强基础设施建设、争取实现更大范围的共同发展，积累了经验、提供了可能。这是习近平主席在中亚提议共建丝绸之路经济带的现实条件和物质基础。

习近平主席是在同一年的 10 月访问印尼时，提出共建 21 世纪海上丝绸之路这一构想的，而印尼是东南亚地区的最大国家。中国同印尼的关系，目前在很大程度上影响着中国与整个东盟的关系。印尼所有的东南亚地区，历史上就同中国在政治、经济、文化、人文等方面保持着密切联系。中国同东盟的贸易额去年达到 4000 多亿美元的规模,东盟因而跃升为中国第三大贸易伙伴。目前,东盟10 国共有 5 亿多人口,发展潜力巨大,也是维护亚太地区安全和稳定的重要力量。

总之,"一带一路"是结合我们与中亚和东南亚务实合作的成功经验、满足中国自身以及中亚东南亚各国的现实需要、同时考虑到各方合作潜能而提出来的。这么一个宏伟的合作计划。如果没有历史的底蕴,没有这些年合作的成就,没有当前的迫切需求,"一带一路"倡议不但不可能应运而生,也不会得到这么广泛的支持和响应,也就不会有目前这样推进的规模和速度。

中国有能力与各方共同保障"一带一路"安全推进

对于"一带一路"战略的提出和实施,学界最初也有一些模糊认识,目前也还有不少争论。有人担心中亚国家的安全形势,也有人担心这些国家的财政能力。应当说,推进"一带一路"建设,机遇和挑战是并存的。这一点无须讳言。其中,人们比较担心并且谈论较多的是中亚地区的安全。实际上,是人们对中亚地区了解太少。

中亚地区 5 个国家,目前共有 6000 多万人口,有 100 多个民族。历史上许多大民族都在这里驻足过,比如希腊人、马其顿人、阿拉伯人、波斯人、土耳其人、蒙古人,更不用说俄罗斯人了。直到今天,这个地区仍是各种势力激烈博弈之地。除俄罗斯外,阿拉伯国家、土耳其、伊朗、德国、印度、韩国,在这里都有很大影响。当然，中国在这个地区的影响力也在迅速增大。因为我们山水相连，历史上就有千丝万缕的联系。古老的丝绸之路，早就将我们的发展、我们的安全和他们的命运紧紧地联系在一起。苏联解体以来，我们与中亚国家在政治、经济、文化、安全等各领域的合作持续扩大和深化，相互间的联系和依存更加密切。

还有一点，中亚 5 国都是伊斯兰国家，宗教背景大体相同，但每个国家的情况又不完全一样。塔吉克斯坦与其他 4 国就有很深的民族文化差异，因为塔吉克人属于波斯语系，而其他 4 国居民多属突厥语系。

另外，确实如人们所说，中亚国家经济发展的整体水平不高，苏联解体后独自发展面临的困难又很多。再加上都是内陆国家，经济发展受到地缘环境的严重制约。其中最典型的是乌兹别克斯坦，是世界少有的几个双内陆国之一。所谓双内陆国，就是说它的邻国也没有出海口，它的商品必须通过两个邻国才能到达港口。

正由于宗教文化背景、经济发展水平以及历史遗留的领土边界争端等多种原因，中亚 5 国相互之间的关系时好时坏，经济联系时紧时松，虽然它们有过一体化尝试，但相互合作意愿不强，有的国家甚至相互掣肘。

我们要看到中亚地区的复杂性，但也不要把中亚地区说得过于可怕。尽管吉尔吉斯斯坦曾经发生过两次颜色革命，塔吉克斯坦曾经发生过内战，但中亚局势目前看还是可控的。有一个很权威的数据表明，最近几年世界各国发生恐怖袭击和恶性犯罪事件最多的地区，排名在前的是非洲、东南亚和欧洲，中亚排在最后。中亚地区恐怖事件发生的次数，只占全球恐怖袭击的 0.2%。

通过这些数据和事实，我们可以对中亚做一个新的判断：我们在中亚推进"一带一路"建设，总体上还是比较安全的，前景是可期的。

中巴经济走廊项目一定会安全启动并顺利推进

现在大家比较担心的，还有南亚方面。围绕"一带一路"建设，我们设计了六条经济走廊，其中最有名的就是中巴经济走廊。这条走廊拟以新疆喀什为起点，经过克什米尔，穿越巴基斯坦全境，到达巴基斯坦南部的瓜达尔港。我们不否认，这条经济走廊的确安全隐患较大，因为巴基斯坦也是恐怖主义势力比较活跃的国家。而"一带一路"经过的地区，恰恰是巴基斯坦部族势力和教派势力关系极为复杂的地区。

综合国内外各种信息，我们发现，围绕中巴经济走廊建设的一些具体问题，譬如线路走向、安保队伍建设等重大问题，巴基斯坦内部各方和各派势力之间，包括中央政府和地方政权之间、政府和军方之间，还有不同地区之间，存在很大争议，但我们还是要相信，中国政府有能力与巴基斯坦密切合作，妥善处理好各方面关系，我们有足够的能力和手段，把"一带一路"可能面临的风险和挑战降到最低限度。

目前，关于中巴经济走廊建设，中巴双方现在已经签署了很多合作文件，无论有多大困难，还是要动工的，但要加大安全投入。双方要共同采取一些安保措施，确保相关项目和人员安全。我们也建议国内走出去的企业，无论大小，都要重视这个问题。

至于某些人担心，中巴铁路修通后宗教极端势力可能逆向进入中国，我认为没有太大必要。现在是全球化时代，我们必须打开国门搞建设，必须建设开放型经济，这是基本国策。最近习近平主席在杭州 G20 峰会上阐述中国发展进程时特别指出，这是"中国走向世界，世界走向中国"的进程。我们不能因为某些地方存在恐怖主义威胁而畏首畏尾，不能遭遇到某种困难就因噎废食。我们有足够的方法和手段来保证"一带一路"项目的安全，当然也包括中巴经济走廊的安全和"一带一路"战略的安全。世界上随时可能发生各种各样的偶发事件，但我想不会从根本上影响我们整体推进"一带一路"战略。

"一带一路"建设不是简单扶贫而是要联动发展

中国推进"一带一路"建设。具体的落地项目很多，除基础设施建设外，还包括能源、金融等领域的合作，产能合作、装备制造业合作，等等。

中亚国家的基础设施，大都是原苏联时期留下来的。就连俄罗斯人，也可以说他们在吃苏联时代的老本。有些基础设施，例如公路，当年苏联修得很好，甚至可以降落飞机，但毕竟几十年时间过去了。现在必须组织力量重修重建。在独联体地区不少国家，公路甚至要一年一修才能勉强维持运行。

中国在帮助中亚国家开展基础设施建设方面。其实已经做了很多事情。我在乌兹别克斯坦任大使时，中国公司曾帮助他们搞过电气化铁路、修筑过铁路隧道，疏浚过水渠，改造过机场等。在哈萨克斯坦，中国公司帮助他们治理过城市地下污水系统、建立过水泥厂，等等。

如今的中亚地区，我们可以在"一带一路"框架下推进的事情有很多，但并不是说，所有的事情都能做成。为什么？就是资金问题，做什么都要有资金支持才行。而我们国家的财力，终究也是有限的，我们不可能一下子把所有该做的事，全部包揽下来。使用贷款的项目，要适当考虑其还贷能力。总之，由于理念、财力、各国之间的矛盾以及恐怖威胁等因素，中亚国家很多项目都不能全速推进，还是要循序渐进，不能急于求成，而要因势利导，不能强加于人，必须共商共建。

对于中国企业在中亚可能遇到的风险、挑战和问题，其实在其他许多国家我们已经碰到过。我们反复讲，推进"一带一路"，要先搞政策、理念对接，还要解决融资难等问题。如果"一带一路"的所有项目都靠中国企业来融资，都让中国企业或者中国政府掏钱，最终是力不能及的。中国可以承担一部分，但更多的应该是秉承共建共商共享三大原则，政府引导、企业动作，按市场方式和市场规则办事，这是问题的关键所在。

"一带一路"是中国长期对外开放的政策产物，我们一定要让合作伙伴认识到，我们搞"一带一路"不是去扶贫，不是去救助哪个具体的国家和哪一个具体的地区，我们要的是实现联动发展、共同发展。因此，利益原则不能忽视，归根到底要遵循市场规律，要实事求是，要顺势而为，这样做成的项目才有保障，才无风险。

　　当然，在推进"一带一路"建设时，我们并不赞成中国企业单纯追求利益，更不赞成所谓"利益最大化"。习主席访问非洲时曾经发表过演讲，主张对非经济工作要义字当头、以义为先。树立正确的"义利观"。这就是说，我们推进"一带一路"建设，始终要义利兼顾，切不可急功近利，更不允许见利忘义。要特别防止项目做成了，却留下不好的影响，反而造成负面印象，这样就适得其反了。

　　总而言之，中国政府和企业在"一带一路"框架下推进的所有项目，都应是互利合作的，都应是互利共赢的，都应是经得起历史和时间检验的，都应当既满足各方的不同利益，又符合时代进步的历史潮流。这是前无古人的伟大事业，任重而道远，崇高而艰巨。

（2016 年 10 月）

发挥区位优势　参与"一带一路"
建设大有可为[*]

习近平主席在哈萨克斯坦和印度尼西亚发出"一带一路"倡议，我想不是偶然的，而是有深邃的国际视野和长远的战略考虑的，是以当今世界发展的潮流和中国自身的发展需要，作为时代背景和现实依据的。

一、共建"丝绸之路经济带"计划与打造中国与
##　　中亚命运共同体倡议密切相关

首先说哈萨克斯坦。哈萨克斯坦原来是苏联在中亚地区的一个加盟共和国，独立后成了我国在中亚地区的重要邻国，目前也是上海合作组织的重要成员国。中哈两国共同边界长达一千多公里，该国的主体民族哈萨克与我国境内的哈萨克同宗同源，我们两国人

---

[*]　本文根据作者在海南省一次时事报告会上的讲话整理而成。

民之间的友好交往源远流长。这个国家人口不多，现在也就 1600 万左右，但地大物博，领土面积号称世界第七，石油天然气等矿产资源相当丰富。上世纪 90 年代中期，纳扎尔巴耶夫总统提出能源立国战略，宣布要在 30 年内将哈萨克斯坦建设成为"中亚雪豹"。我当时在中国驻哈萨克斯坦大使馆工作，对这个雄心勃勃的计划，最初不以为然。那时很多人和我一样，也认为"中亚雪豹"计划不大可能实现。然而，经过 20 多年的努力，哈萨克斯坦发展得很好。2013 年秋习近平主席访问哈萨克斯坦时，该国人均 GDP 已经超过 1.2 万美元。

纳扎尔巴耶夫总统对中国非常友好，自 1993 年首次访华后，迄今访华已有 10 多次，是世界各国领导人中访华次数最多的一位。纳扎尔巴耶夫总统尤其喜欢海南，对海南情有独钟，多次到海南。由于两国领导人的共同推动，中哈双方早就建立了高水平的战略合作伙伴关系，两国在各领域的务实合作与时俱进，不断深化，双方都获得了实实在在的利益。目前，除空中走廊外，中国与哈萨克斯坦开通了 5 对公路口岸和 2 对铁路口岸，双方不仅人员往来十分频繁，而且有大量中国货物，经过哈萨克斯坦口岸进入中亚，然后经中亚进入到中东、南亚和俄罗斯等地。近年来，通过中哈铁路，中国的货运班列从重庆、成都、武汉、郑州以及义乌、连云港、东莞等地，陆续开进了欧洲。

此外，中哈两国早就建成了跨境油气管道，其中最长一条是石油管道，将近 2800 公里，从哈萨克斯坦里海边上的阿得劳通到中国边境霍尔果斯。通过这条管道，每年有上千万吨的哈萨克斯坦原油进入中国。目前，这条管道正在进行扩建，完工后每年可向中国输出原油 2000 万吨。另外一条是天然气管道，只有 115 公里，由民营企业修建，虽然输气量不大，但示范意义不小。哈萨克斯坦已经成为中国的重要能源供应国。为适应经贸关系迅猛发展的需要，中国境内连云港到霍尔果斯的高速公路，将与正在修建的哈萨克斯坦通向俄罗斯直至圣彼得堡的高速公路联通。中哈两国共同投资已在连云港开工建设双方共有共享的物流基地。我们两国在基础设施互联互通方面先行先试，共同受益，积累了宝贵经验。

　　除哈萨克斯坦外，中亚地区还有 4 个国家，这就是吉尔吉斯斯坦、塔吉克斯坦、乌兹别克斯坦和土库曼斯坦。这些国家都处于古丝绸之路沿线，我国境内许多少数民族与这些国家的主体民族世世代代跨界而居，形成了千丝万缕的历史联系，人民之间的传统友谊根深蒂固。上世纪 90 年代初苏联解体，我国与这几个新独立国家也建立起不同形式的睦邻友好关系和务实合作关系。这几个国家继哈萨克斯坦之后，也相继与我国建立了空运联系。其中，吉尔吉斯斯坦和塔吉克斯坦，与我国拥有共同边界，也是中国重要的陆上邻国。中吉之间、中塔之间，也都分别开通了公路口岸。

　　吉尔吉斯斯坦、塔吉克斯坦和乌兹别克斯坦三国都是我国倡导成立的上海合作组织的正式成员国，土库曼斯坦由于实行永久中立政策，没有加入上海合作组织，但与我国关系相当密切，时而也参与上海合作组织的相关合作。中国与这些国家在开展多领域务实合作的同时，共同探讨和开展基础设施建设，也取得不少成果，其中最大的项目，就是举世闻名的中国—中亚天然气管道。这是迄今为止世界上最长的管道，它不仅把土库曼斯坦、乌兹别克斯坦、哈萨克斯坦与中国直接联结在一起，而且与中国西气东输项目相连接，使中亚天然气进入中国的千家万户，进入上海和香港，更重要的是，还为中国与多个邻国相互协作，共同建设基础设施并开展互联互通，展示了既现实又广阔的美好前景。目前，这个世界罕见的大项目仍在不断扩大，除已经运营的 ABC 三条线路之外，起始于土库曼斯坦、途经乌兹别克斯坦、塔吉克斯坦和吉尔吉斯斯坦，全长 1000 多公里的 D 线已经开工。连接中国与塔吉克斯坦的中塔公路项目已经启动，连接中国、吉尔吉斯斯坦和乌兹别克斯坦的中吉乌铁路项目也在筹划之中。正是由于这些方面的显著成就和共同规划，习近平主席才在哈萨克斯坦首都阿斯塔纳，郑重发出共建丝绸之路经济带的倡议。

二、建设 21 世纪海上丝绸之路与打造中国与东盟命运共同体倡议紧密相连

再说印度尼西亚。印度尼西亚是东南亚地区的重要国家，也是中国最重要的海上邻国。由于大量华人华侨的存在，中国与印尼历史上就有着千丝万缕的联系，印尼因此也是较早承认新中国的东南亚国家之一。上世纪 50 年代和 60 年代前期，两国关系一度十分密切，著名的万隆会议十原则，就是周恩来总理出席在印尼万隆举行的亚非领导人会议时，与印尼等新兴国家领导人共同提出来的，这是当时国际关系中的一个重大事件，其影响至今仍清晰可见。1965 年，由于印尼国内局势生变，中国与印尼的关系受到严重冲击，两国往来从此中断，相互隔绝长达 25 年，直到 1990 年才恢复

关系。此后，双方共同努力，相向而行，两国关系在新的历史条件下得到全面发展。2005年双方建立战略合作伙伴关系后，高层往来持续加强，务实合作不断扩大，双方共同建设的泗水—马都拉大桥，是东南亚地区最大的跨海大桥。合作建设的加蒂格迪大坝子，在当地也有很大影响。可以说，双方务实合作，包括在地区和国际事务中的沟通协调，越来越具有地区和世界意义。

印度尼西亚是东盟的核心成员之一。中国与整个东盟的关系，进入新世纪以来一直发展很好。虽然中国与越南、菲律宾等国近年来在南海地区发生了领土主权和海洋权益之争，但中国与整个东盟多领域务实合作持续向好的基本态势始终未变。2002年，中国与东盟各国签署了《南海各方行为宣言》，承诺共同维护南海的和平与稳定。2003年，中国作为域外大国，第一个加入了东盟国家签署的《东南亚友好合作条约》，而美国直到2009年才加入这个条约。这时，中国与东盟已经发展起面向和平与繁荣的战略伙伴关系，双方除每年举行领导人会议之外，另外建立了11个部长级会议机制、5个工作层面的对话合作机制，双方的贸易额一直保持在年均20%左右的增幅。

2013年，也就是习近平主席访问印度尼西亚那一年，中国与东盟的贸易额上升到了4400亿美元左右，中国与东盟的贸易总量占了中国外贸总额的10%以上。中国与东盟的双向投资额，也已增加到1100多亿美元，东盟成了中国的第三大外资来源地。中国银行与东盟国家多个银行签订了本币互换协议，双方金融领域的合作势头，同样十分强劲。此外，中国还与东盟共同设立了投资合作基金，共同成立了中国东盟海上合作基金，共同开展了湄公河次区域经济合作。由于这一切，2003 年至 2013 年的十年被称为中国与东盟关系的"黄金十年"，双方商定 2014 年正式启动中国东盟自贸区升级版谈判。也正是由于这一切，习近平主席才在印尼国会宣布，中国要与东盟各国共同建设 21 世纪海上丝绸之路。

三、"一带一路"倡议体现了中华民族要为人类做出更大贡献的崇高意愿和决心

"一带一路"倡议的提出既不是偶然的，也不是孤立的，它与中国—中亚命运共同体构想紧密相连，与中国—东盟命运共同体理念密切相关，是我国领导人根据当今世界力量对比新变化、我国与周边国家务实合作新局面以及我国自身发展新要求而做出的重大战略决策。这个倡议和计划，符合和平与发展的时代主题，顺应了合作共赢的历史潮流，很快得到了国际社会的普遍关注和积极回应。

从长远看，实施"一带一路"计划，是中国作为崛起中的世界大国走向国际舞台中心的重大举措，因而也是中华民族实现全面复兴的必由之路。实施这一计划，不仅会大大密切中国与周边国家及周边国家相互之间的关系，使我国与周边世界形成更加稳固的利益纽带，推动亚太地区共同发展与进步的崇高事业，在更大的历史时空中谋求和平稳定与长治久安，创造更加有利于中国和平崛起的周边环境和国际大环境，同时还会大幅度提升中国参与区域经济合作，参与经济全球化的能力和水平，进一步提升亚太地区经济一体

化的水平，引导区域经济合作、经济全球化和国际秩序变革朝着更加合理的方向向前发展。

从当前看，实施"一带一路"计划，一方面会较快地帮助改善"丝路"沿线国家相对落后的基础设施、经济形态和民生状况，实现不同社会制度、不同发展道路、不同经济水平的国家互通互鉴，另一方面也有助于解决我国自身经济发展中的一些突出矛盾和问题，便于我们在充分发挥自己的产能优势、资本优势、某些领域中的制造业优势的同时，更快地消除经济结构扭曲、区域发展失衡、生产力布局不合理、创新能力低下等经济短板；使我们的企业在努力开拓国内国际两个市场、调动国内国际两种资源的同时，学会利用国内国际两类规则，特别是参与对外经济合作和竞争的规则。

倡导并全力推动实施"一带一路"计划，体现了历史新时期中华民族愿为人类进步担当更大责任、做出更大贡献的崇高意愿和决心。而要实现这一前无古人的宏大计划，我们必须秉承相互尊重、共商共建、风险共担、成果共享的基本原则，首先要尽最大努力，实现中国与相关国家的政策沟通，实现发展战略和发展计划的有机对接。只有进行科学研判，做好顶层设计，搞好统筹协调，把合作开放、和谐包容、市场运作、互利共赢的指导思想贯彻始终，我们才能与中亚、东南亚乃至"一带一路"沿线所有国家共同实施好这一宏大计划，"一带一路"沿线国家才能在共同发展、共同繁荣、共同安全、共同进步的道路上走得更稳更快更好。

四、各地方发挥区位优势参与
"一带一路"计划大有可为

　　推进"一带一路"计划，是中华人民共和国的国家意志，是中华民族的全民族行动。根据中央统一部署和要求，国内各地区各行业各部门发挥各自比较优势，通过实行更加积极主动的对外开放战略，努力参与到"一带一路"计划中来，直接承担相关任务和项目，势在必行。海南省作为中国最大的经济特区，地处中国最南端，与东盟许多国家隔海相望，拥有海口、三亚两个现代化港口，要在大力参与南海经济区的同时，积极参与21世纪海上丝绸之路建设，这是国内其他省区所不具有的独特优势。同时，海南省又是博鳌亚洲论坛所在地。国务院授权有关部委联合发布的关于"一带一路"建设愿景和行动的白皮书，确认博鳌亚洲论坛为次区域性质的国家论坛，要求博鳌亚洲论坛在"一带一路"沿线各国政策沟通、凝聚共识中发挥桥梁作用。

　　此外，海南省还是中国最大的和独一无二的国际旅游休闲度假地。通过整体设计、系统推进、滚动发展，把海南岛打造成为开放之岛、绿色之岛、文明之岛与和谐之岛，必将吸引越来越多的外国游客到海南省观光旅游，从而增进世界各国，首先是周边各国对中国的认知和了解。因此，海南省在实施"一带一路"计划方面，在推动实现中国与周边国家民心相通，夯实国家关系的民意基础，营造更加良好的周边环境方面，也是大有可为的。总之，在国家

"一带一路"大战略全面实施的大背景下,海南省的发展前景会更加广阔,更加美好!

(2015 年 7 月)

中国企业参与"一带一路"建设，
要正确应对各种风险*

　　"一带一路"是中国新时期进一步扩大开放的代名词。2013 年 9 月习近平主席访问哈萨克斯坦提出"一带一路"。随着时间的推移，人们对"一带一路"的认识逐渐深化，越来越多的中国企业走出去。

　　从国际看，参与"一带一路"的国家越来越多。很多国际组织也开始加入"一带一路"推进过程。联合国将"一带一路"写入关于阿富汗问题的决议，要求相关国家支持、参与"一带一路"，为"一带一路"提供安全保障，帮助阿富汗实现战后重建。

　　命运共同体是"一带一路"倡议的认识基础。如果认识不到人类社会是个整体，打造命运共同体是人类的共同诉求，我们就没有办法推进或者完成"一带一路"建设。

　　在不久前的"一带一路"峰会上，习近平主席提出，"一带一

---

* 2017 年 6 月 8 日，中国企业全球化论坛在北京召开。全国政协委员、察哈尔学会国际咨询委员会委员、中共中央对外联络部原副部长于洪君针对"'一带一路'背景下中国企业走出去的风险与机遇"这一话题发表了主旨演讲。

路"吸引更多国家参加就是要弘扬历史积淀的丝绸之路核心精神。丝绸之路的核心精神可以梳理归纳为和平合作、开放包容、互学互鉴、互利共赢。"一带一路"最终的目标，不是要扩张中国的势力范围，或者建设自己的后花园，而是要建成和平之路、繁荣之路、开放之路、创新之路、文明之路。

国际社会至今对"一带一路"的认识还存在一定距离，有些人存在误读，甚至故意歪曲和抹黑。要理解"一带一路"到底是什么，我们要出去干什么，首先得认识清楚"一带一路"提出的时代背景，明白我们所要达到的终极目的和遵循的基本原则。

现在全球范围内存在许多风险，走出去的企业首先要看到"一带一路"进入到全面推开、全速推进、全方位深化的新阶段。"一带一路"已经不仅是习近平本人在国际上发出的倡议或承诺，它现在是中国政府对整个国际社会的承诺，是中国共产党在新的历史阶段做出的战略性决策，是13亿多中国人长时间的集体行动。所以中国企业参与"一带一路"要有战略意识、全局意识、长远意识。

"一带一路"已经从最初某种意义上的独唱，真正变成了大合唱。从另一个意义上它也是中国更深层次地参与全球化、引领全球化的历史性举措。过去中国参与全球化，主要是吸引外资、外部的管理经验、人才，让世界的商品走进中国；而现在更多的是走出去，中国企业把自己的技术、装备、标准和产品带出去。更重要的是把中华民族的形象带出去，把中国人贡献世界文明的意志和决心带出去。要有这个情怀，走出去的企业才能做得更好，走得更远，所以要充分认识到自己的责任和使命。

全方位透析中国企业面对的风险

中国企业走出去进入了风险与机遇并存的新阶段。那么，中国企业该如何应对各种各样的风险？风险来自很多方面的，包括政治、经济、环境、社会、安全等。

政治上的风险首先来自部分国家政权的不稳定。有些国家政策不稳定，朝令夕改，合作时朝三暮四，政出多门。政权更迭给企业造成了很多风险。

经济风险来自合作对象没有资金、技术、经验，也没有人才。中国走出去的企业很多也有这个问题，志大"财"疏——什么都想干，但是既没有钱，也没有融资手段，技术也不行，只能用老经验、老技术、老设备出去应付。

社会风险在很多国家是潜在的和长期存在的，中国企业对此估计不足。有些企业走出去后遭遇挫折甚至折戟沉沙，就是对所在国的社会文化环境、心理环境、宗教情感都不了解。比如在中东国家承包工程，必须知道某些国家的敏感地段，是不准非穆斯林工人进入的。中国企业如果没有准备，只能在世界范围内重新招人，提供机票，紧急培训。于是各种费用成本骤然提升，时间却被拖延，造成很大的亏损。

环境风险现在是普遍存在，并且越来越大，很多中国企业没有意识到，很多国家都非常重视环境问题，包括东南亚、南亚和中亚国家。中国有的企业过去认为，建设基础设施发展经济非常重要，环保问题根本不用考虑，其实不然。25 年前，一家中国企业到哈萨克斯坦搞大市场，运进许多建筑材料，包括木材、管道等，都不合格，不符合防火要求，因为那里采用的是欧洲标准。中国企业需要意识到，这些国家虽然是新兴国家，但是他们独立后起点很高，环保要求很高。

安全方面的挑战来源更为复杂。首先，战争是最主要的威胁。利比亚战争突然爆发的时候，中国自己都不清楚那里到底有多少中国人和中国企业。特别是地方企业和民营企业进入后，完全不与中国驻利比亚机构建立联系。撤侨时"忽然冒出"将近四万人，都是在那里做企业和项目的。再比如吉尔吉斯斯坦爆发两次"颜色革命"，出现很多打杂抢烧案件，中资企业，特别是店铺，首当其冲，受害严重。

安全风险的另一个重要来源是恐怖袭击。现在恐怖袭击已成常态，尤其是阿富汗、巴基斯坦、伊拉克这些国家。伊朗是中国重要的合作伙伴，是中国向西构建中国—中亚—西亚经济走廊的重要国家之一，现在已成恐怖主义袭击的高危国家。中国企业走出去之后面对恐怖主义威胁越来越直接、越来越现实。很多项目恰恰都在阿富汗、巴基斯坦、中巴经济走廊。前两天巴基斯坦解救人质事件，虽然我们成功了，但是对企业造成的影响是巨大的，对走出去人员的心理冲击是不可估量的。

学会合作，企业需避免落入恶性竞争怪圈

走出去的企业不但要有足够的风险意识，还要理性、全面、客观地看待国内外形势。风险和机遇并存绝不仅仅是概念或口号。在国内，从政治到相关领域都在给企业走出去提供全力的支持和鼓励，但还要重视外部形势。走出去的企业应对风险和挑战，首先要充分认识国内国际两种形势；其次，必须学会运用国内国际两种规则。

此外，还有学会如何跟伙伴合作和竞争。现在走出去的企业常常陷入恶性竞争的怪圈，不仅和对方竞争，而且和国内的对手竞争、同行竞争、第三方竞争。部分中国企业在国外失败了，实际上是在竞争中失败的，急于拿到项目，所以超低价中标，结果做到一半做不下去，无果而终。更主要的是这给企业、给国家形象造成了不可挽回的损失。国外舆论会有意甚至恶意炒作这些事情。所以要学会在竞争中合作，在合作中竞争。遗憾的是并非很多企业都懂，特别是中小民营企业，出去以后花了很多冤枉钱，走了很多冤枉路，最后乘机而走，扫兴而归。

这就提醒我们走出去的企业既要总结经验，又要吸取教训；既要从自己的教训中吸取前进的动力，也要从国际交往过程中寻找他人留下的有用的知识和经验。

分蛋糕越来越复杂，共同繁荣才是终点

当"一带一路"变成国际大合唱，不和谐的声音就会出来，我们要有所准备。亚投行是中国发起主导的，但是得遵循国际银行普遍的游戏规则。中国尽管是大股东，也不应一家独大。否则人家就会指责我们把亚投行变成了我们的外交工具。

亚投行本是为"一带一路"沿线国家开展基础设施建设设置的融资平台，现在已经有70多个国家加入。我们的蛋糕做得越来越大，如何分配蛋糕就越来越复杂了。我们这盘棋下得越来越大，投棋布子就必须十分精到细致。要把自己的发展同"一带一路"沿线国家的发展结合起来，把我们的利益同所有参与"一带一路"的国家的利益结合起来。中国的发展已经不仅仅局限于960多万平方公里，中国的发展和整个世界的发展已经紧紧交织在一起。所以我们要用资源，把中国的发展和外部的发展统筹起来。中国走出去是帮助世界共同发展，最后达到共同进步、共同繁荣的效果。

在走出去的过程中，要懂得这一点，要学会运用共商、共建、共享原则来解决安全领域中的问题。共同商量项目推进过程中的安全风险、安全防范、安全责任；共建安保机制、安保措施，甚至还有安保部队；共同享有共建安保措施带来的红利，同时共同承担安全责任。共享、共建、共商不仅仅是经济上，也包括安全上的，地方政府、大国企尤其要懂。

在"五通"中，政策沟通十分重要，政策沟通是先导。政策沟通不仅仅是国家领导人的事。一些标准、原则、手段、方式方法的对接，是地方政府的事情，是走出去的企业的事情。政策沟通要多层次、多元化、多领域、常态化。所以走出去的企业都要学会政策沟通，都要掌握政策沟通的本领，而且沟通要结合自己的需要和实际才有效，才能真正地服务"一带一路"。

最后，中国企业走出去，不能摆着救世主、乐善好施的心态，而应该是谋求共同发展，合作共赢。所以企业不能强人所难，而要顺其自然；不能见利忘义，还要义利兼顾，不能只讲经济效益，还要兼顾社会责任，并且还要服从国家外交大局，兼顾合作对象的利益和需求，总之，是要学会统筹兼顾！

（2017 年 6 月）

关于"一带一路"建设中的
"经济走廊"问题[*]

近年来，无论是在有关"一带一路"的理论研讨和政策规划中，还是在地区发展和项目设计中，"六大经济走廊"这个概念不绝于耳。这表明，在我国所制定的以"一带一路"为主要标志的对外开放总体战略中，在决定国家未来经济社会发展任务和目标的"十三五"规划中，"六大经济走廊"建设占有极其重要的位置。但一些人对什么是"经济走廊"，"六大经济走廊"具体是什么，如何实现"六大经济走廊"建设目标，却不甚了了。这"六大经济走廊"指的是：新亚欧大陆桥经济走廊、中国—中亚—西亚经济走廊、中蒙俄经济走廊、中巴经济走廊、孟中印缅经济走廊和中国—中南半岛经济走廊。

不久前，也就是 2016 年 8 月，中国发展与改革委员会发表了《建设中蒙俄经济走廊规划纲要》，在国内外引起一片热议之声。在这里，我们就重点说说"中蒙俄经济走廊"，因为这是目前为止最

---

[*] 本文系作者 2016 年 10 月在黑龙江大学所做的《"一带一路"建设与中俄关系》学术讲座的一部分。收入本书时作了较大的修改和补充。

为完整、最为权威并且经过三国元首认可的唯一一份"经济走廊"建设规划。然后，我们再谈谈中国—中亚—西亚经济走廊、新亚欧大陆桥经济走廊、中巴经济走廊、中国—中南半岛经济走廊以及孟中印缅经济走廊。大家知道，除中蒙俄经济走廊外，其他经济走廊建设的总体思路和政策规划还没有形成，这里只能简要地谈一些个人的看法。

一、关于中蒙俄经济走廊建设

俄罗斯是中国最大的陆上邻国，中俄共同边界长达 4300 多公里，是世界上最长的陆地边界之一。在与俄罗斯接壤的中国 4 个省区中，黑龙江与俄罗斯共同边界 3000 多公里，内蒙古与俄罗斯共同边界 1000 多公里，吉林与俄罗斯共同边界 200 多公里，新疆与俄罗斯共同边界 54 公里。上述 4 省区除新疆因不具备条件没有对俄口岸外，黑龙江、内蒙古和吉林均开通了对俄边境口岸。据统计，目前中俄边境口岸已达 20 多对，中俄双方的货物交换和人员往来十分频繁。

中国非常重视俄罗斯这个拥有 1700 多万平方公里国土、由 193 个民族共 1.46 亿人口组成的大邻国。近年来，中俄两国的政治关系发展很好，世人皆知。双方 20 多年前建立的战略协作伙伴关系，历经国际风云变幻考验，如今已成为全面战略协作伙伴关系。两国在经济、科技、人文、能源、军工、航天、金融、安全等各个领域的务实合作，以及在国际和地区事务中的协调配合达到了前所未有的高水平。到 2013 年时，中国已成为俄罗斯第二大出口市场和第一大进口来源地。两国领导人随即商定，双方贸易额 2015 年要达到 1000 亿美元，2020 年要达到 2000 亿美元。

位于中俄两国之间的蒙古国，对中俄两国来说都是非常重要的邻国。这个人口只有 300 万左右、国土面积却有 156 万平方公里的内陆国，矿产资源极为丰富，对中俄两国的经济依存度与日俱增。中蒙两国共同边界的长度，甚至超过了中俄边界，达 4710 多公里。目前仅内蒙古就已经开通了 13 个对蒙边境口岸。驰名中外的中俄铁路，早就将中蒙俄三国紧紧地联系在一起。由于地缘位置的特殊性，中俄蒙三方不仅在经济上，甚至在安全上也形成了相互借重、不可或缺的互补关系。

目前中国已有多条通往蒙古国和俄罗斯的铁路和公路。中俄之间还有了石油和天然气管道，开通并拓展了河运和海运，空中联系也在不断扩大。在这种情况下，中方期望在中蒙俄三国之间建立起密切联系的基础设施网络，逐渐形成相互联动的三方市场，最终形成广泛联系且相互依存的统一经济空间。在此基础上，使庞大的中蒙俄三国市场与俄罗斯所在的整个独联体地区以及波罗的海地区、东欧地区直至整个欧洲联系起来。由于俄罗斯拥有世界上最丰富的石油天然气储量和其他各种矿产资源，蒙古也是世界上多种矿产资源较为丰富的国家之一，中国拥有 13 亿人口的大市场，拥有对外开放与合作的巨大动力和充裕的资金，中蒙俄三方在能源、矿产资源及其他各领域开展广泛而深入的互利合作，符合三方的共同利益，具有广阔的发展空间和前景。

2014 年 9 月，习近平主席出席中俄蒙三国元首会晤，正式提出了共建经济走廊的倡议。他指出，中俄蒙是好邻居好伙伴，三国发展战略高度契合。在当前复杂多变的国际和地区形势下，中方提出的共建丝绸之路经济带倡议，获得俄蒙两国积极响应，可以把丝绸之路经济带同俄罗斯的跨亚欧大铁路、蒙古国草原之路倡议进行对接，打造中蒙俄经济走廊，加强铁路、公路互联互通建设，推进通关和运输便利化，促进过境运输合作，研究三方跨境输电网建设，开展旅游、智库、媒体、环保、减灾救灾等领域务实合作。

习近平主席关于共建中蒙俄经济走廊的倡议，立即得到了俄罗斯和蒙古方面的积极回应。2015 年 5 月，习近平与普京共同签署了关于丝绸之路经济带建设与欧亚经济联盟建设对接合作的联合声明。与此同时，标志着中国"一带一路"倡议与蒙古"草原之路"计划实现对接的首个中蒙合作大项目开始启动，这就是贯穿蒙古南北全境并直接联通中俄两国的"扎门乌德—乌兰巴托—阿拉坦布拉格"高速铁路工程。当年 7 月 9 日，中蒙俄在俄罗斯的乌法市签署关于建设中蒙俄经济走廊规划的谅解备忘录。

2016 年 6 月 23 日，中俄蒙三国元首利用出席上合组织元首峰会之机，在塔什干举行第三次会晤，并见证《建设中蒙俄经济走廊规划纲要》签字仪式。习近平主席在会晤中特别强调，三方要落实好这个规划，要推进交通基础设施互联互通，口岸建设、投资、经贸、人文、生态环保等领域合作，协力实施重点项目，推动中蒙俄经济走廊建设取得阶段性成果。李克强总理 7 月份会晤蒙古总理时再次强调，中蒙两国经济互补性强，中方愿意将"一带一路"与蒙方的"草原之路"计划对接，尽早启动双边自贸协定联合可行性研究。

9 月 13 日，中方正式对外公布了已经三方批准的《建设中蒙俄经济走廊规划纲要》。根据这份纲要，中蒙俄三方将重点关注以下合作领域：（一）促进交通基础设施发展及互联互通；（二）加强口岸建设和海关、检验检疫监管；（三）加强产能与投资合作；（四）深化经贸合作；（五）拓展人文交流合作；（六）加强生态环保合作；（七）推动地方及边境地区合作。关于合作原则，纲要确定了三方一致原则，即在纲要框架下，对各方确定的地理范围内经三方协商一致的项目和活动开展研究。至于资金来源，纲要确定的是投融资多元化方针，即纲要涉及的项目，将根据具体情况以单独协议方式加以落实，既可以利用国家投资，也可以利用私营机构投资，还可以引入公私合营模式。在推动国际金融机构融资方面，纲要强调不限于亚投行、金砖国家新开发银行、上合组织银联体、丝路基金。

这份纲要出台前，有人认为中蒙俄经济走廊建设主要是两条线，一是以华北地区为主，从京津冀出发，经呼和浩特到蒙古再到俄罗斯；二是以东北地区为主，从大连出发，经沈阳长春哈尔滨抵达满洲里。沿着老中东铁路进入俄罗斯远东地区的赤塔。但上述纲要告诉我们，中蒙俄三方规划中的经济走廊建设目标十分宏伟，三方之间商定的所有项目，无论是基础设施建设还是能源合作，无论是经贸关系还是人文交流，无论是各种园区还是生态合作，都属于经济带建设的范畴。可见，中蒙俄经济走廊建设，实际上是三国发展战略实现更加广泛的对接，三国在更大范围内谋求更高水平的联动式发展。实施这样一份规划纲要，中蒙俄三国的发展利益将更加紧密地交融到一起，三国最终会形成发展共同体、利益共同体、责任共同体和休戚与共的命运共同体。

2016年9月，就在《建设中蒙俄经济走廊规划纲要》发表之前，中蒙两国跨境经济合作区二连浩特—扎门乌德跨境经济合作区中方一侧破土动工。蒙古一侧也开始启动商业招标程序。与此同时，首座横跨黑龙江的中俄同江大桥俄方工程有望近期启动，并将在2018年6月完工通车。据估算，这座中方承担工程量60%以上、投资将近27亿人民币、全长6.3公里的铁路大桥交付使用后，其年过货能力将达2100万吨，货运能力大大超过中俄间现有的两条铁路运力之和。这些重大项目开始实施或陆续推进，标志着"中蒙俄经济走廊"建设已经转入快速发展的高潮期。

二、中国—中亚—西亚经济走廊建设

在"一带一路"整体布局和"六大经济走廊"中，中国—中亚—西亚经济走廊涉及的国家最多，空间距离也最大，工程项目最繁杂，任务也最为艰巨。如果我们把"一带一路"比作张开翅膀的鲲鹏，从某种意义上说，中亚—西亚地区就是"一带一路"两翼中的一翼。另一翼是南亚—东南亚地区。

中国欲与中亚—西亚地区实现互联互通，实现互动发展和联动发展，共建一个经济走廊，必然要以中国的西部地区为主要依托。考虑到新疆维吾尔自治区的独特位置，我们以新疆为西进前沿，可以直接联通哈萨克斯坦、吉尔吉斯斯坦和塔吉克斯坦三国，进而联通乌兹别克斯坦和土库曼斯坦，接下来联通伊朗、伊拉克和整个西亚地区，还可联通土耳其。

在这个经济走廊上，中亚 5 国即哈萨克斯坦、吉尔吉斯斯坦、塔吉克斯坦、乌兹别克斯坦和土库曼斯坦显然是重中之重。该 5 国总面积 400 多万平方公里，人口目前有 6000 多万，其最大优势是自然资源丰富，特别是油气资源，储量相当可观。但相比之下，这些国家的基础设施普遍落后，有的国家情况还非常严重，市场经济体制还没有真正形成，与民生密切相关的经济活动很不发达，迫切需要借助对外合作拓展各自的生存和发展空间。

冷战结束以来，特别是进入新世纪以来，中国在中亚—西亚地区的投入不断增大，重点是与中国山水相依并有特别密切的人文交往历史的中亚 5 国。我们精心谋划，统筹经营，深耕细作，无论基础设施建设、民生工程，还是人文交流与合作，都有一些标志性成果。譬如中哈石油管道、中国—中亚天然气管道、中哈边境霍尔果斯边境互市贸易区等。这些国家对华合作的意愿也相当强烈。中国—中亚—西亚经济走廊建设，不但具备了坚实的基础，现时也具有良好的发展前景。

中国—中亚天然气管道可以说是中国与中亚国家实现互联互通的一个经典范例，同时也堪称世界多边合作史上的一个奇迹。这条管道起始于土库曼斯坦，经过乌兹别克斯坦和哈萨克斯坦，进入中国新疆，与中国境内的西气东输管道相连接。这条管道的中亚段，全长 1837 公里，4 国多家企业努力合作，仅用 28 个月即建成运营。截至 2016 年 11 月，这条管道累计向中国供应天然气 1688 亿立方米，国内受益省区市多达 28 个。

中亚国家之间，由于历史或现实原因，相互间存在一些矛盾和问题，再加上领导人发展思路不同，对待区域合作的立场和态度不同，推动实现互联互通难度有时也很大。但比起西亚地区，情况还是要好得多。中国—中亚—西亚经济走廊建设，在西亚地区如何规划，如何布局，可能还要相当一段时间才能理出头绪，才能确定各方普遍认可和接受的行动规划与方案，

西亚地区各国同属于伊斯兰世界，但各国彼此间的历史文化、发展水平和政策思路，存在重大差异。譬如伊朗、土耳其、沙特阿拉伯三国，均为西亚地区大国，伊朗、土耳其的人口均近 8000 万，市场潜力巨大。沙特虽然人口没有那么多，但幅员辽阔，石油资源极为丰富。中国与伊朗、土耳其两国在基础设施建设等重大项目合作方面，已经积累许多成果，各方合作意愿很强烈。沙特阿拉伯早已成为中国的石油供应国，中沙两国也是重要的能源合作伙伴。

思考和谋划中国—中亚—西亚经济走廊建设，我们首先会想到伊朗。这毫不奇怪，因为伊朗遭受西方制裁期间，中伊政治关系发展很好，两国早就成为重要经贸伙伴和能源合作伙伴。自从1996 年伊朗石油进入中国市场，双方贸易额由此前不足 4 亿美元，增至 2014 年的 510 亿美元。中国每年从中东地区进口的大量原油中，有相当一部分来自伊朗。中国三大石油公司，全部进入了伊朗。中伊能源合作，从勘探开发到炼油化工，几乎覆盖了全行业。在基础设施建设方面，中伊两国也共同完成很多大项目包括中东第一条地铁即德黑兰地铁、德黑兰—萨莫尔马高速公路、霍梅尼机场至德黑兰的机场公路等。

这一切，理论上讲，应当成为中国—中亚—西亚经济走廊建设的有利因素。然而，问题在于，伊朗、土耳其和沙特阿拉伯这三个西亚"大块头"之间，矛盾十分尖锐，关系错综复杂。伊朗与沙

特阿拉伯之间，甚至还断绝了外交关系。在这种情况下，中国推进"一带一路"建设，推动共建经济走廊，不能笼而统之，一概而论，更不能以我为主，勉为其难，而应因国而宜，分国施策。对于伊朗同西方关系进一步改善、选择余地增大之后，中伊务实合作如何推进，原有的合作构想和项目如何纳入"一带一路"的新框架，应有新的思考和谋划。对土耳其、沙特阿拉伯，也要有更为长远的考虑和安排。至于目前仍处于战乱之中的伊拉克、叙利亚等国，是否要纳入中国—中亚—西亚经济走廊建设的布局，可能需要慎重考虑。如何吸收这些国家参与经济走廊，必须把我们推动的互联互通与这些国家的战后重建结合起来，把我们的努力同国际社会的共同努力统筹起来。

从这个意义上说，中国—中亚—西亚经济走廊建设，不宜做全面而统一的规划，不宜承诺太多，不宜投入太多。这条经济走廊的经营重点，目前主要还是中国—中亚这一段，或者说是中亚地区。此外，我们还必须认真研究"一带一路"建设如何与俄罗斯主导的欧亚经济联盟建设相互协调的问题，认真研究俄罗斯新近提出的建设大欧亚伙伴关系倡议与我们倡导的"一带一路"的关系问题。

我们已经习惯于将中亚地区看作是我们的战略后方，把我们与中亚国家互联互通的成果与经验，视为推进"一带一路"建设和中国—中亚—西亚经济走廊建设的重要保障，但种种情况表明，形势可能不会像我们想象的那么简单。面对这一复杂、艰巨而长期的任务，我们还是应把困难看得多一些。

三、新亚欧大陆桥经济走廊建设

新亚欧大陆桥又称第二亚欧大陆桥，相对于旧的亚欧大陆桥而得名。有人说，它起始于中国山东省日照市和江苏省连云港市。还有人认为，山东的青岛市也属于新亚欧大陆桥源头城市。新亚欧大陆桥自东而西，横贯中国 7 省区。途经徐州、商丘、开封、郑州、洛阳、三门峡、渭南、西安、宝鸡、天水、兰州、乌鲁木齐等城市，境内长度超过 4000 公里。新亚欧大陆桥西抵位于中国与哈萨克斯坦边境的阿拉山口，而后经由哈萨克斯坦，进入俄罗斯和东欧地区，最后抵达位于荷兰的鹿特丹港，或位于比利时的安特卫普港。

新亚欧大陆桥全长 10800 多公里，是当前连接亚太经济圈和欧洲经济圈、沟通太平洋和大西洋最便捷的一条陆路大通道，沿途共有几十个国家。从理论上讲，有专家把第二亚欧大陆桥分成北线、中线和南线，认为北线是在哈萨克斯坦境内径直北上，进入俄罗斯，再经白俄罗斯进入波兰和东欧各国以及西欧各地；中线是经哈萨克斯坦进入俄罗斯后，经乌克兰和东欧进入西欧，至英吉利海峡港口；南线是在哈萨克斯坦境内南下，经中亚其他国家进入伊朗、土耳其，而后进入黑海经济圈，进入外高加索、巴尔干等地。但大多数人还是倾向于这样的说法，即新亚欧大陆桥东端起始于中国连云港，西端终止于荷兰鹿特丹。

新亚欧大陆桥 1992 年开通运行 20 多年来，作为联通中国与外

部世界的国际化铁路干线，为中国经济和社会发展，特别是沿途 7
省区、65 个地市拓展对外经贸联系、建设开放型经济，发挥了重
要作用，也可以说是做出了不可估量的贡献。近三年来，随着"一
带一路"战略的提出，互利共赢、合作共赢成为我国新一轮对外开
放的重要理念，"中国企业走出去"、"中国装备走出去"、"中国制
造走出去"、"中国标准走出去"蔚然成风，高潮迭起，对外开放出
现了全国动员、全民行动的崭新局面。在这种形势下，新亚欧大陆
桥又迎来了新的发展机遇。

前几年，由于欧洲金融危机持续发酵，独联体国家因能源价
格下滑而陷入经济困境，新亚欧大陆桥的整体效益一度严重受损。
现在，这种局面开始逐渐改变。中国铁路总公司组织开通了中国与
欧洲的国际联运货物班列，首开先河的是重庆。2011 年，重庆开
出了经过新疆驶向欧洲的首趟（渝新欧）货物班列。此后，沿着这
条"钢铁运输走廊"，陆陆续续地又开通了成都—新疆—欧洲（蓉
新欧）、郑州—新疆—欧洲（郑新欧）、义乌—新疆—欧洲（义新
欧）、武汉—新疆—欧洲（汉新欧）等多趟货物班列。中欧班列为
活跃中国北方和中西部地区对外经贸关系开辟了新渠道，注入了新
动力。

至 2016 年 6 月底，全国已有 16 个城市向欧洲 12 个城市发出
货物班列总共 1881 次，另有回程班列 502 次。这些班列运行的线
路将近 40 条，实现的进出口贸易额总共达 170 多亿美元。用王毅
外长的话说就是，中欧班列品牌已经形成。在这种情况下，为整
合班列，加强管理，2016 年 6 月，中国政府有关部门将这些班列
统一命名为中国欧洲班列。不过，统一品牌标志，这只是中方打造

"快捷准时、安全稳定、绿色环保"的铁路国际联运体系的第一步。我们所要实现的是"六个统一"，即统一品牌标志、统一全程价格、统一运输组织、统一服务标准、统一经营团队、统一协调平台。为此，推进"一带一路"建设工作领导小组办公室印发了《中欧班列建设发展规划纲要（2016—2020)》及中欧班列管理办法。根据这些新的文件，中国欧洲班列进入欧洲将有东西中三条通道，而不仅仅是新亚欧大陆桥的西部通道。枢纽节点和运输线路以及货运班次都将进一步增加，货源和货运量也将进一步扩大，空间布局将更加合理。

2016 年 6 月 20 日，习近平访问了波兰，与波兰总统杜达一道出席了丝路国际论坛暨中波地方与经贸合作论坛开幕式。他在讲话中强调了中国与中东欧国家弘扬丝路精神的重要意义，提示了共创共享美好未来的现实前景，而后与杜达总统一道，共同出席了统一品牌的中欧班列首达欧洲（波兰）仪式。此举一方面意在推进中国与中东欧国家加速互联互通的进程，另一方面也标志着横跨亚欧大陆的这条国际联运系统将更加规范有序地向前发展。

新亚欧大陆桥由昔日一般性的运输走廊，过渡到经济走廊和经济带，自然而然地要与"一带一路"框架下的中国—中亚—西亚经济走廊建设、中蒙俄经济走廊建设相呼应，相协调。因此，我认为，新亚欧大陆桥经济带建设的主攻方向和重点区域在中国国内。因为我们在哈萨克斯坦等中亚国家也好，在俄罗斯或蒙古也好，任何较大规模的基础设施建设、园区经济建设或物流中心建设，都会纳入中国—中亚—西亚经济走廊范畴，或者纳入中蒙俄经济走廊建设范畴。

　　因此，沿着新亚欧大陆桥开展的经济走廊建设，重心必然在国内，在华东、华北和中西部地区。据悉，有关方面正在研究加快新亚欧大陆桥中国段的具体措施，正在研究在沿线地区实行沿海地区已经实行的开放政策的可行性，还在考虑根据需要和可能，在沿线建立不同形式不同规模的经济开发区、保税区、物流中心，试办资源型开发区、新型资源加工企业，试办农业合作开发区、建立亚欧农产品批发贸易中心、加大沿线地区工业化城市化步伐，等等。

　　新亚欧大陆桥在我国境内的地域空间足够广阔，沿途省区加上辐射区在内，总面积占我国陆地国土面积的 1/3 以上，人口超过了 4 亿，也将近我国人口总量的 1/3。根据这些数据，我认为，仅仅实施上述计划远远不够。条件成熟时，有关方面可考虑在每个省份选择一个城市，如连云港、郑州、西安、兰州等，分别建立各具特色的次区域经济中心，并努力创造条件，提供强有力的政策支持，尽快将乌鲁木齐市打造成为中国西部地区的国际金融中心、商贸中心和文化旅游中心。须知整个中亚地区，至今没有这样一个中心，除乌鲁木齐外，也没有哪个城市具有这样的潜质和可能。

　　要在一个相对不长的时间里，把新亚欧大陆桥由交通走廊升级为实至名归的经济走廊，仅仅做好上述各方面工作仍然不够，还要大力做好"引进来"的工作。早在 2014 年，哈萨克斯坦位于连云港的中国（连云港）物流合作基地项目即已开工，并于 2016 年宣告完成。这个项目为同样是内陆国、因而同样没有出海口的蒙古和中亚其他国家，提供了非常具有效仿性的示范作用，同时也为中国自身如何与"一带一路"沿线重要国家在我们境内开展合作，积累了成功的经验。

以新亚欧大陆桥这条跨境跨洲的铁路大通道为基轴，全线展开经济走廊建设，目前有了一些设想和方案，也有了一批重要的阶段性成果，但这远远不够。这一切只不过是刚刚开始而已。

四、关于中巴经济走廊建设

中国与巴基斯坦共建经济走廊，目前已成为"一带一路"建设中的旗舰式项目。这条仅仅连接中巴两个国家的双边经济走廊，之所以能够提出并迅速推进，与中巴两国的特殊关系密切相关。巴基斯坦是南亚地区拥有 1.88 亿人口的穆斯林大国，又是与我国有着共同边界的友好国家。中巴两国长期形成的睦邻友好合作关系，历经风雨，愈久弥坚，发展为全天候的战略合作伙伴关系。两国人民甚至互称对方为"铁哥们"。

近年来。随着两国自由协定的签署，中巴双方的经贸关系有了较大发展。自 2005 年起，中国就是巴基斯坦第一大进口国，近几年，中国商品已经占巴基斯坦进口商品的 30% 以上，中国已继美国之后成为巴基斯坦第二大贸易伙伴。中国对巴基斯坦的投资，亦呈逐年增加之势，中巴之间的对外承包合同，同样有较大幅度的增长，2013 年完成合同额上升到 1371 亿美元。

正是因为中巴之间早已形成如此坚实的务实合作基础，2013年 5 月李克强总理访问巴基斯坦时，正式向巴方提出了两国共同努力建设经济走廊的建议。李克强当时表示，中国始终将中巴关系置于中国外交的优先方向，愿意与巴基斯坦一道，维护传统友谊，推进全面合作，实现共同发展。为此，他建议双方立即着手编制中巴经济走廊远景规划，打造一条北起中国新疆喀什，南至巴基斯坦南部港口瓜达尔的经济大动脉，以推进双方互联互通，加强双方在交通能源、海事等方面经济走廊远景规划。

李克强总理在巴基斯坦正式提出中巴经济走廊倡议时，习近平主席还没有提出"一带一路"倡议。但中巴两国领导人就已经高度关注此事，在工作层面对此进行了深入研究和探讨。2014 年 2 月巴基斯坦总统访华时，两国领导人联合声明中就已经共同对中巴经济走廊建设取得的进展表示满意，确认双方都在积极推进喀喇昆仑公路、瓜达尔港口运营、卡拉奇—拉合尔高速公路等项目，认为中巴经济走廊建设有利于两国发展经济、改善民生及促进本地区共同发展与繁荣。双方还敦促两国有关部门加速推进，确保中巴经济走廊早日成型并取得实实在在的成果。

2014 年 5 月，巴方发表《展望 2025》和《中巴经济走廊远景规划》，以政府文件方式阐明了中巴经济走廊对于巴基斯坦的重要意义。7 月份，巴基斯坦计划与发展部部长伊克巴尔访华时就此谈道：一年前，中巴经济走廊只是个概念。一年之内，我们举行了两次联委会会议和许多次工作组会议。现在，中巴经济走廊由于 30 多个具体项目通过而得以落实，其中 27 个项目计划 3—5 年内完成。

2014 年 11 月，巴基斯坦总理谢里夫来华参加了习近平主席主持的互联互通伙伴关系对话会，进一步了表明巴方对中巴经济走廊建设的积极态度。2015 年中国发表的《推动共建丝绸之路经济带和 21 世纪海上丝绸之路的愿景与行动》白皮书，正式确认中巴经济走廊为"一带一路"建设中的重大项目。白皮书中指出："中巴、孟中印缅两个经济走廊与推进'一带一路'建设关联密切，要进一步推动合作取得更大进展。"

中巴经济走廊之所以受到高度重视，被视为"一带一路"旗舰项目，习近平主席身体力行，大力推动，原因在于它北接丝绸之路经济带、南联海上丝绸之路，贯通中国西部，建成后对加快中国西部大开发、实现西部地区开放式发展，意义重大。

这条以新疆喀什为起点，经过中巴边境红旗拉甫，穿越巴基斯坦全境，直达印度洋岸边瓜达尔港的经济走廊，全长3000余公里，不仅包括铁路、公路、光缆和油气管道等交通运输类基础设施，同时还将有电站、物流中心、各种工业园区、自贸区等配套性的生产型基础设施和生活服务型基础设施。作为一个庞大而复杂的经济带，它自然而然地将中国与南亚次大陆的经济区直接连在了一起，同时也可以使中巴两国与整个南亚大陆的经济区联系在一起，并使该地区所有国家的商品货物直达西亚北非地区。

2015年4月下旬，习近平主席访问了巴基斯坦。他在访问时明确提出，中巴两国广泛开展的务实合作，将以中巴经济走廊为引领，以瓜达尔港、能源、交通基础设施和产业合作为重点，形成"四位一体"的远景规划和合作布局。根据双方这时达成的文件，此后几年，中国对巴基斯坦的投资将达450亿美元之巨。这些投资不单纯用于基础设施建设，同时还将用于民生工程，修建学校、医院、供水工程等诸多项目，以直接服务于经济走廊沿途人民群众的生产生活。负责规划和统筹协调相关事宜的"中巴经济走廊委员会"，此前已在巴基斯坦首都伊斯兰堡正式成立。

目前，中巴经济走廊已有 50 多个项目在建或开工，有些项目是"一带一路"和中巴经济走廊概念提出之前就已经在进行了。如瓜达尔港建设项目，早在 2000 年中方就已投入将近 2 亿美元。该港建成后，巴基斯坦海洋运输能力将增长一倍。为帮助巴基斯坦改造铁路系统，中方当时还提供了 2.5 亿美元，之后又于 2003 年再次提供了 5 亿美元。

目前规划的和在建的项目中影响较大的有：中国拟帮助巴基斯坦升级贯通其南北方的"1 号铁路干线"，全长 1700 多公里，然后由其北端开始延至中巴边境，连通中国铁路直达喀什；帮助修建贯通巴基斯坦南北方的最长公路即卡拉奇至伊斯兰堡的高速公路；由于巴基斯坦能源短缺，供电严重不足，中方对巴能源电力部门的投资约占走廊建设项目全部资金的 70% 左右。卡西姆港燃煤电站，是首个开工的能源合作项目。巴卡洛特水电站，则是中国丝路基金投资的首个电力项目。

由于中巴经济走廊建设规模大，动作快，早期成果已有显现，中国外长王毅不无自豪地将其称作"一带一路"交响乐中的"第一乐章"。也有人将其称为"一带一路"建设中的"示范区""先行区"和"创新区"。但我们也必须注意到，巴基斯坦的国内形势一直非常复杂，虽然各派力量在发展对华关系方面，总体上并无重大分歧，但该国较为猖獗的恐怖主义活动，的确对中巴经济走廊建设构成某种潜在的威胁。个别地方确实也出现过疑似针对中国企业的袭击行为。如何维护中巴经济走廊总体安全、安全机制如何建立和运作，都是很大的问题。

另一方面，在该国军队和政府之间，中央政府和地方政权之间，不同地方之间，围绕中巴铁路等重大项目形成的利益纠纷较为突出，对许多工程的正常推进造成了不应有的消极影响。据国外媒体报道，中国驻巴基斯坦大使曾就此亲自出面，敦促巴基斯坦有关方面以中巴合作大局为重，尽快解决他们之间的矛盾和分歧，以保证相关项目顺利推进。对于这些复杂情况，我们都要有清醒的认识和估计，应当建立长期有效的预警机制和灵活多样的防范措施，努力把风险和可能出现的损失降低至最低限度。

五、关于中国—中南半岛经济走廊建设

中国—中南半岛这条经济走廊，连接的是中国与东南亚国家，简而言之就是东盟国家，首先是缅甸和中南半岛的越南、老挝、柬埔寨，此外还有泰国、马来西亚和新加坡。有人将新加坡称为中国—中南半岛经济走廊的终点，我认为这并不十分准确。构建中国—中南半岛经济走廊，不可能不考虑印度尼西亚这个东盟头号大国，自然也不能放弃菲律宾等其他东盟国家。虽然东盟 10 国中个别国家与中国存在领土主权和海洋权益之争，但综合历史与现实多种因素，这些国家总体上还是与中国一衣带水的邻邦。因此，东盟 10 国，包括千岛之国印度尼西亚，也包括菲律宾、文莱，都应纳入中国—中南半岛经济走廊的规划与建设之中。

根据东盟有关方面的最新数据，到 2015 年底，东盟国家陆地总面积为 450 万平方公里，人口超过 6.35 亿，GDP 总量接近 2.5 万亿。中国与东盟国家合作的领域，十分宽泛，早就包括各类基础设施建设，同时还包括投资、金融、产能、人文交流、执法合作、工业园区建设、网络化建设、非传统安全等许多领域。中国与东盟之间的经贸关系，早就发展到很高水平，并且早就建立了自贸区。双方不断扩大的经贸联系，有力地带动和促进了各自的经济发展。2014年9月，中国与东盟开始启动自由贸易区升级版谈判，目的是进一步扩大贸易规模，提升经贸合作水平。谈判成功后，中国与东盟的经贸关系与互利合作，将成为区域合作、南南合作的又一典范，同时也会为"一带一路"建设、为中国—中南半岛经济走廊建设注入新的动力。

东盟10国无论大小，无论远近，无一例外地支持中国提出的"一带一路"倡议。作为东盟最大成员国的印度尼西亚，认为该国的"全球海洋支点"战略构想与中方倡导的"一带一路"高度契合。2015年3月佐科总统访华时，与中方共同表达了深化基础设施建设和产能合作，鼓励各自企业在铁路、公路、港口、码头、机场以及电力、光伏、钢铁、有色金属、造船、建材等许多行业和领域开展合作的意愿。中国与印尼还签署了关于基础设施建设与产能合作、关于雅加达—万隆高铁合作的两个谅解备忘录。

又如，泰国与中国并不接壤，但泰国方面充分认识到"一带一路"的意义和影响。泰国驻中国大使曾表示，"一带一路"将会创造一个有利的环境以增强地区之间的互联互通，推动全球经济增长，创造更多就业，并在全球经济面临不确定性和增长停滞的挑战下，推动经济繁荣。另外，"一带一路"倡议与东盟早些时候提出的建设互联互通铁路公路网的动议非常相似。因此，泰国对这一倡议表示欢迎。

再如，只有几百万人口但与中国有着共同边界的老挝认为，建设中国—中南半岛经济走廊对该国非常重要，并且与老挝的国家发展战略相符，有利于老挝发挥区位优势，从一个内陆国变为内外联通的国家。

2016 年 5 月在广西南宁召开的第九届北部湾经济合作论坛暨中国—中南半岛经济走廊合作论坛，彰显了各方通力合作、共推中国—中南半岛经济走廊建设的强烈意愿和决心。论坛发表的倡议书建议各方：一要加强沟通衔接，凝聚合作共识；二要推动互联互通，畅通合作渠道；三要推动便利化，扩大投资贸易往来；四要发展人文交往，夯实民意基础。论坛期间共签署 9 个合作项目，投资总额为 784 亿人民币，其中包括中国—中南半岛跨境电商结算平台、中国—东盟（钦州）云计算及大数据中心、龙邦茶岭跨境经济合作区试点项目、缅甸中国（金山都）农业示范区等。

中国—中南半岛经济走廊以中国云南、广西等省区为开放与合作前沿，直接联通的是越南、老挝、缅甸，通过越老缅三国，可以进一步联通东南亚其他国家。目前，在广西方面，中越两国间的北仑河二桥即将合龙，峒中（横模）大桥项目也在积极推进中。广西通往中南半岛的国际公路通道连接点多达 12 处，获批国际道路运输线路 28 条，已经开通的客运线路共 11 条。在云南方面，通往越南、老挝、缅甸的高速公路中国境内云南段，已经建成，新滇越铁路已经通车。中国—老挝铁路、中国—缅甸铁路的云南段已经开工。与中缅天然气管道配套的 1300 万吨石油炼化项目，很快将投产运营。

东盟各国普遍赞赏和支持"一带一路"倡议和建设经济走廊

构想，并且全部加入了中国发起成立的亚洲基础设施投资银行。这一点也充分证明东盟各国参与"一带一路"、参与经济走廊的积极态度。北京大学海洋研究院一份报告显示，在"一带一路"建设的六大经济走廊中，中国—中南半岛经济走廊是"五通"指数得分最好的国家，其中"民心相通"得分最多。可以说，构建和打造以"一带一路"为旗帜，由中国牵头并有东盟所有国家共同参与的中国—中南半岛经济走廊，民意基础是最好的，政策沟通相对来说也比较容易。这条走廊前景很好。

近年来，中国作为大湄公河次区域经济合作重要参与国，与各方共同商讨大湄公河次区域的包容性和可持续性发展问题，并就许多合作议题达成协议。这一切都为中国—中南半岛经济走廊建设奠定了良好基础。中国与泰国、老挝和印度尼西亚分别达成的关于铁路合作的备忘录或相关文件，标志着全面而快速地推进"中国—中南半岛经济走廊"建设的条件总体上已经成熟。

当然，如同任何重大国际合作事务一样，中国—中南半岛经济走廊建设，不可能没有困难和意外波折，不可能总是一呼百应，总是一帆风顺。中南半岛各国之间的利益毕竟不是完全一致的，我们与这些国家在发展战略、具体项目上的沟通与协调，特别是重大项目和涉及多方利害关系的合作项目，协商与沟通还需假以时日。此外，我们还必须充分考虑中南半岛所在的整个东南亚和南海地区，形势复杂而多变的特点近年来格外突出。包括中国在内的一些国家相互之间历史遗留问题，目前已与域外势力介入插手引发的新问题相互交织。这种情况持续下去，势必会影响"一带一路"进程，特别是海上丝绸之路建设，带来可以预见和某些不可预见的麻烦和挑战。对此，我们还是要有清醒的认识和足够的准备。

六、关于孟中印缅经济走廊建设

众所周知，缅甸、印度和孟加拉国都是中国的重要邻国，其中缅印两国还是中国的陆地接壤国。中缅边界长达 2188 公里，已经完全划定，边界局势相对稳定。中印边界 1700 多公里，存在多处重大争议，但目前争议地区的局势也很稳定。我们认为，只要中印双方把握好管控好分歧和争议，中印之间的问题不会影响孟中印缅四方合作，共同探讨和推进孟中印缅经济走廊建设是可行的，也是可能的。

建立孟中印缅经济走廊这一构想，最早可以追溯到上世纪 90 年代中国与孟加拉国、缅甸、印度四国学者共同举行的学术研讨会。1999 年，孟中印缅四方有关代表首次云集中国云南，在昆明召开经济合作大会。这次大会发出的倡议书，进一步明确了四方共同努力，建设联通孟中印缅四国的经济走廊的构想。但当时的条件很不成熟，大会开过之后，四国之间没有太大的合作项目，各方也没有做出更积极更具体的外交努力。

中国和缅甸、印度、孟加拉国虽然都是发展中国家，但联合起来人口众多，市场巨大，需求旺盛，潜力可观。据统计，目前缅甸人口有 5000 多万，孟加拉国人口将近 2 亿，印度人口已接近于中国，高达 12 亿。当然，除了中国之外，缅甸、印度和孟加拉国的发展水平在世界上排名都比较靠后。根据世界银行和国际金融机

构提供的数据，2015 年全球 189 个经济体综合排名中，印度居第
130 位，缅甸居第 167 位，孟加拉国居第 174 位。中国状况比上述
3 国好得多，但也排在第 80 多位。

经济不发达，导致孟印缅 3 国的基础设施建设长期滞后，基础
设施建设所需资金，据悉高达 600 亿—800 亿美元。这就为中国推
动互联互通、推进"一带一路"建设提供了巨大空间和可能。2013
年 5 月，在中国的"一带一路"倡议还没有正式提出之前，中国政
府总理李克强利用访问印度之机，正式发出了共同建设孟中印缅经
济走廊的建议，引起了印度以及孟加拉国、缅甸的普遍重视。

当年 12 月中旬，也就是习近平主席发出"一带一路"倡议之
后，中国召开周边外事工作座谈会，正式确认"一带一路"为重大
国家行为。此后不久，孟中印缅经济走廊建设联合工作组第一次会
议在昆明举行，这次会议讨论了四国间的基础设施建设、相互投
资、商务合作、经贸关系、人文交流等问题。

由于独特的地理位置和历史上形成的各种因素，云南省在推
动孟中印缅经济走廊建设方面一直保持积极作为状态。2015 年 6
月，由中国云南省工商联牵头，孟中印缅四国 14 家较大的商会和
协会的代表在昆明召开会议，再次聚集经济走廊建设问题。会议讨
论了有关机制建设问题，成立了四国商会合作联盟。这是四国经济
协调组织朝着建设经济走廊方向迈出的很有意义的一步。这一年，
云南与该三国的贸易额达到 80 多亿美元，其中 58 亿美元是与缅甸
实现的。

中国为推动孟中印缅经济走廊建设，做了大量的台前台后的
外交努力，主要是政策沟通和理论引导。例如，2014 年孟加拉国

总理谢·哈西娜来华访问时，我国领导人亲自做其工作，很有成效。她不但明确表示，孟加拉国需要这样一个经济走廊，同时还表示，孟加拉国具有区位优势，发展基础设施空间巨大，可以在孟中印缅经济走廊和整个"一带一路"建设过程中发挥不可替代的重要作用。

又如，2016年5月，习近平主席会见来访的印度总统穆克吉，针对印度社会对中国"一带一路"倡议存在的某些疑虑，深入细致地做了印方工作。他建议双方释放务实合作潜力，推动能源、产业园区、智慧城市等合作实现早期收获，探索在新能源、节能环保、信息技术、人力资源等领域实现优势互补，加强产能、投资、旅游、服务贸易等领域合作。此外，习近平还建议，中印双方要抓紧人文纽带，继续积极落实两国的文化交流计划。他还表示，中国愿意与印度探讨，将印方"向东行动"倡议与中方"一带一路"倡议对接。他特别提议，双方要推动孟中印缅经济走廊建设，争取尽快取得实质性进展。

总体上看，孟印缅三方对于同中国合作建设经济走廊，表态还是积极的，有人称之为表态"形势喜人"。但孟中印缅四国之间，毕竟基本国情不同，发展思路不同，执政理念不同，存在着相互间的政策沟通问题。除"政策不通"外，上述三国还存在着专家学者们所说的"资金不足"、"通道不畅"、"信任不够"、"犹疑不决"、"行为不力"等诸多问题。就具体国家而言，譬如缅甸，其北部与中国接壤地区存在着"民地武"问题，即"少数民族地方武装"问题。缅甸联邦中央政权与"民地武"之间的矛盾不但一直得不到根本解决，而且不时爆发大规模武装冲突。这是影响中缅两国在"一带一路"框架下开展务实合作的重要障碍，更是影响孟中印缅经济走廊建设的主要问题之一。几年前，中国企业在缅甸帮助修建密松水电站受挫，不但经济上遭受了重大损失，同时还给"中缅友谊"的传统形象带来了消极影响。这里面的问题非常复杂。缅甸南方若开邦罗兴亚人与当地人长期失和，不时爆发大规模武力对抗和流血冲突，也直接危及中国企业在当地的财产安全和员工人身安全，危及中方独资的或与缅方合作的投资项目的正常开展和安全运营。

"路漫漫其修远兮，吾将上下而求索。"推动孟中印缅经济走廊建设，如同推动其他几个经济走廊建设一样，绝不是一日之功。既不可操之过急，更不可急功近利。比起"一带一路"进程中的其他经济走廊建设，孟中印缅经济走廊的难度或许会更大，风险和问题会更多。

我们必须持之以恒地做好政府层面的政策沟通和释疑解惑工作，锲而不舍地开展好媒体合作、智库对话、人文交流等民心相通工作，增进相关国家政府、政党、地方政权、非政府组织和社会各界对多边合作的认知，增进对互联互通普惠性的了解。同时，还要认真做好经济走廊途经国家和地区的形势跟踪与研判，与具体的项目合作伙伴建立良好而稳定的互信合作关系，做好应对各种意外风险的准备，循序渐进地把"一带一路"框架下的各个经济走廊，规划好、设计好、维护好、运营好，努力改变经济走廊建设有的高歌猛进，有的落后预期的不平衡状况，使经济走廊沿线各国人民早见实惠，早享成果，早日受益。

（2016 年 11 月）

中国—东盟有望成为"一带一路"建设先行区和命运共同体示范区[*]

　　2013年10月，习近平主席访问印度尼西亚期间，在印尼国会发表讲演，发出了与东盟国家加强海上合作，共建21世纪海上丝绸之路的倡议。这一倡议与他当年9月访问中亚期间在哈萨克斯坦发出的中国与中亚国家密切合作，共建丝绸之路经济带的倡议前后呼应，相辅相成，构成了"一带一路"这一完整的世纪性倡议。今年5月在北京召开的"一带一路"国际合作高峰论坛，嘉宾满座，其中包括许多来自东盟的国家和政府首脑。这充分说明，"一带一路"不仅是中国进一步扩大对外开放，深度参与经济全球化，大踏步走向国际舞台中心的动员令，同时也是中国与周边各国，与"一带一路"沿线国家以及整个世界联动发展的宣言书。中华民族与包括东盟在内的世界各国共襄"一带一路"盛举，将为当代人类社会发展谱写光彩夺目的新篇章。

＊　本文根据作者2017年5月在北京举行的中国—东盟学者对话会上与东盟秘书长的互动发言整理而成。

中国—东盟全方位合作久经考验且历久弥坚

东南亚国家联盟即东盟，是当今世界区域一体化发展程度较高、在地区和国际事务中影响较大的一个国家集群。东盟 10 国所在的东南亚地区，历史上曾经是帝国主义、殖民主义掠夺和奴役、剥削和压迫的重灾区。近现代以来，由于历史遗留的各种矛盾和各方现实利益冲突相互交织，东盟所在地区的局势始终很不平静。各种形式的战乱和冲突，此起彼伏，接连不断。东南亚地区因而素有"亚洲火药桶"之称。

中国与东盟各国，或山水相连，或隔海相望。这种唇齿相依的地缘环境和休戚与共的历史命运，使中华民族与东盟各国人民早就互通有无，情同手足，形成了千丝万缕的密切联系和无法割裂的血亲情谊。历史上那些脍炙人口、千古传颂的海上丝绸之路故事，有许多就发生在这一地区。上世纪 40 年代末新中国成立后，中国与东南亚地区各国的关系错综复杂，路数各异，经历了国际风云变幻、地缘战略冲突的涤荡，同时也经受了各国几十年间内部局势变迁的严峻考验。但中国人民与东南亚各国人民的友好情谊，薪火相传，始终未断，且愈久弥坚。

1991 年，全球范围内的东西方冷战宣告彻底结束。已经实行改革开放政策 10 余年的中国，一直坚持把争取良好的外部环境当作主要外交任务，此时却意外地遭到美国等西方国家的"孤立"和"制裁"。面对西方世界发动的对华"新冷战"，中国超越意识形态分歧和社会制度差异，与东盟正式建立了对话关系。中国人民与东盟各国人民的传统友谊与务实合作，从此进入一个新的历史阶段。1996 年 7 月，中国成为东盟的全面对话伙伴关系国。次年 12 月，双方确立了面向 21 世纪的睦邻合作伙伴关系。

中国之所以越来越重视同东盟的关系，一方面是因为，这时的东盟，已经不是上世纪 60 年代初创时期仅由印度尼西亚、菲律宾、泰国、马来西亚和新加坡 5 国组成的"小圈子"，而是包括越南、文莱、老挝、缅甸、柬埔寨在内，共有 10 个成员国，人口超过 5 亿，面积达 440 多万平方公里的重要区域组织。它的发展潜能，引起了国际社会的普遍关注。

另一方面，东盟积极开展多方位外交，在本地区和国际上产生了很大影响。自 1978 年始，东盟每年都与美、日、澳、新、加、欧共体以及韩、俄、印等对话伙伴关系国举行会议，就重大国际问题交换意见。1994 年 7 月，东盟倡导成立东盟地区论坛，与相关各国就亚太政治和安全问题交换意见。同年 10 月，东盟倡议召开亚欧会议，促成东亚和欧盟的政治对话与经济合作。1997 年，东盟与中日韩共同启动东亚合作，东盟与中日韩（"10+3"）、东亚峰会等机制相继诞生。1999 年 9 月，在东盟倡议下，东亚—拉美合作论坛宣告成立。在此形势下，美日韩澳印等域外国家都在不断加强与东盟的关系。

进入新世纪后，在世界多极化、经济全球化、区域一体化、国际力量对比趋于均衡、世界发展重心加速向亚太地区转移的大背景下，中国与东盟的关系得到快速发展。2002 年，中国与东盟签署全面经济合作框架协议。2003 年，双方签署面向和平与繁荣的战略伙伴关系联合宣言，中国成为东盟第一个域外战略伙伴，同时也成为第一个加入东南亚友好合作条约的域外国家。此后，中国与东盟各领域务实合作全面推进，经贸关系发展取得骄人成果。到2009年时，中国已成为东盟第一大贸易伙伴，双方贸易额达1782亿美元之多。

　　正是在这一基础上，2010年，中国与东盟谈判成功，建立了世界上最大的发展中国家之间的自由贸易区。这个覆盖11个国家、共有19亿人口、GDP总量达6万亿美元的巨大经济体的出现，对亚太地区乃至整个世界的经济、政治和安全关系，都产生了良好的示范效应。也就是在这种情况下，2013年10月，时逢中国与东盟战略伙伴关系建立10周年之际，习近平主席在访问了哈萨克斯坦，发出共建丝绸之路经济带倡议之后，又在印度尼西亚国会发表讲演，提议中国与东盟用好中方设立的海上合作基金，加强海上合作，共同建设21世纪海上丝绸之路。"一带一路"这个震动世界的世纪倡议，由此诞生。

东盟共同体构想与中国"一带一路"倡议有着巨大合作空间

　　东盟是当今世界明确表示要以建设多领域共同体为目标，并且已经制定出详细路线图的区域组织。早在2003年10月，东盟各国首脑就已共同宣布，要在2020年建成以安全共同体、经济共同体和社会文化共同体为三大支柱的东盟共同体。2004年11月，东盟首脑会议通过《东盟安全共同体行动纲领》和《东盟社会文化共同体行动纲领》，正式将制定《东盟宪章》列为东盟的一个目标，为东盟共同体的建设寻求法律保障。

2007年1月，东盟各国首脑在宿务会议上决定，将东盟共同体建设提前至2015年完成，当年11月通过的《东盟宪章》，亦于2008年12月正式生效。根据该宪章规定，东盟共同体将由经济共同体、安全共同体和社会文化共同体组成。东盟建立共同体的目的，就是为了共同应对未来的挑战。2009年2月，第14届东盟首脑会议通过了《东盟共同体2009—2015年路线图宣言》及相关文件，各成员国就2015年建成东盟共同体提出了战略构想、具体目标和行动计划。

东盟同时也是世界上较早形成互联互通意愿的区域性国家集团。2010年10月，第17届东盟首脑会议通过了《东盟互联互通总体规划》。该规划囊括了700多项工程和计划，投资规模约为3800亿美元。上述规划的实施，将大大促进东盟地区的全方位联通。2013年4月，第22届东盟首脑会议出台了确保2015年建成东盟共同体所必须采取的具体措施和步骤，提出了2015年后努力实现真正"以人为本"的东盟长远目标。鉴于内部发展不平衡等多种因素，东盟决定本着先易后难的原则，于2015年首先实现经济共同体目标。

东盟所提出的建设区域共同体构想，特别是它所制定的发展互联互通的政策目标，与中国近年来大力倡导的人类命运共同体理念，以及中国政府通过睦邻富邻安邻政策，实现包容发展和联动发展，最后走向共同安全和繁荣的战略主张，有着异曲同工之妙。东盟国家为推进基础设施建设，实现互联互通而形成的共同意愿和规划，与习近平主席发出的中国在周边地区以及古丝绸之路沿线各国共建"一带一路"的倡议，更是存在着巨大的对接可能与合作空间。

正因为如此，2013 年 10 月习近平访问印度尼西亚之后，还访问了马来西亚。访问期间，习近平同两国领导人一致决定，将中印尼、中马关系提升为全面战略伙伴关系；中印尼、中马领导人要共同加强对双边关系的顶层设计和指导；中国同两国分别签署经贸合作五年规划，对接发展战略，确定新的合作目标和重点领域，提出 2015 年中印尼贸易额达到 800 亿美元、2017 年中马贸易额达到 1600 亿美元，保持并扩大双边本币互换规模。中国将扩大对整个东盟的开放，提高中国—东盟自贸区水平，争取使中国与东盟的贸易额 2020 年达到 10000 亿美元。

更为重要的是，此次访问期间，习近平全面阐述了中国新时期发展与东盟关系的基本政策和战略目标。他指出，中国同东盟在发展进程中有共同追求，在维护地区繁荣稳定上有共同利益，在国际和地区事务中有共同语言，中国将坚持与邻为善、以邻为伴的方针，坚持讲信修睦、合作共赢，同东盟国家商谈缔结睦邻友好合作条约，携手建设更为紧密的中国—东盟命运共同体。

习近平此次访问，明确地传递了中国愿同东盟各国休戚与共、并肩前行的新思维新理念，为中国—东盟关系新发展注入新动力。此访之后，东南亚地区，特别是中国与东盟的关系，更为世界瞩目。中国与东盟的睦邻友好、务实合作与战略伙伴关系，展示出更有生机更富活力和更加广阔的发展前景。这一年，中国与东盟贸易额达 4436 亿美元，比上年增长 11%。东盟成了中国的第三大贸易伙伴、第四大出口市场和第二大进口来源地。双方的相互投资不断扩大，截至 2014 年 9 月底，累计金额已达 1231 亿美元。

打造形式不同、内涵各异的共同体将成为中国—东盟的永恒诉求

作为"一带一路"世纪倡议的发起者，习近平主席本人高度重视中国与东盟的关系，并且先后访问了多个东盟国家。尽管 2014 年以来，中国与东盟内部个别国家在南海地区发生了矛盾和冲突，特别是中国与菲律宾、越南之间，围绕部分岛礁的领土主权之争和海洋权益之争急剧升级，中国仍坚定不移地与东盟发展睦邻友好合作关系，坚定不移地努力打造中国—东盟命运共同体。

2014 年是双方共同确定的中国—东盟未来"钻石十年"的开局之年。这一年，中国—东盟自贸区升级版建设正式启动；中国参与的大湄公河次区域经济合作力推互联互通；双方贸易和投资持续增长；双方贸易增速远高于中国外贸平均增速。

2015 年，中国—东盟关系同样亮点纷呈。中国与印尼、越南共同庆祝了建交 65 周年，中国与越南建交 65 周年首次实现双方领导人年内互访。此外，中国与菲律宾、泰国共同庆祝了建交 40 周年。中国与新加坡共同纪念建交 25 周年，习近平成功访新。中国邀请缅甸国内新出现的重要政治领导人、民盟主席昂山素季访华，取得预期成果。

这一年，一方面中国与东盟国家开展一系列双边合作项目，推进中国与相关国家友好关系持续发展。另一方面东盟内部经济一体化程度继续加深，"中国—东盟海洋合作年"为双边务实合作注入新动力。中国提出了维护南海和平稳定的系列倡议，主要内容包括：南海地区国家承诺全面有效完整落实《南海各方行为宣言》；加快"南海行为准则"磋商，积极探讨海上风险管控预防性措施；域外国家承诺不采取导致地区局势紧张和复杂化的行动；各国承诺依据国际法行使和维护在南海享有的航行和飞越自由。中马海军成功地在马六甲海峡举行了代号为"和平友谊—2015"的实兵演练。

这一年，中国与东盟在"一带一路"框架下开展项目合作，成就斐然。中国与印尼签署合建雅加达至万隆的高铁协议。中老铁路老挝段开始动工，开启中国铁路网连通东南亚境外铁路首个项目。中泰铁路合作项目在泰国大城府启动，双方开始合建泰国首条标准轨复线铁路。中国—东盟安全执法合作取得重大进展，双方决定共同建立"安全促发展"中国—东盟执法安全合作部长级对话机制，以共同应对安全挑战。"老挝一号"通信卫星在中国西昌发射升空，填补中国向东盟国家出口卫星的空白。

这一年，习近平对越南和新加坡影响巨大。此次访问不仅对改善中越关系，加强中新关系，同时也对密切和深化中国与整个东盟的关系，具有非常重要的指导意义。访问中，习近平针对中国与东盟关系中出现的新情况和新问题，反复强调，和平发展是中华文化的内在基因，讲信修睦是中国周边外交的基本内涵。鉴于国际上有关中国发展道路特别是中国"一带一路"倡议存在各种歪曲和误读，习近平特别强调：中华民族走向全面复兴是大势所趋，但国强必霸并非历史的定律。他表示，中国将坚定地发展同东盟的友好关系，坚定地支持东盟的发展壮大，坚定地支持东盟的一体化建设，坚定地支持东盟在东亚区域合作中发挥主导作用。这番掷地有声的政策宣示，使东盟国家深切感到，中国推进"一带一路"势在必得，中国坚持和平崛起志不可摧，中国高举和平发展合作共赢旗帜，与东盟国家共建命运共同体，也将初心不改。

这一年，中国—东盟关系发展高潮迭起。中国—东盟第十九次领导人会议暨中国—东盟建立对话关系25周年纪念峰会在万象举行。中国政府总理李克强就继续建设中国—东盟命运共同体提出了一系列新建议和新主张，东盟各国领导人也就此发表了许多具有建设性的新思想和新见解。此次峰会的最终成果以及有关产能合作、有关应对海上紧急事态、有关适用海上意外相遇规则的联合声明，对中国—东盟共同推进"一带一路"建设，共同打造更为紧密的命运共同体，共同实现中国—东盟合作发展、包容发展、共赢发展、联动发展，具有不可替代的重要意义。

这一年，习近平对柬埔寨的访问影响巨大。中柬关系既重要又复杂，两国人民的传统根深蒂固，同时也经受过各自国内形势变化和地缘政治风云多变的冲击。按照习近平就任国家主席后的出访惯例，他首先在当地主流媒体发表题为《做肝胆相照的好邻居、好朋友》的文章，烘托访问气氛。访问期间，柬方除明确表态支持并参加"一带一路"外，还希望借助"一带一路"建设，在柬埔寨建立起稳定而可靠的电力供应系统，将西哈努克港打造成综合性的经济示范港。中柬双方总共签署了31份合作文件，合作范围涉及产能、投资、水利、海洋、新闻等诸多领域。

这一年，中菲关系出现重大转圜，在本地区和整个亚太事务中产生良好反响。当年 12 月，菲律宾新总统杜特尔特访华，明确宣布菲律宾外交上将向中国靠拢，中国做出向菲律宾投资 240 亿美元帮助其建设基础设施的承诺。双方企业签署了价值 112 亿美元的铁路、港口、能源等领域合作的协议。中菲关系迅速改善，两国务实合作高开高走，使东盟国家普遍意识到，只要有关各方始终坚持相互尊重原则，坚持互利合赢方向，中国与东盟共同打造发展共同体、利益共同体、责任共同体，最终走向繁荣共同体、安全共同体和命运共同体，中国与东盟的关系一定会大有可为，前景可期。

中国—东盟区域合作新格局应当
成为人类命运共同体的新范例

2017 年，时逢东盟成立 50 周年，中国与东盟的关系进入承前启后的关键之年。受国际上多种因素影响，中国与东盟之间的贸易额有所下降，距离双方所期望的到 2020 年达到 10000 亿美元的奋斗目标，还有很大差距。已经建成和正在推进的重大合作项目，虽然取得令人鼓舞的阶段性成果，但总体上说，还只是"一带一路"建设的初期收获，只是打造中国—东盟命运共同体万里长征第一步。中方对东盟投资，落后于东盟国家实际需要。东盟各国的经济社会发展战略和具体政策，也并不完全一致。要全面实现"一带一路"倡议所提出的政策沟通、设施联通、贸易畅通、资金融通和民心相通，双方还要加大努力，深入细致、持之以恒地做好多方面工作。

今年 5 月中国发起召开"一带一路"国际合作高峰论坛时，除泰国、新加坡和文莱外，东盟地区共有 7 个国家的国家元首或政府首脑出席会议。与会者身份之高，参会者人数之多，引起国际社会广泛关注。东盟国家对"一带一路"的重视和期待，对中国—东盟关系框架内睦邻友好关系的重视，对双边合作与多边合作的深切期待，管中窥豹，略见一斑。

习近平主席在"一带一路"国际合作高峰论坛上的讲话，高屋建瓴，向全世界昭示了中国欲将"一带一路"打造成和平之路、繁荣之路、开放之路、创新之路、文明之路的崇高意愿，进一步彰显了和平合作、开放包容、互学互鉴、互利共赢的伟大丝路精神，赢得了包括东盟各国在内的国际社会的高度赞赏和认同。为了更好更快并且在更大范围内推进"一带一路"建设，习近平又宣布了一系列支持"一带一路"的新举措，其中包括大幅度增加对"一带一路"的资金投入，大幅度增加对不发达国家的民生支持，国际社会为之惊叹，东盟国家更是深受鼓舞！

我们始终认为并反复申明，东盟所在地区，无论如何风云际会，都是中国赖以生身立命、繁荣发展的大周边的重要组成部分。东盟各国无论社会制度如何，也无论发展水平高低，始终都是中国的最重要邻国，是中华民族全面复兴进程中的好朋友和好伙伴。中国政府将一如既往地把巩固、扩大和深化与东盟的睦邻友好合作关系，视为对外关系的优先方向。

中国和东盟各国一定能够乘"一带一路"国际合作高峰论坛成功举办之东风，加速推进双方在"一带一路"建设中的务实合作进程，尽快签署中国与东盟各国的睦邻友好合作条约，为构建长期稳定的命运共同体提供坚实的法律保障；同时，中国与东盟也一定会尽早实现防长非正式会晤机制化，推进执法安全合作部长级对话机制更加务实发展，构建起安全合作新平台；我们也一定能够全面落实中国—东盟自贸区升级相关成果，提高贸易投资便利化自由化的水平，使中国与东盟的经贸关系跨上新台阶；我们在打造政治安全、经济可持续发展、社会人文三大合作支柱方面，一定会取得新成果，积累新经验。我们不但要在国际社会面前展示共建"一带一路"区域合作新格局，还要令人信服地树立起命运共同体的好榜样！

目前，国际形势的发展变化具有不稳定性、不确定性和不可预测性。西方有人对中国—东盟关系全面发展如芒在背，对中国—东盟务实合作往往恶意评说，认为中国在东盟帮助或参与建设的每一条铁路、每一条公路、每一个港口，都是为了巩固中国与东盟的关系，都是为了扩大自己的地缘战略利益，拓展自己的势力范围。对这种居心叵测的"域外之声"，我们和东盟各国都要保持足够警惕。

当然，我们也充分地意识到，特朗普上台以来，美国断然退出它主导建立的跨太平洋伙伴关系协定（TPP）。东盟国家借助美国支持实现其"发展与繁荣"的期望已经落空。这使许多东盟国家清楚地看到，美国正在变成一个非常不靠谱、非常不负责的国家。这种情况的发生和发展，为中国与东盟各国拓展合作范围、深化合作层次、提升合作质量，提供了前所未有的机遇。中国与东盟各国"上天入海"，大力拓展地上地下、海上天上乃至外空领域多方面多形式合作，坚持做守望相助、安危与共、同舟共济的好邻居、好朋友、好伙伴，可以说天赐良机。

　　只要中国和东盟各国持之以恒，相向以动，共同努力，矢志不渝，完全有能力把我们共同生活的这一地区，打造成"一带一路"建设的先行区和模范区，打造成走向命运共同体的示范区和样板区。

（2017 年 5 月）

"一带一路"将成为中哈两国
发展进步的共同事业[*]

　　哈萨克斯坦是中国的重要邻国，纳扎尔巴耶夫总统对中国非常友好。我和我的同事很高兴能够应亚信会议秘书处邀请，来到哈萨克斯坦共和国美丽的首都、中亚地区崭新的现代化都城阿斯塔纳，参加努尔苏丹·纳扎尔巴耶夫总统和平思想研讨会。

　　上世纪 90 年代中期，我曾经作为外交官，以一等秘书的身份，在中国驻哈萨克斯坦共和国大使馆工作将近三年时间。这段不同寻常的经历，使我对哈萨克斯坦共和国开国总统纳扎尔巴耶夫安邦定国的思想主张，对哈萨克民族自强不息的发展历程、勇于进取的创新精神和真挚朴实的优良品格，有了较为深入和直观的了解。作为哈萨克斯坦人民的朋友，我对哈萨克斯坦近些年来在独立兴国道路上取得的每一个成就，都感到由衷的高兴和钦佩。

　　20 世纪 90 年代初，随着欧亚大陆地缘政治格局发生重大变化，

---

　*　2015 年 7 月，中国驻哈萨克斯坦大使馆与哈萨克斯坦有关方面以及中国的一些民间友好组织，在哈萨克斯坦首都阿斯塔纳共同举行了纳扎尔巴耶夫和平思想研讨会。这是作者在研讨会上的发言。

曾经是原苏联重要组成部分的哈萨克斯坦共和国宣告独立，成为拥有完整主权的民族国家。在 1991 年 12 月哈萨克斯坦独立后举行的首届全民总统选举中，纳扎尔巴耶夫先生以 98.7% 的高票胜出，成为哈萨克斯坦共和国第一任总统。其后，纳扎尔巴耶夫先生又参加过多次总统选举，每次都以令人信服的超高得票率当选，连续担任哈萨克斯坦总统至今。

近年来，面对世界经济走势持续疲软的国际大环境，纳扎尔巴耶夫总统采取了加强宏观调控、加大产业结构调整、大力发展非资源型产业、振兴本国中小企业、积极引进外资等一系列措施，领导哈萨克斯坦成功地应对了国际金融危机的冲击。哈萨克斯坦的国内生产总值由 1993 年的 46 亿美元增加到 2014 年的 1784 亿美元，同期人均 GDP 从 283.8 美元增加到 1.2 万美元。作为友好邻国和战略合作伙伴，我们对哈萨克斯坦政治长期稳定、经济快速发展、民生大幅改善、国际影响力持续上升，成功地走出"哈萨克斯坦之路"感到十分高兴。我记得，正是为了表彰纳扎尔巴耶夫的卓越贡献，哈萨克斯坦议会上院于 2010 年 5 月通过法案，赋予纳扎尔巴耶夫总统哈萨克斯坦"民族领袖"地位。包括中国人民在内，国际社会对纳扎尔巴耶夫总统获得这一崇高称号，也给予了很高评价。

中国是世界上最先承认哈萨克斯坦共和国独立并且立即与之建立外交关系的国家之一。中哈建交 20 多年来，两国关系实现了由睦邻友好关系到战略伙伴关系、再到全面战略伙伴关系的历史性飞跃。双方高层互访早已经机制化，政治互信程度不断增强，经济合作日益扩大和深入。目前，哈萨克斯坦已经是中国在独联体国家中仅次于俄罗斯的第二大贸易伙伴，而中国则是哈萨克斯坦在全球范围内的第二大贸易伙伴。截至 2013 年底，中国在哈萨克斯坦的各类投资总计超过 250 亿美元，哈萨克斯坦在中国的直接投资项目也增至 230 个，实际使用金额为 6763 亿美元。2014 年，中哈两国贸易额已达 224.38 亿美元，创下历史新高。

中哈两国最高领导人之间的个人友谊，在我们两国关系全面发展的进程中发挥了重要作用。纳扎尔巴耶夫总统自 1993 年开始访问中国后，迄今已来华 10 多次。据资料显示，到目前为止，贵国的纳扎尔巴耶夫总统是世界上访问中国次数最多的国家元首。仅这一点就充分说明，他对中国的发展进步是高度认同的，对中国人民的友好感情是非常真挚的。

特别值得提及的是，2013 年中国国家主席习近平对哈萨克斯坦进行友好访问时，纳扎尔巴耶夫总统主动提议，要乘坐习近平主席的专机，陪同习主席一同前往哈萨克斯坦原首都阿拉木图。今年 5 月习近平主席到莫斯科参加反法西斯战争胜利 70 周年庆祝活动之前，专程前往哈萨克斯坦，对纳扎尔巴耶夫先生第五次连续当选贵国总统当面表示热烈的祝贺。这些在国家间关系史上极为罕见的特殊举动，充分说明，中哈两国领导人之间和我们两个国家之间的友好关系已经发展到很高水平。

在这里，我还要特别指出，2013 年习近平主席访问哈萨克斯坦时，在纳扎尔巴耶夫大学发表讲演，提出了中国与中亚各国共同努力，创新合作模式，共同建设"丝绸之路经济带"的倡议。这个旨在谋求互利合作、共同发展共同繁荣的战略构想，引起了包括贵国人民在内的国际社会的极大关注。纳扎尔巴耶夫先生本人也对此给予很高评价，并以多种方式做出了积极回应。

　　为了使欧亚各国的经济联系更加紧密、相互间的合作更加深入、共同发展的空间更加广阔，习近平主席针对"一带一路"倡议和构想，明确地提出了政策沟通、设施联通、贸易畅通、资金融通、民心相通五个方面的具体建议，以创新我们各国彼此之间的合作模式。我们大家都看到，哈萨克斯坦等中亚国家乃至世界各国，对习近平主席的倡议评价越来越高，社会各界参与"一带一路"的热情也越来越高。中国是丝绸之路的起点国，哈萨克斯坦是丝绸之路上的重要沿线国。我们两国在共建"丝绸之路经济带"方面开展合作，具有得天独厚的优势。实际上，在实现"五通"方面，我们两国早就迈出了重大步伐，并且已经取得实际成果，积累了许多宝贵经验。

　　2013年，纳扎尔巴耶夫总统在国情咨文中提出了《哈萨克斯坦—2050》发展战略，提出了哈萨克斯坦在2050年前跻身于世界经济30强的奋斗目标。2014年11月，纳扎尔巴耶夫总统发表新的国情咨文，提出了"光明大道"新经济计划，旨在通过实施一系列基础设施投资项目，促进哈萨克斯坦的经济结构转型，激发经济活力，创造就业机会，实现经济的可持续增长。不久前，纳扎尔巴耶夫总统又提出了建设服务全民的现代化国家的百步计划。全面落实《哈萨克斯坦—2050》战略的行动，已经全面展开。

　　纳扎尔巴耶夫提出的这一系列构想和计划，与中国领导人倡导的共建"丝绸之路经济带"战略构想是不谋而合的。特别是在建设基础设施方面，我们两国有着广泛的共同利益与合作潜能。2014年12月，中国政府总理李克强访问哈萨克斯坦时，中哈签署了价值140亿美元的合作文件，并就180亿美元的中哈合作框架协议达

成了初步共识。2015 年 3 月，哈萨克斯坦总理马西莫夫先生访问
中国，双方又签署了加强合作的备忘录，同时签署了 33 亿美元的
合作文件。几天前，中国副总理张高丽访问贵国，与贵国总理就双
方深化产能、能源、金融、航天以及人文领域的合作进一步交换了
意见，达成了许多新的共识。

当今世界格局正处于大发展大变革大调整之中，人类的和平
与发展，面临着前所未有的机遇，同时也面临着巨大的风险和多方
面的挑战。但我深信，和平与发展仍是时代的主题，求和平、谋发
展、促合作仍是不可阻挡的时代潮流。我记得，早在 1992 年第 47
届联合国大会上，纳扎尔巴耶夫总统就提出了建立亚信会议机制的
倡议。最近十多来，亚信会议论坛运作得非常成功，亚洲国家的互
信有所增强，区域经济一体化有的快速发展。纳扎尔巴耶夫总统为
地区和平稳定作出的个人努力和贡献，理所当然地受到了各方的赞
赏与好评。正因为如此，为表达中国人民对哈萨克斯坦人民和纳扎
尔巴耶夫总统的深厚情谊，2014 年上海亚信峰会期间，中国国家
主席习近平授予纳扎尔巴耶夫总统"丝绸之路和平奖"。

我相信，在这一背景下，我们在这里深入研究纳扎尔巴耶夫
总统的和平思想和他的治国理念，将有助于我们增进对时代潮流与
主题、国家关系与全球治理及人类前途命运等重大问题的认识和理
解，启迪我们的思想和智慧，使我们在共同发展、共同繁荣、共同
安全、共同进步的道路上走得更稳、更快、更好！

（2015 年 7 月）

"一带一路"将为中欧互利
合作开辟新境界*

    2013 年 9—10 月间，中国国家主席习近平访问中亚和东南亚，提出了两项重大倡议，一是与中亚国家创新合作模式，共建丝绸之路经济带；二是与东南亚国家扩大海上合作，共建设 21 世纪海上丝绸之路。当年 11 月，中国召开周边外事工作座谈会，对这两项倡议进行了认真研究和论证，"一带一路"从此成为中国的重大战略决策。

    2015 年 3 月，经中国国务院授权，国家发改委、外交部、商务部联合发布《推动共建丝绸之路经济带和 21 世纪海上丝绸之路的愿景与行动》白皮书，确认"一带一路"建设是以共商共建共享为原则的系统工程，是有利于沿线各国经济繁荣与区域合作，有利于不同文明交流互鉴，有利于世界和平与发展，因而造福世界各国人民的伟大事业。

    "一带一路"倡议的提出，不仅在中国周边地区，同时也在全

---

* 本文系作者 2016 年 5 月在北京举行的中欧政党对话会上的讲话。

世界引起了强烈反响，其中包括欧盟国家。尽管有的国家、有些专家学者对"一带一路"存在曲解和误读，认为这是中国为争夺地区事务主导权、解决本国产能过剩矛盾、对抗美国"亚太再平衡"而提出的地缘政治战略，但总体看，国际舆论对中国"一带一路"倡议的反应和评价是积极、友善的，是富于建设性和合作精神的。大多数国家越来越清楚地认识到，"一带一路"既符合中国坚持改革开放、谋求全面复兴、实现和平崛起的自身需要，也符合各国人民共同发展、共同进步、共同安全、共同繁荣的时代潮流。努力参与并协力推进"一带一路"建设，可以在国际关系和全球事务中造就机遇均等、利益均沾、力量均衡、格局均平的新常态。

　　欧盟是当今世界最大的也是唯一的超国家结构，是人类历史上前所未有的国家集群，因而是世界多极化进程中的重要力量。中国作为当今世界最大的和独具特色的发展中国家，历来重视欧盟在世界格局演变中的特殊地位和作用，始终把发展、巩固、扩大和深化与欧盟的全方位合作，当作构建全球伙伴关系网的一个最重要环节。目前，由于双方共同努力，中欧间已经建立60多个交流、对话和磋商机制，包括中欧政党对话这个重要平台，并且共同制定出《中欧合作2020战略规划》，形成了中国与欧盟是当今世界"两大力量、两大市场和两大文明"的共同理念，确立了打造"和平、增长、改革、文明"四大伙伴关系的共同目标。2014年春习近平主席访问欧洲时明确提出，双方要从战略高度看待中欧关系，要在打造中欧"四大伙伴关系"时，为中欧合作注入新动力，为世界繁荣发展做出更大贡献。他主张继续发挥好贸易和投资在中欧合作中的主引擎作用。

那么，我们应当如何实现互利合作的先进理念和共同发展的崇高理想呢？我认为，双方携手共进，努力推动"一带一路"建设，这是引导中欧关系不断迈上新台阶，引领中欧关系不断进入新境界的最佳路径。因为"一带一路"倡议的合作重点，是政策沟通、设施联通、贸易畅通、资金融通和民心相通，其中最核心的要素是各国基础设施的互联互通，即设施联通。以民心相通为基础，以政策沟通为前提，以资金融通为先导，以设施联通为要务，最终就可以实现最大限度的贸易畅通，使丝绸之路沿线各国乃至更多国家，形成"更大范围、更高水平、更深层次的大开放、大交流、大融合"格局。

中欧携手共进，通力合作，推动"一带一路"建设，既是实现中欧年贸易额1万亿美元近期目标的需要，也是实现《中欧合作2020战略规划》，使中欧双方形成真正可靠的"四大伙伴关系"的需要。为此，双方必须相向而行，在相互尊重、平等相待、坦诚交流，不断协调立场、政策和行动的过程中，尽快实现"三个对接"：一是"一带一路"倡议与欧洲整体发展战略和主要国家的发展战略对接；二是中国国际产能合作计划与欧洲的容克投资计划对接；三是中国—中东欧合作即16＋1合作与中国—欧盟整体合作有机对接。

共同推进"一带一路"建设，努力开辟互利合作新局面，是中欧双方最大利益所在。我们有共同的诉求和需要，也有良好的基础和条件。2015年，在全球经济形势较为严峻、国际贸易和投资势头下降的背景下，中欧双方互为重要贸易和投资伙伴的关系没有任何改变。相互间的投资也在同步增长，特别是中方对欧盟的投资，已涉及工程机械、汽车制造、房地产业、道路交通、航空运输、港口建设、电讯通信以及媒体、能源、金融合作等诸多领域。此外，中欧双方已相互加入对方的政策性银行，金融合作步伐加快。英国率先加入亚投行后，陆续又有 16 个欧洲国家成为亚投行创始成员国。中国亦于去年 12 月加入欧洲复兴开发银行。最后，特别应当指出的是，中欧双方在基础设施建设方面，已经达成不少合作协议和意向。其中影响较大的，是中法决定共同参与英国欣克利角核电站建设，中核电宣布参加罗马尼亚核电站建设，中国与匈牙利签署"一带一路"合作政府间备忘录，中德形成"中国制造2025"与德国"工业 4.0"携手共进，拓展战略性新兴产业合作并探索第三方合作的共识，等等。

　　"一带一路"鼓舞人心，中欧合作前景广阔。与此同时，我们还要看到，理想变为现实还有很长的路要走，还有许多事情要做。在我看来，尽早谈判并缔结平等互惠的中欧自贸区协议，尽快签署高质量高水平的中欧投资协议，合理解决承认中国市场经济地位问题，是当前中欧合作议题中的重中之重。

　　希望我的几点意见和建议，能对朋友们有所启发。果能如此，我也算为此次对话做了一点贡献。谢谢！

（2016 年 5 月）

中国—中东欧合作在"一带一路"轨道上不断加速[*]

中东欧地区是冷战后出现并且得到广泛使用的一个地缘政治概念，是冷战后欧洲地缘政治裂变即东欧剧变的结果，包括波兰、捷克、斯洛伐克、匈牙利、保加利亚、罗马尼亚、阿尔巴尼亚、爱沙尼亚、拉脱维亚、立陶宛、塞尔维亚、克罗地亚、斯洛文尼亚、马其顿、波黑、黑山共 16 个独立主权国家。^① 整个中东欧地区，面积 120 万平方公里左右，人口约为 1.2 亿。

中东欧 16 国的国家体量和发展水平差异很大，历史文化传统亦相互有别，但有一点共同之处，这就是东欧剧变前都实行社会主义制度。冷战结束以后，这些国家一直处于社会制度转型期，局势

---

* 本文系作者 2015 年 7 月为参加某个学术会议准备的主旨讲话，2016 年 11 月作了较大修改与补充。

① 冷战结束前，中东欧地区 16 国中，波罗的海沿岸三国爱沙尼亚、拉脱维亚和立陶宛为原苏联加盟共和国，捷克与斯洛伐克原属于统一的联邦制国家捷克斯洛伐克，塞尔维亚、克罗地亚、斯洛文尼亚、马其顿、波黑、黑山均为统一的南斯拉夫联邦组成部分。波兰、匈牙利、保加利亚、罗马尼亚和阿尔巴尼亚二战以前已是独立主权国家。

复杂多变的特点非常突出。捷克和斯洛伐克 1994 年才正式解散统一的国家，各自单独立国。南斯拉夫解体后，克罗地亚、波黑、塞尔维亚等国一度发生残酷的武装冲突和大规模战乱。1999 年塞尔维亚与科索沃战争爆发后，以美国为首的北约国家对新南斯拉夫①进行了赤裸裸的武装干涉。有些国家在处理对华关系问题上曾经出现严重偏差，个别国家甚至发生过与台湾"建交"的闹剧。由于该地区局势动荡不安，中国与该地区国家的关系形成了较长一段磨合期。

进入新世纪后，中东欧地区各国的国内形势和对外关系逐渐稳定下来。经济和社会发展水平总体滞后的状况有了较大改变。上述 16 国中，除塞尔维亚、黑山、马其顿、波黑和阿尔巴尼亚外，其余 11 国陆续成为欧盟成员国。斯洛文尼亚、斯洛伐克、爱沙尼亚和拉脱维亚等国为欧元区成员。绝大多数国家进入了政局相对稳定、经济持续改善的快速发展期。

中国与中东欧各国的关系，这时也相继转入良性互动、平稳发展、健康向前的轨道。中国与中东欧国家的贸易总量由 2001 年的 43 亿美元，猛增为 2011 年的 529 亿美元。年均增长幅度为 27.6%。中国与中东欧的双向投资呈现快速发展之势。中国企业在该地区的投资活动，涉及化工、机械、家电、电信、汽车、新能源、金融、文化、体育、旅游等诸多领域。

中国与中东欧国家关系全面提升始于 2012 年。这一年 4 月，中国政府总理温家宝出访中东欧地区，利用 8 天时间出席了 70 多

---

① 新南斯拉夫系指原南斯拉夫解体后成立的南斯拉夫联盟，有时简称为南联盟。

场活动，广泛会晤了该地区各国领导人和工商界人士，发表了多篇重要讲话，深入宣传中国改革开放政策，阐释和平发展理念，表达中国与中东欧各国全面合作、谋求共同发展的良好意愿。中国—中东欧国家领导人就如何开展并不断扩大、深化相互间友好关系问题，在波兰首都华沙举行了第一次集体会晤。

中东欧—中国（16＋1）合作机制，以华沙会晤为标志，从此正式形成。中国与中东欧国家的次地区合作，开始启动并迅速转入快速通道。中方确认，中国与中东欧的合作是中欧关系中不可分割的组成部分，中国与中东欧国家的合作将在欧盟标准和法律法规框架下开展，这有利于欧盟国家平衡发展和欧洲现代化进程。

2013 年，李克强总理出席了在罗马尼亚首都布加勒斯特举行的中国—中东欧国家领导人第二次会晤。当时他代表中国政府，为加强中国—中东欧国家合作提出了三大原则和六大领域。这三大原则是：第一，坚持平等相待，互相尊重；第二，坚持互利共赢，共同发展；第三，坚持中欧共进，相向而行。六大领域是：第一，做大做实经贸合作；第二，加快推进互联互通；第三，大力加强绿色合作；第四，积极拓展融资渠道；第五，深挖地方合作潜力；第六，丰富人文交流活动。李克强表示，中方愿意与中东欧各国积极组建相关领域的合作联合会，形成聚集和规模效应，让合作更接地气。会议发表了《中国—中东欧国家合作布加勒斯特纲要》。

根据中国—中东欧国家第二次领导人会晤通过的《中国—中东欧国家合作布加勒斯特纲要》的规定，中国—中东欧国家领导人每年都要举行会晤，以梳理合作成果，规划合作方向，各国为此专门设立了国家协调员。当年 5 月，中国—中东欧国家合作第三次国家协调员会议举行。11 月，中东欧—中国 "16 ＋ 1" 投资常设秘书处在波兰成立。

2014 年，李克强总理出席了在塞尔维亚首都贝尔格莱德举行的第三次中国—中东欧国家领导人会晤。此次会议的主题是"新动力、新平台、新引擎"。这时，中国国家主席习近平出访中亚和东南亚时提出的"一带一路"倡议，即中国与古代丝绸之路沿线国家共同建设丝绸之路经济带和 21 世纪海上丝绸之路，已经成为中国发展对外关系的重要内容和重大事项，李克强总理在会晤中因此又提出了如下建议：第一，打造中国与中东欧合作新亮点；第二，构建互联互通新走廊；第三，拓展产业合作新空间；第四，搭建投融资协作新框架；第五，扩大人文交流新领域。他特别强调，中国欢迎中东欧国家积极参与建设丝绸之路经济带和 21 世纪海上丝绸之路。

鉴于中国与欧盟此时已建立起相当稳定的战略合作伙伴关系，中国与中东欧关系的协调发展对各方而言都非常重要，这次会议发表的《中国—中东欧国家合作贝尔格莱德纲要》特别表示，中国—中东欧国家合作与中欧合作并行不悖。纲要再次确认了平等相待、相互尊重、相互信任的关系准则，确认了习近平主席当年春天访问欧洲时宣布的中欧"四大伙伴关系"，即和平伙伴关系、增长伙伴关系、改革伙伴关系、文明伙伴关系，决定共同为落实《中欧合作2020 战略规划》做出贡献。

关于中国与中东欧国家合作，纲要宣布，支持 2015 年适时制定《中国—中东欧国家中期合作规划》，欢迎和支持中国—中东欧国家在互联互通领域探索合作的可能性，决定每两年召开一次经贸部长会议、定期召开中国—中东欧国家高级别智库研讨会、成立中国—中东欧国家交通基础设施合作联合会、物流合作联合会、农业合作促进联合会、联合商会执行机构、智库交流与合作中心，举办国际旅游交易会、农业经贸合作论坛、青年政治家论坛、文化合作论坛、教育政策对话。

这时，欧盟内部持续多年的金融危机仍在发酵，南欧乃至西欧地区多数国家经济状况欠佳，但中东欧地区经济总体向好。据2014年底统计，中东欧各国人均GDP为12907美元，总量达到19492.8亿美元，占全球总量的2.0%。中国与中东欧国家的贸易总量超过600亿美元，中国从中东欧国家的进口增长幅度高达38.9%。中方对中东欧国家的投资，从2003年不足1亿美元，增长为50亿美元，中东欧国家对华投资也由同时期的4.2亿美元，增长到12亿美元。

中国与中东欧国家务实合作取得重要进展，大大激发了中东欧地区各国参与"一带一路"建设的积极性。2015年4月，中东欧地区经济总量较大、发展水平较高的波兰率先宣布愿意参与中国发起成立的亚投行。6月份，中国与匈牙利政府签署了共同推动"一带一路"建设的谅解备忘录。这一年，首届中国—中东欧投资贸易博览会在中国宁波举行。第三届中国—中东欧国家地方领导人会议在中国重庆举办。华为、华信等中国民营企业加大了进军中东欧地区的力度和步伐。重庆、成都、郑州、武汉、义乌、东莞等许多城市纷纷开通经由哈萨克斯坦和俄罗斯进入欧洲的货物班列。立陶宛国有铁路公司与中国招商局集团签署合作文件，决定成立公司共同运营中国、白俄罗斯至立陶宛的铁路运输业务。

　　2015 年是中国发起的"一带一路"倡议全速推进的一年。当年 11 月 24—25 日，第四届中国—中东欧领导人会议在中国苏州举行。这是中方首次承办中国—中东欧峰会，中方为了将中国—中东欧合作，即 16＋1 合作全面纳入"一带一路"轨道，做了大量的和卓有成效的工作。会议发表了《中国—中东欧国家合作苏州纲要》和《中国—中东欧国家合作中期规划》。规划确认了中国与中东欧国家合作的基本方向和必须坚守的基本原则，同时又一次阐明了中国—中东欧合作与中国—欧盟合作的关系问题，确认《中欧合作 2020 战略规划》既是指导中欧合作的文件，也是指导中国—中东欧合作的文件，同时也确认了"16＋1"这一多边合作机制与各种双边合作机制的关系，认定"16＋1"与各种双边安排是相互补充、相互促进的关系。

　　对中国和中东欧各国最为重要的是，此次会议和相关文件特别阐明了"16＋1"机制与"一带一路"的关系，明确表示中东欧国家全部参与"一带一路"规划，并且均为"一带一路"倡议的相关方。会议确认了"16＋1"国家协调员年会制度，同时也欢迎和支持设在中国外交部的"16＋1"秘书处继续强化其功能作用，欢迎和赞赏中国外交部做出的设立"中国—东欧国家合作事务特别代表"的决定。

　　为了使中国与中东欧国家的合作更加广泛、深入和扎实，中国方面还建议成立中国—中东欧国家交通网络建设专家咨询委员会、旅游促进联盟等合作平台，同时决定为中东欧国家设立总额 100 亿美元专项信贷额度，同时辅以一定比例优惠贷款，用于各国基础设施建设、高新技术产业和绿色经济等领域。此外，中方还表示，要成立中国—中东欧合作基金，推动中国企业在中东欧国家各建一个工业园区。为进一步增进彼此间的人文交流与合作，推动"一带一路"建设中的"民心相通"，中方决定，5 年内为中东欧国家提供 5000 个来华学习的奖学金名额，邀请 1000 名学生来华学习汉语，同时派出 1000 名中国学生和学者到中东欧国家学习或进行学术交流。

对于中东欧和欧洲正在酝酿的波罗的海高铁项目建设，中国表现出极大兴趣。此项目起始于爱沙尼亚首都塔林，经里加、考纳斯、华沙，直到柏林，中国如能参与，其经济、政治和社会影响不言自明。为此，李克强总理亲自陪同参加苏州峰会的中东欧国家领导人乘坐苏州赴上海的高铁，以中国高铁"推销员"的身份向中东欧国家领导人介绍中国高铁技术与建设成就，一时成为国际社会的美谈。

中国—中东欧国家领导人苏州会晤，为中国大力推动"一带一路"在中东欧地区落地提供了重要机遇。中方利用这个机会，倡议成立金融公司以解决中东欧项目的资金问题，得到普遍响应。各国领导人同意研究设立 30 亿美元投资基金。中方安排与会中东欧国家领导人乘坐高铁以展示自己的技术和实力，收到了预期效果。会议期间签订的一份很有影响的文件，就是中国与匈牙利、塞尔维亚三国签署的在匈塞两国首都之间修建高速铁路即匈塞铁路的协议。尽管此项工程耗资巨大，任务艰巨，但中方表示，工程年内开工，两年完成。

中国—中东欧苏州会议更加详细地勾画了中国与中东欧国家拓展经济、金融和投资合作的新蓝图。在欧盟受到金融危机冲击，经济复苏乏力、相互合作难度增大、难民问题令各方焦头烂额、英国脱离欧盟的可能性明显增大的背景下，中国不断加大与中东欧国家合作的力度，其政治影响是重大而深远的。

习近平主席作为中国国家元首，不但是中国"一带一路"倡议的发起者，同时也是积极推动者。这在中国与中东欧国家关系方面，也表现得十分突出。譬如，2015 年 11 月波兰总统来华访问时，他与波兰总统达成共识，要进一步推动两国战略伙伴关系，并提高政治互信水平。此外，习近平提议，双方要夯实务实合作基础，加快"一带一路"倡议同波兰国家发展战略对接。双方可进一步探讨以波兰为枢纽，规划打造新的物流线，建设辐射中东欧的物流中心等。波兰总统当即表示，波兰愿意在"一带一路"建设合作中发挥重要作用，愿意积极地参与亚投行的工作。

2016 年 3 月，习近平主席访问了捷克共和国．这是两国建交 67 年来中国国家元首首次踏上捷克国土。访捷期间，双方领导人就中捷关系和共同感兴趣的国际问题交换意见时，习近平主席就双方在"一带一路"框架下开展合作进行了深入探讨，对包括民营企业在内的中方企业不断加大对捷克投资、捷克对华合作热情高涨表示充分肯定。时隔不久，习近平主席 6 月份再赴东欧，这次访问的是塞尔维亚和波兰。他对塞尔维亚的访问，是中国国家元首时隔 32 年后对该国的首次访问。访问期间，习近平主席参观了中国河北钢铁公司斥资 4600 万欧元收购的塞尔维亚唯一钢铁企业，出席了见证中欧货物班列首次驶达波兰首都华沙的相关仪式，极大地鼓舞了中国企业进军中东欧国家的意志和决心，也激发了当地政府和企业与中国开展"一带一路"建设合作的意愿和信心。

　　2015 年，由于世界范围内的贸易量下滑，中国—中东欧国家的贸易总额为 562 亿美元，比上年有所减少。但中国各省区市与中东欧除爱沙尼亚外的 15 个国家结成的友城关系，或友好省市州关系，已增加到 155 对。面对日益坚实的中东欧合作基础和更加旺盛的合作需求，习近平主席 2015 年在北京集体会见前来参加中国—中东欧国家领导人苏州峰会的领导人。他主张并特别强调，中国—中东欧之间的下一步合作，一是实现"16＋1 合作"同中国的"一带一路"建设充分对接；二是"16＋1 合作"与中欧全面战略伙伴关系全面对接；三是"一带一路"与各国自身的发展战略对接。这次会见之后，波兰、塞尔维亚、捷克、保加利亚、斯洛伐克等国分别与中国签署了政府间共推"一带一路"建设的谅解备忘录。

　　2016 年 11 月 5 日，中国—中东欧国家领导人第五次会晤在波罗的海沿岸城市里加举行。中国和中东欧国家领导人围绕"互联、创新、相融、共济"的会议主题，就扩大和深化中国与中东欧国家合作问题进一步交换了意见。会议高度评价中国与中东欧国家几年来的合作进程及其成果，充分肯定《中国—中东欧国家合作中期纲要》和《中国—中东欧国家合作苏州纲要》的落实情况，确认"16＋1"合作已经进入成熟期和收获期，愿意共同努力构建持久充实高效的"16＋1 合作"，打造开放包容互利共赢的伙伴关系，通过中欧间互联互通等平台，实现"16＋1 合作"与中欧全面战略伙伴关系的有机结合与充分对接。

　　这次会议通过的里加纲要，确认欧亚大陆的互联互通具有丰富内涵和重要影响。纲要表示，愿意将中国的"一带一路"倡议和欧盟的"泛欧交通网络"倡议对接起来，加强多边双边合作，推进欧亚大陆交通走廊一体化，推进中欧班列发展建设，促进货物双向流动，在中东欧各国及整个亚欧大陆桥沿线建设多种模式物流中心。纲要同时还表示，各方支持塞尔维亚牵头成立的中国—中东欧交通基础设施建设联合委员会，欢迎拉脱维亚牵头成立中国—中东欧国家物流合作联合委员会。

根据中国与中东欧各国共同制定的里加合作纲要，中国将在已经开通上海—布拉格、成都—布拉格、北京—华沙航线的基础上，开辟更多的中国—中东欧航班，并将在捷克召开中国—中东欧民用航空论坛；将在波罗的海、亚得里亚海和黑海三个地区推动中国—中东欧国家"三港区合作"；中国丝路基金和金融机构将为中东欧合作提供资金支持；中国—中东欧投资合作资金二期完成并投入运营；中国还将倡导并推动中国—中东欧国家银行联合体。

根据这份纲要，波兰将建立中国—中东欧海事秘书处，中方将推动建设临港产业园区以及与港口相关的铁路、公路、航运、物流中心等基础设施；罗马尼亚将建立中国—中东欧能源项目对话合作中心；斯洛伐克将成立中国—中东欧技术转移中心，并牵头成立林业合作协调机制。中国和中东欧国家将分别举办或承办高校联合会会议、省州长会议、地方领导人会议、首都市长会议、文化节和文化遗产论坛，以及高级别旅游合作会议、青年政治家论坛、文学论坛、"未来之桥"青年研修交流营等活动。

如今，经过双方共同努力，中国—中东欧国家合作，即"16＋1合作"，已经成为"一带一路"建设总体进程中的一个重要板块。我们相信，习近平主席2015年11月对中东欧国家领导人提出的三个层面的有机结合，将为中国—中东欧合作提供新的强大动力，使"16＋1合作"在"一带一路"大框架下加速发展，走向纵深，成为带动南南合作、示范南北合作、进而影响世界联动发展的成功范例。

（初稿于 2015 年 8 月，修改于 2016 年 11 月）

紧跟"一带一路"全球进程，
推动中拉合作全面发展*

很高兴能够应邀参加中国人民大学经管学院举办的"探索新的发展之路：中国与拉丁美洲的经验"国际学术研讨会，与到会的专家学者，特别是来自拉美的朋友们，共同探讨如何在新的历史条件下全面推进中拉关系问题。

这里所说的新的历史条件，主要是指中国国家主席习近平2013年9—10月间所提出的"一带一路"倡议。这个前无古人、震动世界的倡议，有人称之为"战略"，有人称之为"构想"，也有人称之为"计划"，还有人称其为"进程"。我觉得都无不可，关键看在什么样的语言环境下使用。

拉丁美洲是世界上距离中国最遥远的大陆，历史联系而言，不是我们所说的"丝绸之路沿线国家"。考虑到这一独特背景，首先，我想说，过去很长一段时间，我们对于拉美地区的认识和了解同世界其他地方相比，确实是知之不多。从1949年新中国成立，一直到

---

* 此文系作者2015年8月在中国人民大学举行的"探索新的发展之路：中国与拉丁美洲的经验"国际学术研讨会上的讲话。

1966 年中国"文化大革命"，我们在拉美地区只有一个建交国，这就是古巴。

中古两国是在 1960 年古巴革命胜利之后才建交的，而古巴当时之所以能与新中国建交，是因为革命胜利后建立的新政权选择马克思主义作为其建政立国的指导思想，选择社会主义作为古巴未来的发展道路，并且在美国高压之下，断然宣布革命后的古巴属于社会主义阵营。中国当时在政治上、道义上和经济上支持古巴。因为我们价值观体系相近相通，社会制度和发展方向相似相同。但是，大家知道，中国与古巴刚刚建立的良好关系没有维持几年，受中苏关系恶化等多种因素影响，中古两国很快就吵得不亦乐乎。那时候，可以说，我们在拉丁美洲没有巩固的"外交阵地"，没有真正意义上的"友好国家"，甚至也没有多少经贸联系和文化交往。

进入 60 年代中期，中国开始更多地关注拉美事务，开始同拉美国家发展关系。但这种努力在巴西遭受了重大挫折，一度震惊世界的"九人事件"①，不仅给中国与巴西的关系，包括中国同整个拉美的关系都投下了长长的历史阴影，影响了我们与拉美的关系几十年。但是，我们对拉美的工作一直没有停止，开拓中拉关系的努力始终没有放弃。幸好当时智利有阿连德这样的左翼人士，所以，智利与中国的关系先走了一步。阿连德和他所领导的友好组织通过民间外交渠道，一直与我们中国保持接触。

---

① 1964 年 3 月 31 日深夜，巴西军方在美国的策划和支持下，发动了军事政变，推翻了政府，以布朗库为首的亲美势力上台后，军警到处抓人。4 月初，王唯真、王耀庭等 9 位中国人遭军警逮捕，并受到严刑拷打。后经中国政府积极营救，1965 年 4 月，回到了北京。

1970 年，作为社会党领袖的阿连德执政后，智利成为拉美地区与中国建交的第二个国家，也是南美洲地区第一个与中国建交的国家。中智建交时，我们计划派人参加阿连德的就职典礼，以扩大在拉美的影响。但智利卸任总统事先也请了台湾人，这就给中国出了一个难题。由于涉及"两个中国"的问题，最后中国决定由倪志福①出面，以工人代表的身份参加这个活动。所以，当年我们为打开拉美外交局面，可以说是煞费苦心，也颇为周折，运用了多种外交资源和外交手段，或者说是外交技巧。

有了在智利的外交突破，我们开始陆续和拉美多个国家建交。到 70 年代中后期，巴西问题也解决了，中国与巴西 1974 年正式建交。到 70 年代末，改革开放开始时，中国已经在拉美有了 12 个邦交国，但拉美地区共有 33 个国家，我们的邦交国这时也就勉强超过三分之一，在拉美的外交阵地还是很小，影响还是很弱，我们要做的很多事情还力不从心。

改革开放后，中国领导人开始踏上拉美的土地，进一步加大对拉美的外交工作力度。1981 年，中国政府总理访问了墨西哥，这是中国政府首脑首次访问拉美。1985 年，中国政府总理又访问了哥伦比亚、巴西、阿根廷和委内瑞拉，中国与拉美地区这些大国的关系开始加速发展。1990 年，中国国家主席杨尚昆访问了哥伦比亚、巴西、乌拉圭、阿根廷和秘鲁，这是我们国家元首第一次出现在拉美，在拉美地区产生了很大影响。自那以后，中国在拉美地

---

① 倪志福，1933 年 5 月生，原籍上海市，1958 年 10 月加入中国共产党，曾任第七届、第八届全国人民代表大会常务委员会副委员长、中华全国总工会主任等职。2013 年 4 月于北京逝世。

区又有了一些新的收获，有了一些新的邦交国。

目前，我们在拉美的邦交国总共是 21 个，还有 12 个国家没有与中国建交，这就是我们在拉美地区现有的外交格局。所以，要进一步发展中拉关系，深入探索拉美的发展经验，使我们的经验和拉美经验有机地结合起来，使我们的成长和拉美的成长结合起来，使我们中国梦和拉美梦结合起来，还必须进一步加大我们对拉美地区的外交投入。

中国在拉美地区的外交格局很不完整，成因非常复杂，其中一个重大因素就是所谓"台湾问题"。有些国家至今还与台湾保持着所谓的"外交关系"。此外，拉美是美国的后院，美国因素的作用始终存在。但我们相信，中拉全面友好与互利合作的大趋势是不会改变的，随着时间的推移，中国在拉美的影响还会进一步扩大，我们在那里的朋友还会进一步增多。从中拉关系的历史、现实和未来前景看，我感觉，事情总是要向前发展的。我们在拉美地区，从外交角度看，今后是大有可为的。

从政治上看，现在我们和拉美地区很多国家都建立了战略伙伴关系，和有些国家还签署了全面战略伙伴关系。尤其是那些有影响的地区大国，我们双边关系的政治基础相当不错，高层往来比较频繁。江泽民曾多次访问过拉美，胡锦涛也曾多次访问这个地区。习近平主席担任国家副主席的时候，去过拉美两次，担任国家元首后又去访问过。可见，中国领导人在改革开放以来这 30 多年，特别重视发展和巩固与拉美的关系。所以，中拉关系的政治基础在很多国家是非常牢固的。而拉美地区的政治家们，这些年来也接连不断到中国访问，特别是 1989 年，当我们在国际上遇到困难的时候，当美国和欧洲一些国家对我们进行所谓的制裁和封锁的时候，拉美国家的政治家络绎不绝地访问中国，充分显示他们对我们的同情和支持，所以，我们同拉美国家政治关系的基础是很好的。

从经济上讲，1979 年，中国和拉美地区的贸易额总共 10 亿美元，现在是 2600 多亿美元，30 多年时间增长了 200 多倍。这说明，我们与拉美国家经济合作的潜力是巨大的，双方所做的努力是有回报的，互利共赢的前景是非常广阔的。这 2600 多亿美元的贸易额，应该说是很了不起的成就，确实来之不易。而我们在拉美国家的投资，目前累积额也有 900 多亿美元。我们在拉美国家承包的工程，营业额将近 700 亿。所以从经贸角度讲，从对外投资讲，从工程承包讲，拉美地区都是中国不可或缺的一个巨大市场。我们合作的基础很好，前景也很广阔。

从人文交往方面讲，这些年来，到拉美创业发展的中国人越来越多。据统计，仅墨西哥就有 8 万多华人华侨，主要是新华人华侨。而在哥斯达黎加，当地人口只有 500 多万，华人华侨却有 5 万之多，占了该国总人口的 1%，这个比例已经相当大。而且值得注意的是，新华人华侨不同于过去的老华侨，他们大多懂得当地的语言，有知识，有文化，也有能量。所以，他们在拉美投资兴业，或者安家立业，也为我们深化同拉美之间的人文交往创造了非常好的条件，我们应当充分利用这些资源。据说，在有些国家，有的华侨华人已经在军界、政界谋得了很有分量的职业和职务。我们充分利用中国和拉美国家已经形成的传统关系，同时大力借助华人华侨这些新兴力量，拓展我们的人文交往与合作，无疑会大有可为。当然，总体来说，目前我们同拉美的人文交往水平还落后于政治交往和经济合作。政治、经济、人文应该成为中国同拉美关系全面发展的三大支柱，三者同等重要，不可偏废。

前不久，习近平主席访问了拉美，虽然访问的只是 3 个国家，但他会见了 21 个国家的领导人，也就是说会见了拉美地区所有建交国的领导人，推心置腹地与他们谈中拉关系，精心设计和谋划中拉关系的美好未来。作为中国最高领导人，他访问时不但在经济、人文方面谈了很多具体的合作构想，谈了指导双方关系长期稳定发展的重要原则，同时还提出很多具有可操作性的建议，其结果是"中国—拉共体论坛"应运而生。大家知道，"拉共体"的成立没有几年时间。现在，"拉共体"各国领导人跨越半个地球，来到中国，与我们共同举办论坛，这意味着我们在拉美的影响在增大，拉美人对我们的期望也在增大，我们双方合作的切合点在增多，我们合作的潜能正在广泛发掘之中。

总而言之，在双方深化互利合作和开拓中国对拉美外交新格局方面，我们的机遇很多。从全球视野的宏观角度看，合作共赢是时代主流，无论世界上出现多少动荡，发生多少冲突，甚至有局部战争，谋求和平和发展，寻求合作与共赢，这是不可改变的历史潮流，因而也是我们的最大机遇。既然全球化进程不会改变，你中有我，我中有你，人类社会不同组成部分相互依存、相互借助就不可改变。这是时代赋予我们的最大历史机遇。

从中拉关系的微观层面看，中拉关系目前正处于前所未有的全面发展时期。我们合作的各种机制已经形成，合作的共识和意愿已经笃定。今年 1 月份召开的"中国—拉共体论坛"首次部长级会议，通过了具有战略价值的合作文件，非常详细地规划了 2015—

2019 年间我们在各大领域的合作方向、合作重点和合作目标。从政治层面讲，文件第一条就载明，中拉领导人要保持高层互访，同时要在各种各样的国际场合、多边场合进行接触，加强来往。文件另外还提到，今后 5 年之内，中国方面要邀请 1000 名拉共体成员国政党领导人访华。在人力资源开发和人才培养方面，文件中也有非常明晰的规划和目标。在人文领域中，我们双方也有很多非常务实的构想，比如举办中拉大学校长论坛，举办地方领导人论坛，还有市长论坛，等等。另外，最近几年，中方要大大增加拉美国家来华留学生的政府奖励名额，这也是我们中方抓住机遇，推进合作的具体举措。我想，经过我们的共同努力，这些目标都会变成现实。

当然，在紧跟时代前进步伐，不断扩大和全面深化中拉关系方面，我们还会面临许多新的困难和挑战。其中的最大挑战就是，拉美地区毕竟是美国的"后院"，在拉美地区影响很大的欧盟，不愿"退居二线"，就连日本，也开始在这个地区接连不断地采取各种动作。它们都是我们的竞争对手，我们同它们在拉美地区的战略角逐将是长期的和复杂的。但另一方面，我们还必须学会在竞争中寻求合作，要深入思考如何把竞争对手变成合作伙伴的问题。这是我们在战胜困难、应对挑战的过程中不能回避的一个重大问题。

此外，在迅速拓展中拉关系、全面推进务实合作，特别是实施一系列重大项目方面，中国相关部门，主要是企业还面临着人才不多、经验不足、知识储备不够等问题。我们的资金、技术和装备，可能和我们所要承担的任务，和拉美方面的期待有很大差距。因此，我们中方要坚持不懈地继续做出努力，千方百计地补足自己的这些"短板"。

当前，习近平主席提出的"一带一路"倡议，为中国同世界各地区各国发展务实合作开辟了新的思路和前景。拉丁美洲国家距离我们较为遥远，似乎与古丝绸之路无大关系，甚至也不属于我们构想中的丝绸之路经济带和 21 世纪海上丝绸之路范畴。但是，随着科学技术的不断进步，随着现代化交通联络手段的快速发展，拉丁美洲国家与我们的联系也变得越来越紧密，我们之间的经济文化交往比以往任何时候都活跃。就发展中拉友好关系而言，抓住机遇，应对挑战，与时俱进，加快行动，共同做好"一带一路"框架下的大文章，拉丁美洲完全可以成为"一带一路"全球推进过程中的一个特殊板块，成为"一带一路"自然延伸的一个重要区域。这是时代赋予中拉双方的共同任务，也是需要中拉双方通过实践创新来不断解答的重大课题。

（2015 年 8 月）

中非务实合作：现实成就与美好前景[*]

三年前，我曾在这里出席过第五届地中海南方论坛，当时大家讨论的是气候变化问题。记得论坛开始前播放了一个短片，短片开头是洪水泛滥的中国南方，结尾是雾霾深锁的北京。尽管片子反映的情况确实存在，但我看了还是很不舒服，不得不在规定的发言时间外，向主持人额外申请了几分钟时间，专门介绍中国政府为治理环境所做的巨大努力和已经取得的初步成果。当然，环境的治理是长期而又艰巨的任务，不可能一劳永逸。我们在这方面还有很多事情要做。

今天，我们讨论的话题是"正在兴起的非洲：最后的增长极"。我想就这个很前瞻性和时代性的话题，谈几点看法。

一、中国对非合作的主要成就与新的合作理念

大家知道，进入新世纪以来，国际力量对比正在发生有利于

---

[*] 本文系作者 2015 年 11 月在摩洛哥丹吉尔举行的第八次地中海南方论坛上的发言与对话。

广大发展中国家的积极变化，而非洲在这一过程中发挥了重要作用。近十年来，非洲大部分地区保持了政治稳定，经济实现了快速增长。非洲成了全球经济增长最快的大陆之一，因而也成了吸引外来投资的热土。

中国是世界上最大的发展中国家，是非洲发展进程的积极参与者和支持者。自 2009 年起，中国已经成为非洲第一大贸易伙伴国。2014 年，中非贸易总量将近 2220 亿美元。非洲每年出口产品的 1/6 销往中国。中国对非洲的直接投资存量近 300 亿美元，在非洲投资创业的中国企业多达 2500 余家，为非洲创造了 10 多万个就业机会。中国为非洲提供的商业贷款，总额超过 500 亿美元，对非洲援助的总额，超过了 1500 亿人民币。几十年来，中国为非洲援建了 1000 多个成套项目。

如今，中国已成长为世界第二大经济体。中国愿意在新的形势下，继续发展和扩大与非洲国家的互利合作。我们注意到，非盟制定了"2063 远景规划"，不少国家制定了本国的中长期发展战略，非洲国家正朝着联合自强、发展振兴的道路大步前进。我们愿把中国人民争取实现民族复兴的"中国梦"，与非洲人民谋求发展和繁荣的"非洲梦"紧密结束起来，在最大限度地扩大战略共识的基础上，做好发展理念和思路的对接，实现更大范围和更高水平的互利共赢。

2013 年 3 月习近平主席访问非洲时，提出了"真、实、亲、诚"对非合作新理念。2014 年李克强总理访问非洲时，具体地阐述了中国对非合作的构想，这就是中非共建高速铁路、高速公路、区域航空三大网络，同时开展产业合作、金融合作、减贫合作、生态环保合作、人文交流合作、和平安全合作六大工程。

目前，中国在基础设施建设和产业现代化方面，已经积累了很强的对外投资和建设能力，形成了不少优势产业和优质的富余产能。同西方发达国家相比，中国许多技术装备成熟适用，性价比高，竞争力强，完全符合非洲的发展需要。中非加强产能合作，可为非洲经济发展提供更强大的增长动力，助力工业化、一体化和现代化进程。

今年是中非合作论坛成立 15 周年。今年 12 月，中非合作论坛将在南非举行峰会，中国领导人将和非洲各国领导人共聚一堂，深入谋划双方互利合作的未来格局。这不仅是中非关系史上的重大事件，更是中非合作转型升级的重要契机。我们相信，在中非双方的共同努力下，中非各领域的友好合作，一定会形成更大规模，走向更宽领域，达到更高水平。

二、中非合作的原则与双方合作的前景

刚才有朋友谈到，非洲的觉醒仅仅 60 余年，但已经成长为一个充满希望的大陆。非洲人通过自己的努力，解决了大部分国家间的边界问题，学会了应对各种危机和挑战，经济的增长总体上是积极的，减贫努力也是有成效的。非洲银行已经拥有 2000 多亿美元的资金，在许多国家都设立了办事处。可以自己解决非洲的发展问题。我对此深表赞同。但朋友们也指出，目前非洲的经济结构还很不合理，结构单一问题还非常突出。出口原材料、进口制成品的

经济模式远没有改变，工业产值只占经济总量的 12%，而整个非洲的对外贸易，也只占全球的 3.5%。还有基础设施建设严重滞后、5000 万人无法接受教育、人才严重不足等问题，都必须尽快解决。

对此，我想说的是，近年来，中国为帮助非洲国家破解基础设施建设滞后和人才短缺两大瓶颈，已经做了不少实实在在的事情，取得了不少成果。据统计，至 2015 年 6 月，中国在非洲融资建成的和在建的铁路已达 3800 多公里，已建和在建的公路共 4300 多公里。中国援助的和融资建设的各类学校共 200 多所。此外，中国政府每年还为非洲各国提供 7000 多个奖学金名额，同时为非洲国家举办 100 多个多边的和双边的技术管理培训班和高官研修班。

我完全赞同朋友们刚才阐述的一个重要观点，即只有非洲人才能决定非洲的未来。非洲的事情要靠非洲人自己来解决。54 个国家组成的非洲，应当建立统一的经济空间。这也是中国认识和处理对非关系的基本前提和出发点。中国同非洲国家发展友好关系，始终遵循公认的国际关系准则，即不干涉内政，不附加条件，不强加于人，同时也始终尊重非洲国家自主选择的发展道路和模式。中非之间开展的各领域务实合作，首先是平等合作，其次是互利合作，合作的目的不是简单的商品输出，不是简单的进口原材料，而是产业输出、技术输出，主要目的是帮助非洲国家尽快建立完整的工业体系和制造能力，增加就业机会，培养更多人才，最终目标是消除贫困，提高人民的生活水平，实现经济社会的快速发展和全面进步。应当说，一个快速发展的非洲、全面进步的非洲，也将为中国和世界的发展进步提供更多的机遇和助力。所以，中非全面地持续地加强各领域合作，还将大大推动和促进南南合作，提升广大发展中国家的整体发展水平，推动国际政治经济秩序朝着更加公正合理的方向发展。

三、关于中非在安全领域中的合作

有朋友提到非洲的安全问题，希望了解中国方面如何看待非洲目前存在的各种矛盾和冲突，如何在安全领域加强同非洲的合作。对此，我想指出的是，非洲总体上看还是一个新兴的大陆。自上世纪 50 年代中期民族解放运动蓬勃兴起，到现在也只有 60 年左右的时间。但非洲的主权国家，却由当初屈指可数的三五个，增加到现在的 50 多个，变化是天翻地覆的。当然，非洲同世界上许多其他地方一样，也存在着各种各样的矛盾和问题，甚至不时发生严重的冲突和大规模战乱。

非洲的安全问题，有的是长期殖民主义统治遗留下来的，有的是民族、种族和部族矛盾处理不当造成的，也有的是执政当局政策失误引发的，原因千差万别，十分复杂。中国作为联合国常任理事国，作为非洲的重要合作伙伴，始终关心非洲的安全稳定和团结统一。无论是在联合国框架内，还是在与非盟的合作中，中国一直在为缓解非洲的各种危机，为维护非洲地区的安全稳定，为实现动乱和战乱后的恢复与重建，进行积极努力。近年来，中国应联合国之约，多次派出维和人员到非洲参与维和行动。仅去年年底，就一次性向马里派出了由 500 多人组成的整建制部队，这是中国执行对外维和任务中前所未有的重大举动。此外，中国海军近年来一直在亚丁湾执行护航任务，与国际社会一道全力参与打击索马里海盗，这也是人所共知的。

在非传统安全领域，中国与非洲也展开了多方面的卓有成效的合作。譬如，当西部非洲爆发大规模埃博拉疫情时，中国派出大量医护人员，提供大量资金和物资，帮助非洲人民抗击埃博拉疫情，得到了非洲人民和世界各国的好评。总而言之，在安全领域，中国与非洲一直在开展合作，今后还会进一步加大合作的力度。

（2015 年 11 月）

中韩两国应携手共进，
推动区域经济合作[*]

中国领导人发出"一带一路"倡议两年多来，中国在理论研究和政策制定两个方面大力推进，认识不断深化，观念也不断更新。最新的研究成果是：中国推进"一带一路"建设，并不仅仅局限于古丝绸之路沿线的地理范围和区域。"一带一路"是中国当前和未来很长一段历史时期对外开放、共同发展的大战略，无论时间和空间都是无极限的。从空间角度说，"一带一路"原则上涵盖世界各个国家和地区。任何国家和地区，只要愿意参与"一带一路"建设，中国都会热烈欢迎。换句话说，任何国家和地区，包括韩国在内，都可以通过与中国开展多种形式的项目合作，实现相互间的经济互利和发展战略方面的双赢与共赢。

---

* 本文根据作者 2016 年 1、2 月间在察哈尔学会举办的中韩两国学者两次研讨会上的讲话整理而成。

一、中国"一带一路"计划与韩国
"欧亚倡议"实现对接的可行性

近来，有些韩国朋友积极主张，将中国领导人倡导的"一带一路"与韩国总统朴槿惠提出的"欧亚倡议"结合起来，我认为可以认真考虑。但实事求是地说，中国人对"欧亚倡议"，目前确实知之不多。这并不奇怪，因为"欧亚倡议"提出以后，相关工作并没有及时展开，许多事情至今仍不十分明确。韩国在中国的宣传推介工作，做得也很不够。譬如，欧亚大陆那么大，共有100多个国家和地区，该倡议到底涉及哪些国家和地区，主要实施哪些项目，人们还没有见到明晰的说明和解释。我们希望韩国方面能够围绕"欧亚倡议"，做出进一步的政策阐述，以便中韩双方有关部门能够尽快地展开研讨，探索这两大战略实现对接的可能及相关问题，进一步拓展和深化两国睦邻友好关系，提升双方发展战略合作的水平。

中国领导人提出的"一带一路"计划，最初主要是指古丝绸之路沿线国家和海上丝绸之路沿途各国，有人统计总共涉及64个国家。现在看，这样的统计方法已经不行了，或者说已经不适用了。因为越来越多的国家和地区，包括"一带一路"自然延伸到的非洲和南太平洋地区，甚至远在拉丁美洲地区，许多国家都对参与"一带一路"计划表现出极大兴趣。虽然某些部门或学者最初的统计不包括韩国，但我个人觉得，只要韩国愿意参与"一带一路"建设，愿意在"一带一路"框架下与中国开展务实合作，我们没有理由不把韩国看作是中国"一带一路"建设的重要合作伙伴。

这里需要特别指出的是，多年来中国始终十分重视与韩国的睦邻友好合作关系。习近平就任中国国家主席后，多次会晤过朴槿惠总统，两位领导人多次就发展和深化中韩睦邻友好关系广泛深入地交换过意见。特别是 2013 年 7 月习近平主席专门对韩国进行的"旋风式"访问，也就是某些学者所形容的那次"点穴式"访问，充分显现了中国新领导人对中韩关系发展的高度重视和期待。中韩双方领导人也曾亲自探讨过"一带一路"和"欧亚倡议"如何对接问题。最近，李克强总理就中韩两国如何进一步扩大务实合作问题，与朴槿惠总统进行了更为具体的会谈。所以，中国领导人提出的"一带一路"计划，着眼于欧亚，着眼于全球，绝不会忽略韩国这个重要邻国。我们不希望韩国置身事外。

我认为，中国的"一带一路"计划和韩国的"欧亚倡议"能够实现对接，还在于中韩两国的政治关系目前很好。双方高层往来不断，彼此互信度较高，易于进行政策方面的沟通和协商，这是非常重要的政治基础和前提。此外，中韩两国在国际和地区事务中的合作也很好。在如何对待二战成果、维护二战后的国际秩序、稳定东北亚局势等重大历史和现实问题上，双方有较多共识，这也为推进"一带一路"计划和"欧亚倡议"全面对接，提供了可靠的外交支撑。

当然，这里还需要指出的是，要真正实现"一带一路"和"欧亚倡议"的有机对接，或者说大家所期望的"无缝对接"，最重要的一点是"民心相通"。不管任何国家、任何政府，其对外战略和政策如果得不到本国和对方民众的广泛理解和支持，那都很难贯彻执行。而中韩双方已经有几十年民间友好交往的历史，正能量和正资产积累充分。近年来，两国人民的友好情感达到很高水平，双方每年共有1000多万人的友好来往，充分证明了这一点。可以说，中韩两国的"民心相通"，目前已经达到了许多国家无法比拟的程度。这对于顺利实现和推进"一带一路"与"欧亚倡议"的对接，非常重要。

实际上，在中国没有提出"一带一路"计划、韩国没有发出"欧亚倡议"之前，我们中韩两国已经在互利合作方面取得了很大成就。双方之间在经济、贸易、技术、金融等各个领域合作达到本地区各国之间少有的高水平。譬如，2014年我们两国的贸易额达到2000多亿美元，相当于中国与东盟10国贸易总额的半数左右，是中国与俄罗斯贸易总额的两倍还多。有专家预言，到2040年时，中韩之间的贸易额以及各个领域的合作，将远远超过中日两国。这意味着，韩国的产品、韩国的技术和经营理念在中国是得到广泛认同的，中韩双方合作的意愿是很强烈的。所以，我认为，中韩之间已经具备非常好的基础和条件来实现"一带一路"计划和"欧亚倡议"的对接。我们对此应充满信心。

此外还要看到，除了我们双方已经积累的许多有利条件和经验外，中韩两国共同面临的外部环境，也存在不少有助于我们广泛合作的特殊条件。东北亚、东南亚、南亚、中亚各国，不仅普遍重视与中国迅猛扩展的务实合作，同时也愿意并积极开展与韩国的多领域合作。韩国的技术和产品在俄罗斯、蒙古、东盟各国以及南亚、中亚各国很受欢迎。所以，中韩两国开展"一带一路"和"欧亚倡议"对接，可以实现并持续推进多方携手、广泛协作、互助联动、共同发展的区域合作新格局。

当然，在双边合作与多边合作共同推进的过程中，不能否认和回避我们之间可能发生的各种竞争，特别是企业之间的竞争，有时会相当激烈和残酷。只要这种竞争基于市场规律和规则，我们就应当接受和鼓励，就应当给予政治支持和政策引导。帮助双方企业在竞争中寻求合作，在合作过程中开展竞争。不仅我们中韩两国企业之间会存在竞争与合作的关系，中韩两国企业与实施具体项目的所在国企业乃至"第三方"势力，譬如美国、欧盟和土耳其等国的企业，哪怕曾经是合作伙伴，也会产生复杂的合作与竞争关系。"一带一路"计划的推进，"欧亚倡议"的实现，二者的"对接"与"结合"，都不可能一帆风顺，都会遇到各种各样的困难、风险和挑战。我们对此要有足够的心理准备，才能化风险为机遇、化机遇为成就，变被动为主动，通过主动进取走向更加宽广的合作领域。

我们今天的讨论是学术性的，目的是帮助两国政府和有关部门将合作的理念转化为具体政策，将政策目标转变为行动方案。"一带一路"与"欧亚倡议"如何对接，在哪里对接？什么是对接的突破口？我以为，东北亚应该是我们两国在对外经济领域关系开展合作的重点区域和主要突破口。通过双方的战略对接和互利合作，实施一批互联互通项目，带动朝鲜、蒙古、俄罗斯远东地区的经济发展和对外开放。由于众所周知的原因，通过外部努力带动朝鲜的开放和发展难度很大，但我们要有耐心，要有智慧。即使蒙古和俄罗斯，在扩大对外开放方面，也有很多疑虑，有很大局限性，我们也要有一定耐心，不能操之过急，不能勉为其难。

我们的第二个重点合作地区，我认为应当是东南亚地区。中韩两国可以充分利用"10＋3"即东盟＋中日韩的对话机制和平台，探索和开展多领域多层次合作。目前，中日关系问题较多，日韩关系也不和谐。捋顺韩日关系和中日关系，是实现东北亚多方合作、实现更大范围的互利共赢的基础和前提。但日本对中国的"一带一路"倡议有抵触，这是显而易见的。不知道日本对韩国的"欧亚倡议"持何态度和立场？实现"一带一路"倡议和"欧亚倡议"对接，面临着如何处理与日本的关系问题，需要我们认真研究。应当承认，日本是一个比较有实力的国家，在东北亚、东南亚和中亚等地区也有一定影响，近年来安倍首相在这些地区积极活动，投入很大，这对"一带一路"倡议和"欧亚倡议"对接会有什么影响，需要认真思考。

我们的第三个重要合作区域，应当是中亚。中韩两国在中亚的合作会有更多困难，我们也要有心理准备。这一方面是因为，中亚国家之间对基础设施互联互通的必要性认识不足，彼此之间防范意识过于强烈。另一方面，中亚地区传统上被视为俄罗斯的"后院"，俄罗斯正在全力推进其"欧亚经济联盟"建设，对包括中国、韩国在内的任何"第三方力量"进入中亚，都会心存芥蒂，都可能采取本能的抵触行为。但俄罗斯解决不了中亚国家基础设施长期滞后的问题，中亚国家需要中韩两国的资金、技术、先进装备、优质产能，这是不争的事实。实际上，自苏联解体以来，我们两国在那里已经做了许多项目，已经取得了许多实实在在的成果。今后我们在那里仍然大有可为，但我们要把各种复杂因素考虑进去，要把可能出现的困难和挑战，看得多一些，严峻一些，力求有备而无患。

总之，"一带一路"倡议和"欧亚倡议"全面对接是完全可行的，不仅对中韩双方是有益的，也是各方面都可以接受和参与的。由于许多国家实行多元化的对外开放政策，担心经济上过度依靠一个国家有损主权和尊严，不愿意将基础设施建设全部交由一个国家。我们的合作甚至是必要的和不可或缺的，但各种风险和困难都要考虑进去。韩国方面需要进一步明确和细化"欧亚倡议"的实施原则、主要区域、重点项目、融资方式、与中国企业的合作模式。真正实现"一带一路"倡议和"欧亚倡议"对接，我们还有许多事情要做。

二、中韩两国共同推进区域经济
合作的现实性及其前景

日前看到一则消息，韩国 2015 年第四季度对华贸易额达到 756 亿美元，首次超过了韩国对日本的贸易额 717 亿美元，韩国因而成为继美国之后的中国第二大贸易伙伴国。大家知道，2015 年中国对外贸易受多种因素影响，总量比上年缩水，但中韩两国贸易额却逆势而上。韩国在中国贸易伙伴国中，上升到了第二位，在中国进口市场上所占的份额，上升到 10.4%。另一方面，还有数据显示，2015 年 1—11 月间，韩企对华投资规模达 37 亿美元，超出对日投资 7 亿多美元。这使我感到，韩国企业出口竞争力强，韩国商品的确比较受欢迎，中韩两国经济合作的潜力很大，前景真的很好。

中韩两国的经贸关系，近年来一直发展很好。2014 年，我们两国的贸易额就已经接近 3000 亿美元。韩国对华实际投资达 595 亿美元。两国在人文领域中的交流合作也相当密切。2014 年，两国人员往来超过了 1000 万人次。双方各有 6 万多青年在对方国家留学。2015 年 6 月 1 日，中韩两国正式签署《中韩自由贸易协定》。此时，中国已是韩国最大贸易伙伴国和最大海外投资对象国。韩国已是中国第三大贸易伙伴国和第五大海外投资来源地。习近平主席当时就两国签署自贸协定向韩国总统发出贺电，他在电报中表示：中韩两国地理相近，人文相近，经济互补性强。作为东亚和亚太地区的重要经济体，中韩建立外贸区，不仅会推动双边经贸关系实现更大发展，同时也将为东亚和亚太地区的经济一体化乃至全球的经济发展做出更大贡献。

今天，当我们研究和探讨中韩两国携手前行，共同推动地区经济合作这一重大问题时，不能不认真考虑和分析韩国与日本、韩国与俄罗斯、中国与俄罗斯、中国与日本等多组双边经贸关系的现状与趋势。韩国与日本的经贸关系，近年来也有相当大的发展。据统计，2014 年日韩之间的贸易额为 860 亿美元。韩国与俄罗斯之间的贸易额为 258 亿美元。同时期，中国与俄罗斯的贸易额 950 多亿美元，中国与日本的贸易额为 3124 亿美元，与上年持平。日本对华投资 43.3 亿美元，比上年减少 38.8%。

当今世界正处于经济全球化迅速发展的时代，各国之间的经济文化联系日益紧密，彼此交往与合作日益广泛，相互间的借重和依存有增无减。但亚洲又非常复杂，总体上看，虽然本地区是当今世界最具发展潜力的地区，但亚洲国家间的一体化水平却不很高，远远低于北美，更低于欧盟。我们希望通过不断扩大和深化中韩之间的睦邻友好合作和各领域的互利合作，推动地区的区域合作更好更快地向前发展，使亚洲地区各国相互支持，携手共进，并肩迈向亚洲命运共同体这一崇高目标。

首先，通过扩大和深化中韩两国互利合作，推动实现中日韩三方之间的互利合作。

1999 年 11 月，中日韩三国领导人启动了东盟与中日韩（10＋3）框架内的合作机制。2008 年 12 月，中日韩领导人开始在上述框架外举行会晤。经过十多年努力，三方建立了以领导人会晤为核心，包括外交、经贸、科技、文化等 19 个部长级会议和 50 多个工作层会议为支撑的全方位、多层次的合作格局。2011 年还建立了中日韩合作秘书处。尽管目前中日关系、韩日关系遇到重大困难，三国领导人会晤停止举行 3 年，但三方的务实合作并没有完全停止。譬如 2014 年，中方主办了第七届中日韩卫生部长会议、第九次东亚名人会、中日韩合作 15 周年研讨会暨首届中日韩人文交流论坛、首次中日韩林业合作司局长级会议、首次中日韩网络政策对话、首次三国空气污染防治对话会、中日韩商界交流活动，等等。中日韩三方还举行了央行行长会议、运输与物流部长会议、财长会议、文化部长会议、最高审计机关负责人会议。三国政府关于促进、便利和保护投资的协定正式生效。三国自贸区谈判继续进行。2015 年，中日韩领导人恢复举行中断了 3 年的领导人会议，中日韩务实合作出现了回暖的良好迹象。

其次，通过扩大和深化中韩合作，推动中日韩三国与东盟各国之间的合作。

中日韩与东盟的合作是亚太地区区域合作的主要驱动力。自

1997 年召开首届领导人会议以来，中日韩与东盟在"10＋3"框架内在财政、粮价、能源、灾害管理、减贫等 24 个领域开展了务实合作，建立了 65 个对话机制，形成了以领导人会议、部长级会议、高官会以及中日韩驻东盟大使工作会议、其他各种工作组会议共同组成的合作体系。由于中日韩与东盟国家地缘相近、经济互补、文化相通，"10＋3"框架内的合作总体上稳步推进，成效显著。中方为实现东亚地区互联互通、贸易投资和扶贫、深化金融合作与民生合作等目标而提出的各项建议和主张，希望能够得到韩方的全力支持，以共同促进东亚地区的经济一体化进程。

再次，通过扩大和深化中韩合作，推动中日韩三国与朝鲜、俄罗斯、蒙古的务实合作。

朝鲜、俄罗斯和蒙古均为东北亚国家，但由于非常复杂的历史和现实原因，该三国与中日韩开展务实合作的整体水平较低，有的国家甚至没有一体化的意愿。中俄之间的贸易额 2014 年不足1000 亿美元，2015 年跌到了 750 亿美元左右，远远不及中日、中韩、日韩之间的贸易规模，科技、金融等其他领域的合作更是相形见绌。在当前半岛形势依然非常复杂的背景下，中韩合作带动中朝合作或朝韩合作的可能性虽然不大，但中韩合作带动或促进中韩蒙、中韩俄合作却是可能的，在能源和资源领域，三方合作实现共赢是有着广阔前景的。

最后，通过扩大和深化中韩合作推动中亚地区的务实合作与一体化。

中亚国家在历史、人文以及经济、社会领域存在着千丝万缕的联系，但由于互信不足和实力不及等多方面原因，相互间互利合作的水平很低。中韩两国与中亚各国的政治经济关系都很好，在那里都有深广的人文资源，并且都已积累了丰富的合作经验。发挥中韩两国在中亚地区务实合作的潜力，在既竞争又合作的原则基础上携手参与和推动中亚地区的经济和社会发展，在"一带一路"框架内寻求双边合作、三边合作和更多伙伴参与的多边合作，有助于引导和推进中亚各国之间以及中韩两国与中亚国家间的互利合作，实现该地区的共同发展与繁荣。

当然，我们注意到，在当前世界形势总体不是很好的大背景下，韩国经济如同中国一样，也遇到了不少困难和问题。受国际油价大幅度下跌影响，2015 年韩国全年进出口商品价格指数双双跳水。其中，进口商品价格指数下降幅度超过了 15%，出口商品价格指数下降了 5% 以上。这已经是韩国进出口商品价格指数连续 4 年下滑。作为友好邻国，我们希望韩国政府有能力把握好本国经济的发展态势，确保国家经济平衡发展。

2016 年 1 月 21 日，韩国经济副总理兼企划财政部长官柳一镐表示，韩国要坚持进行四大领域改革，发掘新增长动力，扩大内需与出口、找回经济活力的政策目标。我们希望韩国能够妥善应对目前遇到的各种困难和挑战，也希望中韩两国能够在"一带一路"框架下，找到更好的合作方式，在双方密切合作、互利合作、持久合作的基础上，共同带动、引领东北亚地区、东南亚和我们共同的周边地区的务实合作，为本地区和整个亚太地区的共同发展和繁荣作出应有的贡献。

（2016 年 1—2 月）

参与"一带一路"建设，
带动黑龙江全面振兴[*]

很高兴能够来到美丽的哈尔滨，与大家一起共同出席"一带一路"与黑龙江全面振兴高层论坛。这次论坛是在习近平总书记刚刚结束对黑龙江省的视察指导，就黑龙江省和整个东北地区经济振兴与全面发展做出重要指示的背景下召开的，也是在包括黑龙江在内的东北三省各级党组织和广大人民群众信心倍增、激情满怀、万众一心贯彻落实总书记重要指示的新形势下举办的，我衷心祝愿也相信这个高朋满座、大咖云集的论坛能够取得丰硕的理论成果，能够为黑龙江省经济振兴、文化繁荣、社会安宁，实现全面和谐与快速发展做出宝贵的智力贡献。

我也真诚感谢论坛的主办方，使我有机会与大家一起，就"一带一路"的理论和实践问题进行更加深入的研究和思考，进行更加具体，更切实际的交流与互动。就此，我想谈谈"一带一路"的时代意义和历史价值，谈谈"一带一路"对进一步提升中俄全面

---

[*] 本文系作者 2016 年 7 月在哈尔滨出席"一带一路"与黑龙江全面振兴高层论坛上的讲话。

战略协作伙伴关系的特殊作用和影响，谈谈我对黑龙江省发挥自身优势，积极参与"一带一路"建设，为中俄务实合作做出独特贡献，进而实现自身跨越式发展的问题。

大家知道，2013年9月，习近平总书记访问哈萨克斯坦，针对中亚各国山水相连、人文相通，但区域合作意愿不强、质量不高的现实问题，提出了打造中国与中亚命运共同体、共建丝绸之路经济带的新倡议。同年10月，习近平总书记访问印度尼西亚，针对中国与东盟海上合作潜力巨大，携手共进有助于地区稳定与繁荣的现实需求，提出了共建"21世纪海上丝绸之路"的新构想。"一带一路"，从此成为中国进一步扩大对外开放、进一步推动和平发展、进一步实践合作共赢理念的宏图大略，成为中国共产党人和中华民族在和平崛起与全面复兴的历史进程中，愿与周边国家和整个国际社会共谋发展大计、共担发展风险、共享发展成果的庄严承诺。

"一带一路"的提出和实施，不仅符合我国社会主义现代化建设不断向纵深发展的自身需要，符合中国广泛介入国际事务、全面参与全球治理、大踏步走向世界舞台中心的客观要求，同时也顺应了世界各国在全球化推动下共谋和平共图发展的时代潮流，顺应了人类社会在新的历史条件下渴望平等合作互利共赢的普遍诉求。因此，我们在中国周边地区，在古丝绸之路沿线各国，在那些相对遥远的国家和地区推进"一带一路"建设，是创新区域合作模式、深化区域一体化的新创举，也是激发南南合作内在动力、打造发展中国家命运共同体的新范式，更是促进不同文明包容互鉴、不同发展战略相互衔接，引领国际关系和国际秩序平稳有序地实现积极变革的新引擎。

大家都记得，毛泽东、邓小平等老一辈领导人早就语重心长地说过，中国应当为人类做出更大贡献。习近平总书记也多次表示，随着中国综合国力的不断提高，中国要在国际舞台上承担更大的责任，履行更多的义务。由此可见，推动"一带一路"建设，是中华民族自强不息，奋发有为，努力进取，为人类共同进步的崇高事业做出更大贡献的新途径。我理解，"一带一路"的时代意义和历史价值就在于此！

国际社会对中国发出的"一带一路"倡议和目前正在推进的一系列计划，兴趣越来越浓，评价越来越高，这已经是有目共睹、无可争议的事实。中国发起成立的亚洲基础设施投资银行，有那么多的国家积极参与，其中包括许多发达国家和新兴大国，远远超出我们的预想。在亚投行开张大吉、丝路基金投资项目启动的同时，我们看到，国际影响很大的匈塞铁路、雅万高铁陆续开工，连接中老中泰的泛亚铁路网建设开始启动，一批批高速公路项目和海上合作项目，也在紧锣密鼓地推进之中。"一带一路"建设的早期收获和成果，真的是可圈可点。

目前，世界上已有 30 多个国家和国际组织与中国签署了共建"一带一路"协议，其中包括去年 5 月习近平主席访问俄罗斯时中俄两国签署的《关于丝绸之路经济带建设和欧亚经济联盟建设对接合作的联合声明》。俄罗斯是中国的最大邻国，同时也是世界多极化进程中举足轻重的一支重要力量。中俄关系是当今世界是重要的双边关系之一，双方都很重视对方在国际和地区事务中的重要作用，都把巩固和扩大与对方的睦邻友好合作当作对外关系的优先方面。两国上世纪 90 年代中期建立的面向 21 世纪的建设性伙伴关系，经过 20 多年共同努力，如今已变得十分坚实和成熟，发展成为平等信任、相互支持、共同繁荣、世代友好的全面战略协作伙伴关系。双方结成了 80 多对友好城市、20 多对友好省州和经贸结对省州。《〈中俄睦邻友好合作条约〉实施纲要（2013 年至 2016 年)》正在顺利执行中。

中俄两国拥有 4000 多公里的共同边界，地缘相连，人缘相近，商机相通，经济发展互补性强，互求度高。双方在贸易、科技、金融、能源、旅游、环境保护、资源开发、航空航天，特别是交通等基础设施建设、人文交流与合作等方面，有着巨大合作潜能和空间。中国已连续多年成为俄罗斯的第一大贸易伙伴。2014 年，中俄双方贸易额接近 1000 亿美元。但是，由于非常复杂的原因，中俄两国经贸关系滞后于政治关系、大项目合作与产能合作鲜有成效、相互投资无法满足需要等问题一直比较突出。如今，中俄两国领导人达成了在"一带一路"建设中开展全面合作的共识，两国有关部门正在研究"一带一路"建设与欧亚经济联盟建设对接的机制和办法，中俄蒙经济走廊、新亚欧大陆桥、莫斯科喀山铁路、中俄能源合作等重大项目，已经启动或即将启动。毫无疑问，"一带一路"将为中俄两国发掘合作潜能、拓展合作空间、提升合作水平开辟广阔前景，并将为中俄战略协作伙伴关系进一步向前发展注入新的动力。

黑龙江省与俄罗斯拥有 1000 多公里的共同边界，历史上就与俄罗斯有着千丝万缕的联系。勤劳智慧的黑龙江人，曾经为俄罗斯远东地区的开发做出过艰辛的努力，俄罗斯人也在黑龙江地区留下了丰富的历史遗存。中国改革开放之初，黑龙江人以"一船西瓜换来 360 吨化肥"的传奇故事为开篇，不断谱写着对俄经贸合作与友好交往的新篇章，将美丽富饶的黑龙江，打造成了中国向北开放的桥头堡，打造成中国同俄罗斯拓展经贸联系、深化人文交往、扩大务实合作，并通过俄罗斯走向欧洲腹地的重要通道。目前，据我所知，黑龙江省已经拥有 20 多个对俄开放口岸，已经与俄罗斯结成 10 多对友好城市关系，在俄罗斯远东地区已经投资兴建了 10 多个园区，对俄罗斯贸易已经占全国对俄贸易总额的 15% 左右。在劳力输出、工程承包、投资开发、合作种植等方面，也取得许多成果，积累不少经验。

目前，中俄两国关系正处于历史上最好时期，并且会越来越好。而中国自身，正处于全面复兴、和平崛起的重要历史节点上，振兴包括黑龙江在内的老工业区，是国家的又一重大战略。黑龙江凭借得天独厚的区位优势，凭借不可多得的对俄合作经验，凭借国家的政策扶持和方方面面的密切配合，一定能够在全面落实习近平总书记视察期间重要讲话的过程中，在积极参与实施"一带一路"建设项目、持续扩大对俄经贸关系、开拓务实合作新格局方面，取得新的更大成就，带动全省经济转型升级，实现全面发展与振兴，最终将黑龙江打造成更高水平的开放型经济大省和强省，打造成中国"一带一路"倡议与俄罗斯欧亚经济联盟计划成功对接的接合部，打造成为中国进一步对俄开放、挺进欧洲的新前沿和新通道。

（2016 年 7 月）

发挥区位优势，做走向"三亚""两洋"的先行区和示范区[*]

今天研讨会的主题包括三个关键词：云南、丝绸之路经济带和21世纪海上丝绸之路。

我知道，云南省地处我国西南边陲，与缅甸、老挝和越南三国山水相连，拥有长达4060公里的共同边界，与印度、孟加拉国等南亚国家亦为近邻。云南省地域辽阔，自然资源和人文资源均十分丰富，人口总数超过5000万，相当于缅甸全国的人口。有13个少数民族与相邻国家的民族同宗同源，历史上就有着千丝万缕的经济与文化关联。我还知道，目前，云南有17个口岸与越南、老挝、缅甸相通，其中5个为国家级一类口岸，12个为二级口岸。

云南省的经济和社会发展水平，在我们国内的排名不属于前列，但近年来发展态势十分喜人。据云南省相关部门统计，2013年，云南省GDP总量为11720亿元人民币，比2012年增长12.1%，高于全国4.4个百分点。其中，云南省对东盟国家的贸易

---

* 本文根据作者2013年12月在"云南：丝绸之路经济带、21世纪海上丝绸之路重要省"学术研讨会暨2013年云南省印度洋研究会年会上的致辞整理而成。

额为 109 亿美元，增加 61%；与南亚国家的贸易额为 7.8 亿美元，增长幅度也接近 40%。2013 年，云南省的外贸总额为 1598.9 亿元人民币，约合 258.3 亿美元，出口增幅居全国第一位。对外投资突破 8 亿美元，增加 15.6%，并且主要投向缅甸、泰国和越南、老挝、柬埔寨，投资总额为 5.8 亿美元，其中 4.6 亿多美元为民营企业投资。至 2013 年底，云南累计对外投资已经达 33 亿美元。民营企业正在成为对外投资的主力军。

这些数据表明，云南省的经济和社会发展水平总体上明显地高于周边地区国家。对外开放成就突出，经验丰富，发展潜力巨大，这些都是不争的事实。因此，无论从哪个方面说，云南省都是我国西南省区走向南亚、东南亚地区的重要枢纽，也是连接我国与印度洋、太平洋地区的重要通道。

大家知道，不久以前，亦即 2013 年 9—10 月间，习近平总书记访问中亚和东南亚期间，发出了中国与周边国家共同努力，创新合作模式，共同建设丝绸之路经济带和 21 世纪海上丝绸之路的重要倡议。今天，我们将云南省的自身发展与对外开放事业，同"一带一路"建设这一国家大政紧密地联系起来，组织各方面专家学者进行理论研讨和科学谋划，具有特别重要的意义。

2013 年 10 月，中央召开了周边外交工作座谈会。这是新中国成立以来，中央首次针对周边地区形势和外交工作任务召开的一次非常重要的工作会议。会议充分展示了以习近平为总书记的党中央对周边外交的高度重视，从长远的角度和战略高度，对我国周边外交进行了统筹规划和顶层设计，强调我国将在坚持"与邻为善、以邻为伴"的既定政策的基础上，进一步打造与周边国家的互利共赢格局，着力推进周边区域的全方位合作，夯实中国与周边国家关系的政治、经济、安全与民意基础，并同周边国家一道，共同缔结和平、发展、合作、共赢的区域合作新局面，拉紧共同进步共同繁荣共同安全的利益纽带，为实现我国"两个一百年"奋斗目标和中华民族伟大复兴的中国梦，创造更加良好的周边小环境和国际大环境。

当前，周边形势和整个国际形势都处于冷战结束以来更加深刻复杂的变动之中。中东地区旷日持久的动乱和战争，与欧美国家挥之不去的金融危机阴影相互作用和影响，导致全世界的经济发展动力不足，国家间和地区间的合作意愿下降，形形色色的保护主义滋生蔓延。在国内，我们面临着经济结构调整、增长方式转型、去除过剩产能等一系列突出问题。正是在这一国际国内背景下，习近平总书记代表我们党、我们中华民族向周边地区各国，同时也是向整个国际社会发出了共同建设丝绸之路经济带和 21 世纪海上丝绸之路的伟大倡议。

"一带一路"倡议的提出，为我国更科学更理性更有成效地经略周边地区，更深入更长远更稳健地扩大我国对中亚、西亚和独联体国家以及阿拉伯世界、南亚东南亚乃至太平洋、印度洋两大地区的开放规划了新的蓝图，指明了新的方向。云南作为我国西南边陲区位优势比较突出的一个大省，也因此获得了更好地发挥自身优势，更好地发挥通往太平洋和印度洋"两洋"地区的桥梁作用的历史性机遇。

众所周知，太平洋地区是 20 世纪后期和 21 世纪初期世界上最有经济活力、最有发展潜能的一个地区，同时又是新老热点问题长期交织、现实矛盾与潜在冲突此起彼伏的一个地区，因而又是大国利益相互交织最密集、各方力量互动博弈最敏感的一个地区。我国地处这一地区，因而对该地区十分关注，不断增加投入，在地区事务中的地位和作用也在急剧上升。也正因为如此，可以说，我国经略太平洋地区的外交机制和手段相对完备，成就有目共睹。中国太平洋外交的积极性、主动性、进取性和建设性，已经得到国际社会的普遍认可和认同。

但是，由于历史和现实等多重因素的影响，相比之下，我国对印度洋地区的外交关注和投入，力度相对不足。对印度洋沿岸国家的经济和文化交往，各领域的开放与合作，较之太平洋地区，相对滞后。这是我们不能不正视的客观现实。如今，我国领导人高瞻远瞩，深谋远虑，不失时机地提出了"一带一路"倡议。在共商共建共享的大原则下，实现我国与周边所有国家乃至更大范围内推进互联互通，已经成为我们的国家战略，已经成为我们的全民意志，在这种新形势下，全面谋划并不断加大我们与南亚和印度洋地区各国互利合作，已成为全国各省区和国家各部门，特别是包括云南在内的西南各省区的当务之急。

实际上，我们早就注意到，印度洋作为世界第三大洋，贯通了亚洲、非洲和大洋洲的交通要道和石油转送纽带，货物吞吐量目前已占全球总量的1/5。经过印度洋转送到世界各地的石油，已经占全球海上石油运输总量的一半以上。此外，印度洋还具有十分重要的军事战略意义，并且早已成为世界大国战略角逐的重点区域。

中国不是国际社会通常所说的印度洋国家，我们通常也不称自己是印度洋国家。但是，印度洋地区一直是我国大周边范畴内的重要区域。进入新世纪以来，随着中国综合国力不断提高，海外利益不断拓展，在外交全局中统筹考虑"两洋"问题，对中国实现全面复兴、实现和平崛起的重要意义日益彰显。简而言之，对我们这样一个对外开放程度很高、同外部世界的联系非常紧密、对外部资源能源和原材料依存面甚广的国家来说，印度洋是我们所需要的许多战略物资，特别是进口石油的重要运输通道，也是我们的商品大量走向外部世界的重要贸易通道，因而也是维护我国国家安全利益、发展利益无法绕开的重要战略区域。

有鉴于此，我国专家学者和有关部门早在多年前就已经提出在我国与孟加拉国、印度和缅甸四国之间建造一条经济走廊的可能性，即学术圈和外交界谈论甚欢的所谓"孟中印缅经济走廊"。2013 年，中国政府总理李克强访问印度，正式提出了共同建设"孟中印缅经济走廊"建议，立即引起包括印度在内的有关各方的广泛关注，可谓一石激起千层浪。

目前，我国政府已把专家学者们共同研究的学术成果和政治共识，即建设"孟中印缅经济走廊"的建议，正式纳入到"一带一路"的总体布局之中。[①] 因为"孟中印缅经济走廊"这一远见卓识的倡议，与相关国家的发展需要和具体规划，有许多不谋而合之处。例如，印度 2008 年出台的《东北地区 2020 远景规划》，莫迪总理提出的包含改善基础设施、发展清洁能源、建设智慧城市等一系列具体内容的经济振兴计划，与我国提出的"孟中印缅经济走廊"计划，有非常多的利益共同处与合作契合点。相关各方如有真

---

① 2015 年印度总理莫迪访华时，中印双方在联合声明中共同强调了建设"孟中印缅经济走廊"的重要意义。

诚支持并共同努力，推动"孟中印缅经济走廊"由理想变为现实，显然会大大促进我们四个国家的共同发展。从目前情况看，国际社会对这一反应也是积极的。各方普遍认识到，建立这样一条走廊，不仅对中国的和平发展至关重要，对孟加拉国、缅甸、印度三国走向共同繁荣、实现共同进步、营造共同安全，也具有无法估量的重要意义。

云南省可以说是我国唯一通过东南亚、南亚直接沟通太平洋、印度洋沿岸国家的省份，因而也是建设未来的"孟中印缅经济走廊"的主要起点。历史上著名的"南方丝绸之路"和"茶马古道"，早就见证了云南省与越南、老挝、缅甸、印度、孟加拉国以及太平洋、印度洋沿岸诸多国家之间悠久的友好交往和历史联系。2011年5月，国务院出台关于支持云南省加快建设面向西南开放的重要桥头堡的意见，明确了我们国家利用云南省区位优势，将中国战略通道延伸到印度洋地区的构想。

如今，云南省利用自身的独特区位优势，进一步连接我国和东南亚、南亚诸国以及太平洋、印度洋，机会和条件更加成熟。积极而广泛地调动各方面力量，大力参与国家的"一带一路"项目，争取承揽更多更大的互联互通工程和合作项目，云南省不仅可以成为面向西南开放的重要桥头堡，同时还会在推动实施我国"西进南下"战略中发挥内引外联的独特作用。这将在一定程度上弥补我国"太平洋—印度洋"战略东重西轻的格局缺陷，使我国对外开放的格局和部署更加平衡，更加合理，更加符合我国自身发展需要和区域合作的共同需要。

由此可见，云南省面向"三亚"和"两洋"，即东南亚、南亚、中亚和太平洋、印度洋，进一步扩大开放，特别是参与建设未来的"孟中印缅经济走廊"，进而参与打造21世纪海上丝绸之路和丝绸之路经济带，无疑会大大加速本省的经济和社会发展，提升本省对外开放的质量和水平。通过参与建立面向"两洋"的国际大通道，参与建设丝绸之路经济带和21世纪海上丝绸之路，云南省将成为中国与东南亚、南亚、中亚和"两洋"国家互联互通的先行区和示范区，成为重要枢纽和主要通道的前沿区。云南省的对外贸易和人文交往会大大提速，云南不可替代的区位优势，将真正转化为通道优势，助推产业发展，带动旅游合作与文化繁荣。

不仅如此，云南省经济社会发展在"一带一路"建设过程中实现升级换代，还将影响和提升我国所有西南沿边省区的整体开放质量和水平，完善我们国家的对外开放格局，深化更大范围和更高水平的睦邻友好合作，为边境地区、少数民族地区和交通不便的特困地区注入发展动力，为推动西部大开发和全面建成小康社会做出云南的独特贡献。

为实现上述目标，云南省目前正紧跟中央关于丝绸之路经济带和21世纪海上丝绸之路建设的战略部署，充分利用其他省区所没有的独特地缘优势和多年对外开放的宝贵经验，进一步加强与国家有关部门及兄弟省区的协调配合，大胆开拓，积极互动，全面进取，共赢发展，争取在"一带一路"建设中冲锋在前，旗开得胜。借此机会，我想提出以下建议，供大家研讨并参考：

第一，组织力量深入广泛地进行调研，从理论和实践两个方面进一步认识"一带一路"倡议的战略意义，同时也进一步认识实施"一带一路"计划的艰巨性和复杂性，尤其要厘清丝绸之路经济带与 21 世纪海上丝绸之路之间的关联性和差异性、云南省参与"一带一路"的机遇与前景。要充分发挥智库的调研功能和作用，为云南省有效参与"一带一路"提供直接而可靠的智力支持和引导。

第二，走出去参与"一带一路"建设与加强本省边境地区基础设施建设并重并举。云南省通向周边国家的交通网络尚不完善，口岸建设急需加强和改进，通过国家政策扶持和自身努力，尽快构建和完善云南省与周边国家毗邻地区的互联互通，做好建设贸易通道、人文交流通道和国际联系枢纽的源头工作。

第三，下大气力改进和完善现有的区域合作机制和平台。首先着眼于"孟中印缅经济走廊"建设构想，由近及远，由易及难，循序渐进地提升云南省与邻国相关省区机制的合作层次和水平。同时也可考虑与国内相邻省区建立富有成效的协调合作机制，在国家有关部门的支持和指导下，共同谋划并做好走向"三亚""两洋"的大文章。

第四，努力探索云南省对外开放的新思路新格局，搭建为商品走出去、文化走出去、教育走出去、旅游走出去做好支持和服务的平台，以适应新时期中国大国外交的新要求和"一带一路"的整体部署。对外贸易与人文交往要齐头并进，资源开放和基础设施建设要相辅相成，走出去与请进来要统筹兼顾。要把"一带一路"推进过程中的信息支持，置于与国家政策指导及安全保障同等重要的地位。

第五，结合国际形势、周边形势和本省毗邻国家以及近邻国家的形势变化，密切关注"一带一路"向东南亚南亚方向推进过程中已遇到和可能出现的风险和挑战，特别是与"孟中印缅经济走廊"、"中国—中南半岛经济走廊"、泛亚铁路计划、湄公河次区域合作等战略规划直接相关的问题，如缅北地区安全状态、印度与巴基斯坦的冲突、环保问题以及非法移民、拐卖人口、跨境贩毒等问题对"一带一路"建设的干扰和冲击。在问题和挑战发生时，及时为本省以及中央有关部门提出对策性的意见和建议。

（2014 年 2 月）

利益兼顾是确保能源合作
健康发展的重要前提[*]

能源是人类社会赖以生存繁衍的最基本的物质条件，也是人类文明不断发展进步的最重要的物质基础。自有人类活动时起，能源问题就是人类社会共同性问题。如今，随着经济全球化加速发展，世界各国的联系日益紧密，人类不同组成部分之间的相互依存度越来越高，国际社会对包括能源问题在内的各种全球性问题的认识，也愈加全面和深刻。对沿袭甚久的传统能源发展方式给生态环境和气候造成的消极影响和巨大危害，对世界能源格局与能源合作方式远不适应可持续发展需要，有了更加深切的感受和更加普遍的认知。

我们所在的亚洲，是当今世界人口最多、经济发展较快、能源消耗很大，但能源利用不尽合理、能源合作整体水平不高的一个地区。作为全球性问题之一的能源合作问题，自然也是亚洲各国面临的共同性问题。近年来，亚洲各国已经多次举办有关能源合作的

＊ 本文系作者 2016 年 6 月 27 日在重庆举行的亚洲能源合作论坛上的主旨发言。

论坛。中国作为亚洲乃至世界最大的能源消费国，从中央政府到相关部委，从地方领导到专家学者，为推动亚洲能源合作健康发展提出了许多意见和建议，做出了非常宝贵的智力贡献。

2013 年 9 月习近平主席访问哈萨克斯坦期间，提出了创新合作模式，共建丝绸之路经济带的倡议。这个倡议，既考虑中国与中亚各国在包括能源在内的各领域开展务实合作的成功经验，也考虑到了中国与周边国家进一步扩大全方位互利合作的现实需要，与当年 10 月习近平主席访问印度尼西亚时提出的与东盟国家加强海上合作，共建 21 世纪海上丝绸之路的倡议一起，成为中国在全面崛起进程中进一步扩大对外开放、进一步深化与外部世界互利合作的新国策和新战略。"一带一路"从此成为中国人民以自身发展带动周边各国和丝绸之路沿线所有国家共同发展、影响波及整个世界的经济振兴与合作共赢计划。

众所周知，"一带一路"包括政策沟通、设施联通、贸易畅通、资金融通和民心相通五个方面。扩大和深化中国与亚洲国家在能源领域的务实合作，理所当然地是"一带一路"建设的重要内容。由于能源合作既涉及石油天然气、煤炭、电力等多种传统能源，也涉及核能、风能、太阳能等各种新型能源；既涉及能源的生产运输和加工交易，也涉及增效减排等新技术的研发应用和推广转让，更涉及基础设施的建设与联通、扩展融资渠道与平台等诸多方面，自然也涉及国家间的政策沟通和民心相通等问题。

另一方面，我们也要看到，亚洲能源合作，绝不仅仅是能源富集国或所谓生产国之间的事，也不仅仅是能源匮乏国或所谓消费国之间的事。经济的发展和科技的进步，使本地区很多国家具有既是能源生产大国又是能源消费大国的双重属性。因此，亚洲能源合作应涵盖本地区所有 48 个国家，无论这些国家的经济体量大小，能源开发与使用情况如何，只要有合作意愿和需要，都应无一例外地被吸纳到能源合作进程中来。亚洲能源合作，是亚洲各国的共同事业，需要共同参与，一个不能少。我们把新形势下的亚洲能源合作问题，置于推动经济全球化、参与全球治理的大战略中去思考，放到"一带一路"大框架中去统筹安排，既顺应和平发展合作共赢的时代潮流，也符合亚洲各国推进能源合作持续发展的现实要求。

与此同时，我们也清醒地意识到，世界上的事情是复杂的，是由多方面因素决定的。由于各国能源禀赋不同，所处的内外环境不同，特别是执政党频繁轮替的国家，政府和社会关于能源合作的理念差异很大，这是不以人的意志为转移的客观存在。推进亚洲能源合作建设，如同推进整个"一带一路"建设一样，必须始终坚持国家政策沟通为先，注意开展政治对话和磋商，在亚洲各国之间形成能源利益的最大公约数，找准能源项目的耦合点。中国作为"一带一路"倡议和亚洲能源合作的主要推动力，要长期坚持和倡导习近平主席所主张的正确义利观，牢牢坚守利益兼顾与均衡的政策底线。即在开展能源合作项目时，要认真考虑和兼顾合作伙伴方的利益，统筹考虑和妥善处理国家利益与企业利益、企业利益与社会利益、当前利益与长远利益的关系。有时还必须认真考虑合作伙伴之外的第三方的正当利益与合理诉求。

推进"一带一路"建设，需要政府、市场和社会共同参与。亚洲能源合作，也应遵循这一思路，使政府在把握方向，统筹协调，宣传推介，在建立机制方面发挥主导作用，同时形成以市场为基础、以企业为主体的能源合作新机制。鉴于企业是能源合作的主要行为体，我们应在坚持市场运作，遵循市场规律和国际通行规则的前提下，充分发挥各类企业的主体作用，使国有企业和民营企业都有机会参与能源合作。要让科技团体、大众传媒、环保组织等社会力量，成为亚洲能源合作中不可或缺的重要力量。要像习近平主席所要求的那样，以精耕细作的思维和方式，打造"相互欣赏、相互理解、相互尊重"的人文格局，为能源合作提供坚实而有利的社会基础。

我们以创新的理念和思维，精诚合作，携手共进，不断取得互利共赢的成果，让亚洲各国人民得到实际利益和成果，这对于亚洲能源合作长期稳定健康地向前发展，显然至关重要。但不可否认的是，针对国际上某些势力的恶意宣传，特别是有关亚洲能源合作的歪曲报道，做好正本清源、明正是非的舆论导向工作，同样十分重要。对于那些影响较大的能源合作项目和工程，必须做好舆论引导工作。

实践已经证明并将继续证明，不断扩大和深化亚洲能源合作，符合时代进步潮流，也切合我们的共同利益。我们有理由为我们共同取得的能源合作成果感到骄傲和自豪，也有信心和能力战胜可能遇到的各种困难和挑战。我确信，作为"一带一路"建设的重要方面，亚洲能源合作的良好势头不可阻遏，亚洲能源合作为全球能源合作树立的榜样作用，将永载史册。

（2016 年 6 月）

应对南海局势变化，
继续推进海上丝绸之路建设*

　　大家知道，我国的"一带一路"倡议发出已经三年多了。三年多来，我们在宣传推介和实施"一带一路"建设方面，做了大国的外交努力，取得了举世瞩目的初期成果。我们在南海地区推动的"21世纪海上丝绸之路"建设，成就尤其明显。

　　南海地区的局势历来非常复杂。这里是国际社会共同使用因而高度关注的海上和空中运输大通道，不仅战略地位极为重要，海洋资源也异常丰富。近年来，围绕着南海岛礁主权和海洋权益，相关国家的争斗越来越激烈，以美国为首的域外势力竞相插手，现实利益博弈和地缘政治角逐曲折而又尖锐。前两年，菲律宾、越南等国铤而走险，南海局势一度发展到剑拔弩张的地步，大有战事一触即发之虞。

　　近一段时间，由于中国政府坚定不移地奉行维护领土主权完整与维护南海地区局势稳定相结合的正确方针，政治、经济、外

＊　本文为作者2016年12月在三亚财经国际论坛上的发言。

交、安全手段多管齐下，再加上菲律宾总统易人等多种因素相互作用，南海地区形势暂时地缓和下来。但是，纵观历史与现实，导致南海局势持续紧张的核心问题与重大争议并没有解决，短期内也看不到解决的迹象，南海局势时紧时松而总体趋紧的态势，将长期存在下去。

南海地区局势安危、各方博弈结局如何，不仅直接涉及我国现阶段生存与发展的核心利益，而且事关中华民族的长治久安。正因为如此，2013 年 9—10 月间我国领导人发出"一带一路"倡议之后，与相关国家密切合作，共同建设 21 世纪海上丝绸之路，便成为我国总体外交、首先是周边外交中的一项重大决策和行动。也正因为如此，南海地区成了我国推进"一带一路"建设的两大重点区域之一。

在这样的背景下，尽管南海地区这几年波诡云谲，我们力排万难，勇往直前，在推进海上丝绸之路建设方面还是取得了非常可观的成就。我们与东盟国家的贸易额，每年以超过 18% 的幅度增长，2015 年贸易总量已经超过 5000 亿美元。中国与东盟国家的双向投资，增加到 1500 亿美元。许多与互联互通密切相关的重大项目，譬如铁路、公路、港口等基础设施、工业园区和民生工程建设，都在顺利进行之中。我们对海上丝绸之路建设的未来前景，始终看好。

目前，南海地区形势又发生一些新的重大变化，需要我们认真关注和研究。第一，美国的白宫要换主人了。特朗普治下的美国可能放弃"亚太再平衡"政策，因为这个政策带有强烈的希拉里印迹，但美国不可能放弃对南海事务的关注和介入，反而会以加大军事投入或其他新的方式，变本加厉地向中国施加压力，无论是美国的帝国本性，还是它在亚太地区的实际利益，或是特朗普的政治品格，决定了美国必然会长期地干预南海的地区事务，维持南海地区持续紧张的局面，我们对此不能有丝毫幻想。

第二，菲律宾总统易人后对待南海问题的政策明显缓和，对华关系出现了几乎是180度的大转弯，这为我们推动南海地区各国革新区域合作模式，共同开展海上丝绸之路建设，包括打造中国—中南半岛经济走廊，展示了新的机遇和前景。但菲律宾新总统及其国家对外政策的成熟性和对华关系的诚信度，还需要时间检验。

第三，新加坡拉拢美国抑制中国的战略意图更加明显，搅动南海局势的小动作接连不断。新加坡是我们推进海上丝绸之路建设的重要伙伴，也是我们谋划和构建中国—中南半岛经济走廊无法绕开的国家。中新两国过去的合作成果相当丰硕，目前的合作规划也相当丰满，对于新加坡亲美疏中、不惜损害两国共同利益的倒施行为，我们要保持足够警惕。

第四，日本因素。美国正式宣布停止推进TPP之后，日本图谋充当亚太地区经济事务中的老大，替代美国建立由其主导的经贸规则和经贸体系的意图昭然若揭。在美国亚太政策调整的过渡期，日本可能在政治、经济、安全、人文等各种方面加大对南海的投入，从而对我国在南海地区的战略利益，对我们正在推进的海上丝绸之路建设，构成现实的威胁和挑战。

各种迹象表明，特朗普主政下的美国，对我国提出的"一带一路"倡议的态度可能改变。特朗普极有可能以一个超级商人的姿态，引领美国介入"一带一路"建设，与我们争夺具体项目。美国介入"一带一路"的目的，当然不会是建设性的，而是搅局性的。他们的本意是不能让中国独享南海地区的合作发展共同发展的机遇，不能让中国在南海地区发挥经济火车头与合作带头羊作用，总之，就是不能让中国在南海地区做大做强。出于同样考虑，美国甚至可能加入亚投行。中美之间的历史性博弈，极有可能扩展到"一带一路"建设进程中来。

日本对我们的"一带一路"建设，包括南海地区的海上丝绸之路建设，与美国人的心理并无二致。日本不会加入亚投行，而是要持续加大对亚太、南亚以及中亚地区的经济投入，以恶意竞争的姿态，在包括南海在内的广大地区，在基础设施建设等重要领域，与我们分庭抗礼。这种现象长期存在，势必动摇相关国家对我开放与合作的决心，破坏我们的战略伙伴关系网和睦邻友好合作圈。

面对整个国际关系的新变化，我们要做好长期而艰苦的外交斗争准备。对于南海地区正在发生和可能发生的各种变故，更要未雨绸缪，早做研判，因势利导，妥善应对，形成一整套预案和措施。考虑到我们国家的国际形象和利益，以及当前国际斗争的复杂性，无论遇到什么压力和挑战，我们都要一往无前地继续推进"一带一路"建设，继续在南海地区推动海上丝绸之路建设。否则，对外食言于周边国家，对内自挫国人信心，后果会相当严重。

不过，在行动策略与宣传推介的技术层面，我们要尽可能做到有理有利有节。在争取或实施重大项目时，不能急功近利，不能急于求成。无论国家层面、地方政府还是企业本身，要尽量淡化意识形态色彩，避免使用那些军事战略色彩过于浓重的语言，诸如"战略突围"、"打破瓶颈"、"扼住咽喉"、"锁定命门"之类。推动海上丝绸之路建设，如同推进整个"一带一路"建设一样，必须始终突出经济因素，突出合作原则，突出共商共建共享理念，突出我国期望共同发展共同繁荣共同进步的良好初衷，突出我国领导人倡导打造发展共同体、利益共同体、责任共同体与命运共同体的崇高意愿。

南海局势复杂多变并长期紧张的局面，总体上不会改变。虽然个别时段在个别问题上可能出现某种缓和，但各方角逐加剧、对立加深的大格局和总趋势难以改变。因为南海岛礁与海洋权益之争中的任何一方，都不可能放弃各自的原则和立场，不可能做出重大妥协和让步。因此，我们要妥善处理当前利益与长远利益、局部利益与整体利益的相互关系，要把我国合法权益与伙伴国的合理诉求、把双边合作与多边合作有机地结合起来，做到缜密规划，合理统筹。要使我们的"一带一路"建设，特别是南海地区的海上丝绸之路建设，稳步扎实地向前推进。同时也使我们与南海地区诸邻国的关系，始终保持在平等互利、合作共赢的总体框架之内。

当前南海局势处于异常微妙而又敏感的特殊时期。我们应在美国主导的跨太平洋伙伴关系协定（TPP）进程已经破产、亚太再平衡政策即将为新政策所取代的新形势下，加大推动区域全面经济伙伴关系（RCEP）的力度，争取在建立公正合理的地区经贸秩序和规则方面发挥更大作用，并应同时加大参与和引导制定南海行为准则的外交力度。制订这样的规则不仅从根本上有利于推进"一带一路"建设、海上丝绸之路建设，更有利于争取和实现南海地区的总体和平与合作发展的新局面。

（2016 年 12 月）

"一带一路"的时代风帆
将在新起点上全速远航*

2017 年 5 月 14—15 日在北京召开的"一带一路"国际合作高峰论坛，是继 2016 年 9 月 G20 杭州峰会之后，中国举办的又一主场外交盛事，也是国际社会在中国倡导下，为实现共同发展，相向而行的第一次多边盛举。它的成功召开令人信服地表明，中国倡导并大力推进的"一带一路"，不仅是中国加强与世界良性互动的重大举措，也是推动社会走向命运共同体的现实途径。

北京峰会推动"一带一路"建设
进入全球行动新阶段

"一带一路"国际合作北京峰会，无论从中国自身发展和外交全局来看，还是从国际关系和人类发展进步的角度看，都具有无可

---

* 本文系作者 2017 年 6 月撰写的专稿。

比拟的划时代意义。出席会议的外方代表总共 800 余人，来自世界五大洲 130 多个国家和 70 多个国际组织，其中包括 29 个国家的国家元首和政府首脑。与会嘉宾围绕着"加强国际合作，共建'一带一路'，实现共赢发展"这一鲜明主题，就如何全面推进和落实中国国家主席习近平发出的"一带一路"倡议，进行了充分的协商对话和交流研讨，达成了新的广泛共识。

"一带一路"倡议是 2013 年 9—10 月间，习近平主席访问哈萨克斯坦和印度尼西亚时相继提出来的，其核心主张是：中国要创新区域合作模式，加强与欧亚国家的合作，共同建设丝绸之路经济带；中国要加强同东盟国家的海上合作，用好海上合作基金，共同建设 21 世纪海上丝绸之路。当年 11 月，中央召开周边外事工作会议，习近平总书记在会上全面阐述了"一带一路"倡议的重大意义。"一带一路"建设，从此成为中国共产党的战略决策，成为中华民族的集体意志。它既是中国进一步扩大对外开放，更加广泛深入地参与全球化的宣言书，也是中国加速走向国际舞台中心，联手各国推动全球化均衡发展的动员令。

在这次"一带一路"国际合作高峰论坛上，习近平高屋建瓴，总揽全局，科学地概括和总结了"一带一路"提出以来，中国与沿线各国以及国际社会共同努力所取得的积极成果。他指出，"一带一路"提出以来的这四年，是政策沟通不断深化的四年，是设施不断加强的四年，是贸易畅通不断提升的四年，是资金融通不断扩大的四年，也是民心相通不断促进的四年。国际社会对习近平主席的这一总结，普遍表示认同和赞赏。

针对国际社会高度关注"一带一路"倡议，但有关"一带一路"的分析、评论和揣测众说纷繁的复杂局面，习近平主席在峰会上特别强调，中国吸引越来越多的国家和国际组织参与"一带一路"建设，归根到底，是要弘扬历史积淀的伟大丝路精神，而丝路精神的实质和精髓，就是"和平合作，开放包容，互学互鉴，互利共赢"。他进一步指出，中国全力推进"一带一路"，不是要扩张自己的势力范围，搞地缘政治小圈子，建设自己独有独享的"后花园"，而是要与沿线各国，与国际社会一道，携手共进，打造联动发展、包容发展、互利发展、共同发展的"百花园"。简而言之，中国是要通过推进"一带一路"倡议的实施，在当前历史条件下，开辟出引导人类社会走向命运共同体的"和平之路、繁荣之路、开放之路、创新之路、文明之路"。

会议发表的联合公报，反映了与会各方反对一切形式的保护主义，寻求构建开放的和多边的贸易体制的共同意愿和决心。公报特别强调要致力于推动南南合作、南北合作和三方合作；要推动区域经济一体化，推动中小微企业深入融入全球价值链，加强基础设施联通；要扩大人文交流，增进相互间的理解与信任；要维持和平正义，完善全球经济治理，鼓励私营部门和民间社会共同参与；等等。此次高峰论坛的圆满成功，表明今后一段时期，国际社会将与中国一道共同努力，为新一轮经济全球化和新形式的国际合作，提供新的机遇和动力，推动人类社会朝着构建全面繁荣、和平发展的命运共同体方向持续发展。

中国大投入大手笔书写人类社会命运与共大文章

　　"一带一路"国际合作高峰论坛的成功召开，标志着"一带一路"建设已经从宣传动员、组织谋划、初创成果的早期收获阶段，进入到全面展开、高速推进、注重实效的成熟发展时期。在中方和与会各方的共同努力下，会议形成了 5 大类、76 大项、270 余项具体合作成果。习近平主席满怀信心地宣布，2019 年，中国将举办第二届"一带一路"国际合作高峰论坛。

　　为了确保此次北京高峰论坛所达成共识和成果得到全面落实，推动世界各国与中国一道再接再厉，攻坚克难，朝着更宽领域更高层次的合作目标持续前行，中方决定再采取一些新的举措，为"一带一路"凯歌前进注入新的动力。譬如，中国将加大对"一带一路"建设所需资金的支持力度，为中方创办的丝路基金增资 1000 亿元人民币；将为国家开发银行、进出口银行提供 2500 亿和 1300 亿元人民币专项贷款，用以支持"一带一路"项目，同时鼓励中国金融机构更积极地开展境外人民币业务，使境外基金规模尽快达到 3000 亿元人民币规模。

　　在开展科技合作、教育合作、改善民生、促进民心相通等方面，中国也将采取更大的动作。未来 5 年，中国将为相关国家提供 10000 个政府奖学金名额，接待 2500 人次青年科学家到中国从事科研活动，为相关国家培训 5000 名科学技术和科学管理人才，建成并投入运行 50 家联合实验室。此外，还要在 3 年时间内，向参与"一带一路"的发展中国家和国际组织，提供 600 亿元人民币援助，向南南合作基金增资 10 亿美元。为"一带一路"沿线特困国家提供 20 亿元人民币紧急粮食援助。打造民间组织合作网、新闻合作联盟、音乐教育联盟，丰富多彩的文化年、旅游年、电影节、艺术节等活动，也已纳入"一带一路"人文交流合作的各种规划和平台之中。

在这种形势下，"一带一路"的开放性、包容性、联动性和普惠性特点，将得到进一步的彰显。我国各类企业和机构走出去的机会大大增加。与此相适应，国际关系新变化带来的各种新矛盾、新问题、新风险和新挑战，也必然会同时放大。我国企业和机构走出去参与"一带一路"，不可避免地会遭遇多种风险和考验。政治上，有的国家可能出现政府更迭、政策异变、政出多门、政务腐败之类的问题；经济上，企业在承揽和实施工程项目时，可能会遭遇国内外同行恶性竞争，对外投资缺少回报保障，项目所需技术和人才准备不够等实际困难；安全领域，则可能遭遇环境、社会、宗教等各种非经济因素的干扰和破坏。

在上述这些所有可能遭遇的风险中，最大的风险莫过于安全问题，即各类走出去的企业、机构和人员可能遇到重大的生产安全和人身安全问题。因此，我们的企业、机构和人员走出去参与"一带一路"建设，既要有机遇意识，也要有风险意识；既要讲经济利益，也要讲安全保障；既要有无所畏惧的勇气，也要有防患未然的准备。在当前情况下，恐怖主义袭击、社会动乱和战争、恶性社会犯罪、大规模疾病流行，都有可能在推进"一带一路"过程中造成或引发重大事故。

要开辟国内国际两种市场，利用国内国际两种资源，首先要深入了解国内国际形势发展变化的基本特点，善于学习和运用国内国际两种规则；其次还要学会开展政策沟通和民心相通工作。在推进"一带一路"过程中所要实行的"五通"，即政策沟通、设施联通、贸易畅通、资金融通、民心相通中，政策沟通是先导，民心相通是基础。政策沟通和民心沟通，事关国家关系的维系与发展，事关"一带一路"这一全球行动的成败与得失。对这项工作，不但国家层面要长期做，地方政府要坚持做，走出去的企业、机构和相关人员，都要积极主动地去做。

应对"一带一路"建设过程中可能遇到的各种风险和挑战，无论政府还是企业，或是其他机构和个人，都要有足够的战略定力和耐心，都要不断积累经验和本领。要始终秉持共商共建共享的基本原则。共商共建共享，不仅要解决推进"一带一路"过程中的大政方针对接、发展思路对接、经济利益对接、环境评估以及社会责任等问题，同时还必须解决风险预警、应急机制、安全保障等问题。总之，安全必须成为共商共建共享的主要内容之一。

创新区域合作模式有助于经济全球化转向再平衡

2017年6月7—10日，习近平主席赴哈萨克斯坦进行国事访问并出席了上海合作组织领导人第十七次峰会。哈萨克斯坦是习近平主席"一带一路"倡议的发祥地。在不到四年的时间里，这已是习近平第四次访哈。如果说习近平主席2013年9月对哈萨克斯坦的访问是"鲲鹏击浪从兹始"，那么，"一带一路"国际合作北京峰会之后进行的此次访问，则意味"巨龙腾飞向远方"。

通过此次访问，习近平主席一方面会见哈萨克斯坦领导人，继续夯实两国睦邻友好的战略基础，共同谋划双方务实合作的重点领域；另一方面，他还广泛会晤前来参会的各国领导人，在上海合作组织首次扩员的新形势下，继续宣介有关"一带一路"的构想和主张，动员更多国际力量参与"一带一路"朋友圈。

继 2016 年中哈两国发表丝绸之路经济带建设和"光明之路"新经济政策对接合作规划之后，中哈两国领导人今年发表联合声明，宣布中哈两国将在以下四大领域实现政策性对接：一是中国新亚欧大陆桥计划、中国—中亚—西亚经济走廊计划与哈方打通国际物流大通道战略相对接；二是中国提出的国际产能合作同哈方加快工业化进程相对接；三是中国陆海联运优势与哈方东向海运需求相对接；四是"数字丝绸之路"倡议与哈方"数字哈萨克斯坦"战略相对接。

此外，双方还同意加强产能与投资合作，同意改善两国贸易结构，支持共建工业园，加强互联互通，深化基础设施建设，加强交通物流、创新、制造业、农业、林业、金融、能源、科技、环保等领域合作；同意加强人文交流，积极开展地方合作，促进两国青年交流，拓展在媒体、教育、卫生、体育、旅游等领域合作。

两国元首签署了中哈联合声明，见证了 10 多份双边合作文件的签署。这些文件的合作内容从基础设施建设到科学文化合作，从金融投资、税务合作、超级计算机项目到中外联合摄制电影，等等。

　　在上合组织元首峰会上，习近平发表讲话时特别强调，上海合作组织成员国要强化命运共同体意识，巩固团结协作，携手应对挑战，深化务实合作，拉紧人文纽带，坚持开放包容，携手创造本组织更加光明的未来。谈到上合组织如何深化务实合作时，他进一步指出，中方和有关各方正在积极推动"一带一路"建设同欧亚经济联盟建设等区域合作倡议以及哈萨克斯坦"光明之路"等各国发展战略对接，上海合作组织可以为此发挥重要平台作用。他倡议上海合作组织，逐步建立区域经济合作制度性安排，支持建立地方合作机制，积极开展中小企业合作。

　　包括哈萨克斯坦总统纳扎尔巴耶夫在内，出席上合组织此次峰会的各国领导人，重申欢迎"一带一路"倡议。他们高度评价"一带一路"国际合作高峰论坛的成果，表示支持落实有关共识，推动区域经济合作；支持促进贸易和投资便利化，提升本地区互联互通能力；支持加强基础设施建设、创新、金融、环保、科技、卫生、文化、教育、体育、旅游等领域合作，努力使上合组织框架下的务实合作，与"一带一路"倡议有机地结合并统一起来。

　　由于中国的积极推动，由于国际社会的广泛响应，"一带一路"建设目前正在形成全方位拓展、多领域深化、高标准推进的崭新格局。中国以"一带一路"为旗帜，参与并引领新一轮全球化，已经进入期望与压力紧密相连、机遇与风险高度交织的深水区。"一带一路"早已不是习近平主席对世界做出的个人承诺，而是中国共产党人为世界和平与发展承担更多的责任和义务的重要表现，是中华民族为人类繁荣进步共同事业做出新的更大贡献的重要举动。

　　当然，我们必须十分清楚和冷静地看到，推进"一带一路"

建设既是前无古人的崇高事业，也是充满变数和考验的艰难探索。它任重而道远，历久而弥新。当"一带一路"由中国一家领唱而变成国际大合唱时，不和谐的声音就有可能随时冒出；当"一带一路"的蛋糕越做越大、参与利益分配的伙伴越来越多时，矛盾、纠纷和争执就会接踵而来；特别是反全球化思潮和运动来势更加凶猛时，我们应对"一带一路"的机遇和挑战，就要有更多的选择和手段。

从目前情况看，"一带一路"已经取得的那些成就，虽有许多骄人之处，但仍然只是"万里长征第一步"。值得我们特别关注并加大力度的事情还有很多，譬如：中国与俄罗斯这一重要战略伙伴的经贸额，已从2014年980多亿美元的峰值，跌到去年不足700亿美元。又如，中俄之间早就开通的某个公路口岸，虽有客货双通职能，可实际上鲜有客流，就连过货，对中国也是只出不进。再如，更为重要的是，我们所提出的"六大经济走廊"计划，现在只有中蒙俄经济走廊顺利起步，但也无法做到"高开高走"。被奉为旗舰项目的中巴经济走廊建设，资金不足和安全风险过大问题，十分突出。其他几个经济走廊，还没有做出有吸引力的大项目。

总而言之，当中国把自己的发展和整个世界的发展紧紧交织在一起时，当我们在"一带一路"进程中遇到越来越多的风险和挑战时，我们既要有信心又要有能力，既要讲政策也要讲原则，既要追求经济效益也要兼顾社会责任，既要重视自身发展更要服从国家大局。要学会在困境中因势利导，在利益交织中义利兼顾。唯有如此，我们才能在推进"一带一路"建设的伟大事业中，获得越来越广泛的支持，成为越来越有影响的全球力量。"一带一路"的时代

风帆，才能在逆全球化倾向严重抬头的复杂形势下驶向更加辽阔的
远方，才能在冲破贸易保护主义、投资保护主义壁垒方面卓有建
树，引导世界各国通过联动发展、互学互鉴，走向互利合作、共同
发展和繁荣的全球化新里程！

（2017 年 6 月）

下　篇

联动发展：打造中国与
世界命运共同体

裂变的世界和崛起的中国[*]

冷战结束以来，世界性的地缘政治裂变持续不已。大国关系重构，利益格局重组，国际局势阴晴不定，各种冲突与危机此起彼伏。在这个风云变幻、乱象丛生的世界，中国运筹帷幄，因势利导，最大限度地利用了历史提供的特殊发展机遇，在和平崛起的道路上奋勇直前。

一、苏东剧变开启了新一轮世界大裂变

当前这场世界性的地缘政治大裂变，首发于原苏联东欧地区。那次裂变可以概括为十六个字：东欧剧变、苏联解体、华约崩溃、冷战终结。

东欧剧变是个渐进过程，但 1989 年集中爆发，其结果是波兰、匈牙利、捷克斯洛伐克、罗马尼亚、保加利亚、南斯拉夫、阿尔巴

---

[*] 本文最初为作者在暨南大学的一次学术报告，整理后发表于《东南亚研究》2017 年第 1 期，后经大幅度压缩，转载于《新华文摘》2017 年第 8 期。

尼亚政权颠覆，民主德国并入联邦德国，苏联主导的社会主义阵营和华沙条约组织土崩瓦解。这次剧变为世界社会主义进程和国际社会带来"十年之痛"。

东欧剧变前的地缘政治版图形成于二战结束之初。当时苏美两国分别控制了东欧和西欧，人为分裂出来的东德和西德，成了东西方对抗的最前沿。东欧整体上处于苏联的巨大影响和控制之下。虽然南斯拉夫的社会主义与苏联曾经发生冲突，一度被开除出社会主义阵营，但整个东欧地区始终被视为苏联的势力范围。

苏联东欧这一庞大的地缘政治集团1989年解体，在此之前，其内部已积累很多矛盾。1956年的匈牙利内战和波兰的波兹南事件，1968年的捷克斯洛伐克改革，均与苏东关系严重扭曲有关。尽管苏联当时动用外交乃至军事手段镇压了上述"反叛"，维护了"大家庭"的统一，但苏东集团的内部矛盾和分歧未能弥合。南斯拉夫与阿尔巴尼亚、阿尔巴尼亚与苏联之间，关系异常紧张。

东欧的剧变也与这些国家长期照搬苏联模式有关。在高度集权的体制下，执政党、国家、社会的三者关系没有理顺，各种矛盾长期掩盖在统一的表象之下。多数国家的政治、经济、安全和外交受控于苏联，国家形象严重受损。苏联为对抗北约而组建的华约，设在苏联国防部，苏联国防部长当然为华约总司令。华约不仅是苏东集团对付北约的战争利器，同时也是苏联控制东欧的军事工具。1968年苏联动用华约部队占领捷克斯洛伐克，早就与苏联分道扬镳的阿尔巴尼亚退出华约，罗马尼亚不再参与华约行动。

1989年发轫于东欧的地缘政治裂变，波兰是最先倒下的一块"多米诺骨牌"。该国早已存在的反政府组织"团结工会"运动虽屡遭镇压，但时隐时现。此时在西方扶持下终于成了气候。波兰执政党统一工人党在"团结工会"面前步步退却，最终在 1989 年初夏拱手交权。此后，政权更迭"连续剧"在东欧全面上演。在这一过程中，民主德国被人为撤销，1989 年并入西德后不复存在。捷克斯洛伐克在"天鹅绒革命"中政权易手，1994 年分裂为捷克、斯洛伐克两个国家；罗马尼亚爆发血腥冲突，党和国家最高领导人被乱枪处死。

南斯拉夫的解体伴随着惨绝人寰的民族大屠杀，联邦制国家崩溃时生灵涂炭，其惨状可谓触目惊心。1999 年，由塞尔维亚和黑山组成的新南斯拉夫即南联盟也爆发了尖锐的民族冲突。阿尔巴尼亚人居住的科索沃地区以武力方式寻求独立，得到邻国及某些伊斯兰国家的支持。以美国为首的北约出于地缘战略考虑，对南联盟狂轰滥炸 77 天，南联盟被迫求和。2003 年，南联盟改称塞尔维亚和黑山，简称塞黑，但 2006 年又分解为塞尔维亚与黑山两个国家。

苏联之变始于 1985 年。此前，苏联饱受"病夫治国"之害，被认为年富力强的戈尔巴乔夫因此成了党和国家最高领导人。此人为改革停滞而僵化的苏联社会，在"新思维"指导下搞"自我否定"，结果是政治多元化被引向极端，经济、社会与民族关系全盘失控，苏共领导地位被取消，党和国家在危机中无法自拔，终于在 1991 年引发"8·19"事件。

当时，身为苏联总统和苏共总书记的戈尔巴乔夫正在外地休养。副总统亚纳耶夫等党政军大员成立国家紧急状态委员会，试图挽救濒临崩溃的联盟。但苏共此时已失去社会支持，护法机构已支离破碎，军队更是不知所从，紧急状态委员会仅存三天即告失败。

戈尔巴乔夫回到莫斯科后，辞去苏共中央总书记职务并解散了苏共中央。世界上第一个社会主义国家的执政党苏共随后被取缔。此后，作为联盟组成部分的各共和国纷纷加大"主权战"力度。叶利钦等"民主派"控制的俄罗斯，在"主权战"中架空了联盟中央，波罗的海沿岸三个共和国宣告独立。当年12月8日，俄罗斯、乌克兰和白俄罗斯三个共和国的领导人举行秘密会晤，宣布解散苏联，成立独立国家联合体。横跨欧亚大陆的超级大国苏联就这样"解散"了！12月21日，以叶利钦为首的各加盟共和国领导人撇开苏联总统发表宣言，宣布支持解散苏联和成立独联体。作为国家元首的戈尔巴乔夫虽然拥有巨大的宪法权力，但面对"国家政变"无动于衷，于12月25日宣布辞职。更令人难以置信的是，在民主化进程沸腾喧嚣的苏联社会，此时一片寂静，国亡政息之际"竟无一人是男儿"！

苏联解体前后，有些地区发生了战乱和冲突。其中，俄罗斯与其境内车臣人的战争旷日持久，至今没有完全平息。塔吉克斯坦内战死伤数十万人，后患长存。阿塞拜疆不仅爆发内乱，而且与亚美尼亚打起了"纳—卡"飞地争夺战，双方至今没有建交。在摩尔多瓦，俄罗斯族居民成立的"德涅斯特河左岸共和国"，在俄罗斯庇护下"独立"至今。格鲁吉亚的内战更为残酷。领导该国走向独立的"开国之父"，内战失败后自杀身亡。西部阿布哈兹和北部南奥塞梯两个地区坚持"脱格入俄"，得到俄罗斯强力庇护。格鲁吉亚事实上已经处于分裂状态。

乌克兰的内外矛盾更是错综复杂。不同势力集团无休止的恶斗，在俄族居民高度集中的东部地区诱发武装分离运动。基辅政权为打击俄罗斯支持的东部民间武装，将国家拖进内战深渊。与乌克兰积怨甚深的俄罗斯趁机出手，收回了历史上属于俄罗斯但后来划归乌克兰的克里米亚。如今，俄罗斯与格鲁吉亚的对立无法化解，与乌克兰的关系形同水火。

原苏东地区的地缘政治裂变深刻而广泛，影响巨大而久远。这场剧变不仅导致苏联解体，两极格局终结，东西方冷战结束，同时也推进了世界多极化进程，加速了经济全球化发展。不过，在和平与发展成为普遍诉求的新形势下，世界旧格局掩盖的矛盾和力量对比失衡造成的冲突相互叠加，人类社会进入了局势更不稳定、前景更不可测的新阶段。

二、撕裂的中东：乱象未有穷期

中东地区持续至今的地缘政治大裂变，始于 1991 年以美国为首的多国部队发动的第一次海湾战争，即"沙漠风暴"行动。当时，以美国为首的西方世界尚未完全消化冷战成果，所以第一次海湾战争未以推翻萨达姆政权为目标，而是在巴格达城下鸣金收兵。

萨达姆统治下的伊拉克长期实行阿拉伯社会主义，坚持反美立场，与苏联关系较为密切。但伊拉克高度世俗化的政治体制和发展思路，与海湾国家的王权体制格格不入，各方矛盾很深。1990 年 8 月，早就怀有扩张野心的萨达姆贸然用兵，将邻国科威特变成其第十八省，一举捅开中东"马蜂窝"。海湾国家对萨达姆政权素怀恐怖，求助国际社会解放科威特。1 月 17 日，以美军为首的多国部队利用联合国授权，对拒不执行联合国相关决议的伊拉克发起攻击。一个月后，受到重创的伊拉克退出科威特，第一次海湾战争宣告结束。

"沙漠风暴"行动后，某些阿拉伯国家对萨达姆仍不放心。西方国家处心积虑地要对遭受制裁、已经百孔千疮的伊拉克进行二次打击。2003 年 3 月 20 日，美英两国绕开联合国，以伊拉克藏有大规模杀伤性武器为由，组织联合部队发动第二次海湾战争。尽管美英方面没有找到所谓的大规模杀伤性武器，但还是抓捕并处死了萨达姆。

美英两国以虚假情报为依据发动的第二次海湾战争，持续近9 年。2011 年 12 月美军撤出后，伊拉克这个曾经相对稳定的国家，不久陷入永远宁日的冲突和战乱，同时也成了恐怖势力"伊斯兰国"即 IS 的发源地，成了世界上各类恐怖分子结集合流的大本营。正是美英两国发动的第二次对伊战争，在更大范围内捅开了中东地区地缘政治裂变和地缘政治冲突的"马蜂窝"。

2010 年 12 月，北非国家突尼斯政局生变。一个无业青年街头卖花受到警察羞辱，自焚身亡，引发大规模暴乱。29 天后，统治突尼斯 23 年的本·阿里总统仓皇出逃。此前一直被视为政治稳定、社会和睦、政策平和的突尼斯，长期积累的所有矛盾瞬间迸发。在西方国家的大力推动下，这场名为"茉莉花革命"的大动乱很快蔓延到西亚北非许多国家，其中包括北非大国埃及，乐见其成的西方国家将其命名为"阿拉伯之春"。2011 年 2 月，在大规模社会抗议浪潮冲击下，统治埃及 30 多年的穆巴拉克也走上了逃亡之路。

穆巴拉克倒台后，极端组织穆斯林兄弟会领导人穆尔西成为国家总统。被控腐败的穆巴拉克父子被关进铁笼子接受审判。这位战争英雄出身的军人政治家饱受人生屈辱，埃及也因此颜面扫地。曾经被视为"中东稳定压舱石"的埃及，被民粹主义政治蹂躏得一塌糊涂。国防部长塞西很快发动政变，将穆尔西投入监狱。此后，塞西通过大选成为合法总统，埃及政局缓步而艰难地走向了相对稳定。

同样受到"阿拉伯之春"冲击下的利比亚、也门、叙利亚等国，却未能实现暴乱后的"浴火重生"。全面失控的社会抗议引发的社会分裂、政治动荡、暴力冲突和战争苦难，触目惊心。

利比亚是个幅员辽阔但人口不多的穆斯林国家，其领导人卡扎菲信奉阿拉伯社会主义，长期推行是平民主义政治。突、埃两国政权更迭后，利比亚反对派迅速武装起来，向卡扎菲政权发起进攻。英法两国置国际法于不顾，出动战机支援利比亚反对派打内战。曾在国际舞台上呼风唤雨40多年的卡扎菲，被反对派抓获后受到凌辱，暴尸街头。经过这场动乱和冲突，利比亚全面分裂，至今没有实现和解与统一。

也门是个历史悠久的阿拉伯国家，国内南北方之间和不同部族之间存在深刻隔阂。由于萨利赫总统支持美军在也门反恐，本来就贫穷的也门成了中东最混乱的国家之一。"阿拉伯之春"来袭后，要求萨利赫下台的抗议运动势如潮涌。原本支持萨利赫的邻国改变了立场。差点被反对派炸死的萨利赫向副总统哈迪交出了权力。但统治也门33年的萨利赫并没有真正隐退，他暗中支持胡塞人武装谋反，于2015年初将哈迪政府赶出首都。也门控制权落在萨利赫支持者胡塞武装手里。为防止萨利赫卷土重来，沙特阿拉伯等国在西方支持下建立多国部队，对胡塞武装控制区进行轰炸，也门由此陷入全面内战状态。沙特等国的军事干预仍在继续。

中东地区目前最混乱的国家是叙利亚。叙利亚国家不大，但影响周边事务的能力很强。上世纪 70 年代初靠政变上台的阿萨德，也曾借助复兴社会党实行阿拉伯社会主义。阿萨德去世后，巴沙尔子承父业，成为叙利亚总统。但巴沙尔代表的是伊斯兰教什叶派中的少数派阿拉维派。中东全面动乱后，作为多数派的逊尼派点燃了武装反抗巴沙尔的战火。美国等西方国家以及土耳其支持的其他各种反政府组织，谋求独立的库尔德人，甚至还有"伊斯兰国"即 IS，全都走上了反对巴沙尔的战场。力挺巴沙尔政权的主要是伊朗这个什叶派大国和伊拉克的什叶派现政权，还有直接出兵帮助叙利亚打击 IS 的俄罗斯。

"伊斯兰国"即 IS 形成于第二次伊拉克战争后期，核心力量是以巴格达迪为首的萨达姆政权残余势力，后来吸纳了世界各地的伊斯兰极端分子。在美英法俄各大国直接出兵打击之前，他们控制了伊拉克、叙利亚等许多地区。目前，全世界都要打击 IS，因为它的独狼式袭击威胁着整个国际社会。

库尔德是个拥有数千万人口、历史悠久并在许多国家跨界而居的古老民族。分布在伊拉克、叙利亚、伊朗、土耳其等国的库尔德人，一直渴望独立，因而受到各国打压。如今，库尔德人揭竿而起，在叙利亚战场上不断壮大。土耳其如芒在背。土耳其不得不一方面支持叙利亚反对派对抗巴沙尔政权，另一方面又要在本国南部对库尔德人开战，同时还要摆出打击 IS 的架势。

土耳其总统埃尔多安多方出击的做法，大大加剧了国内的矛盾和冲突。他倚重伊斯兰色彩浓重的正义与发展党，实行专断统治，引发了 2016 年 7 月的军人政变。虽然这次政变遭到强力镇压，但土耳其与欧美国家的价值观分歧进一步加大。作为北约重要成员国，土耳其加入欧盟的道路已被封闭。相反，此前因土耳其击落俄罗斯战机而极度恶化的土俄关系，却因俄方暗中帮助了埃尔多安而重归于好，俄土出现西方不愿看到的戏剧性变化。

在中东地区这场愈演愈烈的地缘政治冲突中，伊斯兰世界内部，阿拉伯国家之间，还有美欧俄等外部势力，利益格局扑朔迷离，利害关系不断演化。中国也在不断加大对叙利亚问题的关注。除加强与俄罗斯的外交协调、积极劝和促谈外，中国还也加强了与叙利亚政权的多方面合作。

三、欧洲的变局：后果不堪料想

始于冷战终结的新一轮地缘政治大裂变，曾使欧洲政治家们欣喜若狂。他们认为，冷战后的欧洲必将加速政治、经济和安全领域一体化进程，欧洲长期稳定持久繁荣的新时代即将到来。然而，事态的发展并非如此。欧洲在走向大联合的过程中，先是一路凯歌行进，而后却屡屡受挫。虽然欧洲的变局不像原苏东地区和西亚北非那样惊心动魄，但形势日益严峻已是不争的事实。

西欧地区部分国家以德法两国为核心，于上世纪 60 年代建立了欧洲共同体。但苏东剧变时，欧共体只有 12 国。苏东剧变后，欧共体于 1993 年正式升级为欧洲联盟。其终极目标，是要建立统一的大欧洲，即以各国领土统一为基础，形成拥有统一的军队、外交与海关，统一的立法与司法系统，统一的银行货币体系和统一的经济发展空间的超国家结构。1995 年，欧盟扩大为 15 国。

2004 年，欧盟吸收了包括原苏东地区 8 国在内的 10 个新成员，首次实现大规模东扩，欧洲地缘政治格局出现重大变化。2007 年，欧盟再次东扩，吸纳了东欧地区的罗马尼亚和保加利亚。2013 年，克罗地亚又成为欧盟的最新成员。至此，除阿尔巴尼亚、塞尔维亚等巴尔干地区个别国家外，原苏东集团国家几乎全被欧盟"收编"。

欧盟东扩之际，作为冷战工具而存留下来的北约，也同时启动东扩进程。1997 年，北约首批接纳波兰、匈牙利和捷克，其成员国增加到 16 个，前沿阵地向俄罗斯边境推进 750 公里左右。2002 年，北约进一步东扩。原苏联波罗的海沿岸 3 国以及罗马尼亚等 4 国，总共 7 个原苏东国家成为北约新成员。在这种形势下，阿尔巴尼亚、乌克兰等国都在排队等待"加盟"和"入约"。就连与俄关系密切的塞尔维亚，也渴望成为欧盟成员。俄罗斯的地缘战略环境和外交处境明显恶化，与美国、欧盟以及乌克兰等国的关系全面紧张。

大有大的难处。欧盟因过度扩张，消化不良产生的问题和矛盾日益增多。1999 年北约轰炸南联盟时，欧盟内部"新欧洲"与"老欧洲"之间就出现很大分歧。2007 年欧债危机爆发后，围绕如何解救希腊等重灾国，欧元区和整个欧盟重度分裂，有些国家连续发生政府危机。早就对欧盟半心半意、既不加入欧元区也不参加申根协定的英国，脱欧倾向加大，2016 年 6 月以全民公决方式做出了退欧决定。遭遇前所未有的挫折后，欧盟的离心倾向加速蔓延。

法、意等多国反欧盟势力，也跃跃欲试，图谋发起类似的公投。

导致英国退欧的因素有很多，其中一个重要因素是中东难民潮的冲击。几百万来自战乱地区的穆斯林难民，给欧洲经济发展和社会稳定造成了巨大危害，甚至引发宗教文化冲突。更致命的是，许多恐怖分子以难民身份进入欧洲，接连不断地制造恐袭事件。欧盟各国在如何应对难民问题上，激烈争吵，相互推诿。难民问题成了欧盟面临的又一个重大政治、安全和外交难题。

就在这一背景下，极端民族主义和民粹主义应运而生，排外风潮为反全球化运动推波助澜。诸如法国"国民阵线"之类的极右组织，社会基础持续扩大，也对欧洲一体化构成重要冲击。欧盟的未来向何处去，英国脱离是否会引导自身分裂，欧洲地缘政治格局如何演变，均需拭目以待。

四、中国在世界裂变中加速和平崛起

自从上世纪 70 年代印度支那战争结束，亚太地区局势平稳，地区各国获得了 40 年的和平发展机遇。70 年代末开始改革的中国，全面对外开放，迅速发展起来。亚太地区成了世界上发展潜力最大、增长后劲最强的地区，当然也成了美国等域外势力明争暗斗、剧烈角逐的地区，成了冷战后世界上新老矛盾相互交织、利益冲突比较集中的地区。

近年来，亚太地区深层次矛盾和问题逐渐凸显，直接关系到中国的发展利益和安全利益。其中最尖锐、最复杂的是朝鲜半岛问题、中日关系问题，南海地区的岛礁主权问题以及海洋权益之争。种种情况表明，当前各方围绕这些问题的博弈，已经拉开亚太地区地缘政治冲突和裂变的序幕。

亚太地区某些国家经济上借助中国、安全上依赖美国的两面性政策，近年来也愈加突出。美国借机"重返亚太"，推行"亚太再平衡"政策，强化与某些国家的军事同盟，导致亚太地区，特别是东海和南海地区两个高危地区，战云密布，险象环生，几近失控。2017年白宫易主，政治上极端保守的共和党人特朗普成为美国总统。美国以朝鲜坚持试核射导为借口，加快在韩国部署对中国和地区安全构成巨大威胁的"萨德"导弹系统，加大在东北亚和整个亚太地区的军事存在。

尽管地缘政治裂变全面加剧，世界总体形势的发展变化十分复杂，但中国始终坚持对外开放的基本国策，始终以积极的和建设性的态度参与地区和国际事务，努力避免成为世界矛盾的焦点和中心。在上世纪80年代末世界社会主义进程陷入低谷，西方国家联手"制裁"中国的困难条件下，中国冷静观察，沉着应付，继续坚持独立自主的和平外交方针，继续把争取睦邻友好的周边环境与和平稳定的国际大环境作为对外工作的首要目标。

在邓小平提出的韬光养晦、有所作为的外交思想指导下，中国超越社会制度差异和意识形态差异，与剧变后的原苏东地区各国普遍建立起相互尊重、平等合作的新型关系。中国和原苏联7000多公里的共同边界，经中国与俄罗斯及中亚各邻国共同努力，如今成为没有争议的友好与合作的边界。在全面战略协作伙伴关系框架下，中俄在地区和国际事务中保持密切沟通和配合，打破了美国构建单极世界的企图，抵制了新霸权主义和冷战思维。中俄还共同发起成立了上海合作组织，共同营造了金砖国家合作机制。通过这些新的多边机制和平台，中国参与地区和国际事务的主动性更强，发言权更多，影响力更大。这是苏东剧变后，中国抓住机遇，趋利避害，化不利为有利而创造的最出色的外交成就。

在成功应对苏东剧变带来的冲击和考验的同时，中国综合运用多种外交资源和手段，坚定不移地维护国家安全和主权。当时，中日经贸关系较为密切，双方经济利益相互交织，中国以日本为突破口，一步步打破了西方对中国的外交孤立和经济制裁。此后，中国运筹帷幄，纵横捭阖，经过14年艰苦谈判，于2001年成功加入世界贸易组织，即WTO。中国开发并利用国内外两种资源、两个市场越来越积极主动，越来越游刃有余，成为经济全球化进程中不可或缺的重要力量。西方国家通过"制裁"阻遏中国发展的图谋彻底失败。

进入新世纪以来，中国对世界经济增长的拉动作用持续增大。2008年欧债危机发生时，中国及时出手，政治上继续支持其一体化，经济上继续加强互利合作，并以购买欧债等方式帮助其缓解危机，推动中欧关系不断发展。目前，欧盟已成为中国的最大贸易伙伴。双方推动两大市场、两大力量、两大文明相互结合，在共建和平、改革、增长、文明"四大伙伴关系"方面达成许多共识。东南亚国家联盟也是当今世界较有影响的区域性合作组织。尽管中国与东盟个别国家在南海地区存在争议，但中国与东盟的全方位合作思路开阔，机制灵活，前景广阔，各方共同受益。

美国是当今世界最大的发达国家，中美关系是当今世界最重要的双边关系。尽管中美关系一波多折，但双方在许多领域仍有利益共同点与合作契合点，两国关系始终保持持续向前的大方向。目前美国已成为中国第二大贸易伙伴，双方货物贸易超过5600亿美元。美方对华投资总量可观，中国对美投资后来居上。中国购买的美国国债位列前茅。双方搭建的近百个对话平台，使各领域交流合作方兴未艾。这都是冷战时期苏美关系所无法比拟的。

作为国际秩序的维护者、全球治理的参与者、共赢发展的倡导者，中国的建设性作用已得到国际社会广泛认同。目前任何重大国际问题，包括联合国框架下的维和行动与南南合作，没有中国参与都无法圆满解决。中国正在担负更多的与自身地位和潜能相适应的国际义务，正在为国际社会提供更多的公共产品，正在为人类共同进步做出更大贡献。2013年习近平主席提出的"一带一路"倡议得到广泛支持，就无可辩驳地证明了这一点。"中国走向世界，世界走向中国"的双向互动，获得了更为强劲的新动力。中国向全世界展示的和平发展、和平崛起的良好形象，更加光彩夺目！

（2017年4月）

倡导命运共同体意识，
积极引导国际秩序变革*

　　打造人类命运共同体是我国领导人近年来提出的一个新理念，变革国际秩序则是一个常讲常新的老话题。如何认识和理解打造人类命运共同体的重要性和引领国际秩序变革的必要性，中国在和平崛起的过程中如何将二者有机地结合起来，这是我们必须认真探讨的理论问题，也是我们在外交中必须解决的实践问题。

一、要坚信人类社会是个共同体的科学判断

　　人类社会是个极为复杂的矛盾集合体。一方面，我们看到，以主体民族为核心要素的主权国家越来越多。世界上的民族独立国家经过两次世界大战，由最初的几十个增加到了一百多个，冷战结束后又猛增到目前的二百多个。这个进程仍在继续。世界各国围绕

＊　本文系作者 2016 年 3 月在盘古智库一次研讨会上的发言。

着领土、主权、资源、安全、发展利益和其他许多问题，纷争不已，摩擦不断，由此引发的各种矛盾和对立、危机和冲突、动乱和战争，此起彼伏。世界不仅高度分裂，很不安宁，甚至给人以永无宁日之感。

但另一方面，我们也看到，人类社会自进入近现代以来，尤其是冷战结束后的二十多年来，随着经济全球化加速发展，科技进步突飞猛进，各国之间的经济联系日益加深，人文交往日益密切，相互影响日益增强。就安全领域，相互依存、相互借重也比以往任何时候都更加明显。再加上世界上核武化武等大规模杀伤性武器越来越多，网络战争的可能性骤然形成而后果不可预测，环境恶化等全球性问题对世界构成巨大威胁，这就使我们逐渐地意识到了人类社会的整体性和统一性。

世界上早已有人在使用共同体这一概念，例如"欧洲共同体"、"西部非洲国家共同体"、"拉美共同体"等，但对于人类社会内在联系的本质特点和国际关系的根本属性，目前还没有形成普遍认可和接受的国际认识。我国领导人透过现象看本质，厘清支流看主流，纵观历史看长远，得出了人类社会归根结底是个共同体的科学判断和结论。这是我国研究人类社会发展规律及其未来走势的最新成果，也是我们为丰富和发展国际关系理论做出的重大贡献。

二、要推动形成人类命运共同体的全球共识

习近平主席是人类命运共同体这一新理念的提出者，也是打

造人类命运共同体的倡导者。2013 年 3 月他出访俄罗斯时，首次以国家元首的身份阐述了他对当今世界重大问题的基本看法和主张。他指出，我们生活在同一个地球村中，生活在历史与现实交汇的同一个时空中，世界越来越成为你中有我、我中有你的命运共同体。而后，他在博鳌亚洲论坛上又指出，我们生活在同一个地球村，应该牢固树立命运共同体意识。后来访问中亚和东南亚时，习主席又明确地提出了共建亚洲命运共同体的构想，提出了中国与中亚、东盟建立命运共同体问题。去年访问非洲国家和东南亚国家时，又提出了打造中非命运共同体、中越命运共同体等构想。

推动国际社会形成人类命运共同体的全球共识，是我们在营造睦邻友好的周边环境与包容合作的国际大环境的过程中所面临的一项新任务。深入解读和诠释人类命运共同体的概念，就是要国际社会普遍认识到，各国应共同关注人类生存环境，共同谋划人类发展问题，共同享用人类发展成果，共同维护人类安全，共同推动人类进步，共同呵护人类文明。面对危机和风险，要共同应对和承受：遭遇威胁和破坏，要共同出手和打击。对现有的国际秩序，要共同捍卫：对普遍认可的国际规则，要共同遵守；对国际关系的变革，要共同谋划；对全球治理和发展议程，要共同讨论制定，承担共同的责任和义务。总而言之，人类的前途和命运，要世界各国人民共同掌握。

三、要积极引领打造人类命运共同体的时代潮流

倡导人类命运共同体的全球共识，推动建立人类命运共同体，是一个长期、复杂而又艰巨的历史任务，既不会一蹴而就，一步到位，也不可能一呼百应，一往无前，因而应当有计划、有步骤、分阶段、分层次、循序渐进地逐步推开。在做好整体设计和具体规划，做好政策宣传、舆论引导和概念诠释等工作的前提下，应坚持因时而异、因地制宜、捕捉机遇、共商共建、因势利导、顺势而为的基本思路和原则。

在当前形势下，切实可行的首先是倡导建立我国与周边地区相关国家的命运共同体，如中国与巴基斯坦的命运共同体、中国与尼泊尔的命运共同体、中国与越南的命运共同体等。其次是倡导并推动建立中国与周边次地区的区域型命运共同体，如中国—中亚命运共同体、中国—东盟命运共同体等。也可积极倡导并推动建立跨区域的命运共同体，如已经提出的中国与非洲命运共同体、中国与拉美命运共同体、中国与南太平洋岛国命运共同体，条件成熟时，也可适时提出打造中国—欧盟命运共同体的构想。既然我国提出的共建伙伴关系的构想已经被欧盟所认同，倡导建立中欧命运共同体也是顺理成章的。

我国领导人提出的"一带一路"计划，得到国际社会的广泛认可和支持，这是打造中国与周边世界、与世界各国的命运共同体、首先是利益共同体的重要途径。完全意义上的命运共同体，须

以信念共同体为前提，以利益共同体为纽带，以责任共同体为基石，以安全共同体为保障。通过实施"一带一路"计划而建立的共同体，必须首先是牢靠而坚实的利益共同体。有了利益共同体，才能有责任共同体。利益与责任紧密交织，才会形成共同的安全需求，建立起共有的安全机制，进而由安全共同体升级到命运共同体。

四、要把打造命运共同体同变革国际秩序结合起来

二战后形成的以联合国为核心的现有国际体系和秩序，总体上适应了当代世界发展的客观需要，得到了国际社会的广泛认可和支持。中国加入联合国后，特别是改革开放并加入 WTO 之后，成了现有国际体系的主要参与者、受益者和维护者。但现有国际体系无论在政治、经济、安全方面，还是在全球治理、应对气候变化等共同挑战方面，都存在明显滞后的问题，变革国际秩序，不但是时代进步的迫切需要，更是国际社会的普遍诉求。

围绕着国际秩序变革问题，当前各种力量争斗激烈。以美国为首的西方国家，试图利用它们在世界旧格局旧秩序中的特殊地位，以及它们在经济、科技、军事等领域的独特优势，引导国际秩序朝着有利于西方世界的方向演变。中国倡导打造人类命运共同体，是以超越意识形态藩篱、超越社会制度对立、超越发展水平差异为前提，以承认人类社会统一性、谋求各国利益契合点、争取共同利益最大化为出发点和终极目标的，具有巨大的历史进步性和广

泛的发展空间。

以打造人类命运共同体引领国际秩序变革，就是要引导国际社会共同努力，打造一个更加开放、包容、平衡、合作的世界经济体系，推动建立一个更加自由、平等、公开、非歧视性的世界贸易形态，形成一个资本合理流动、权重合理配置、监管更加有序的世界金融格局，从而使全球治理更加完善，国际关系更加民主，安全保障更加全面，文明互鉴更加深入。以联合国为核心的国际组织以及现有的国际规则，都要在世界各国的共同参与下，适应这些积极变化进行相应的调整和改革。因此，我们要通过坚持不懈的外交努力，把推动建立人类命运共同体的过程，同改革现有国际组织、变革现存国际秩序、制定新的国际规则有机地统一起来。这是历史赋予中国的责任和义务。

五、要为引领国际体系变革做好长期斗争准备

由于旧世界旧秩序遗留下来的帝国野心、霸权主义、强权政治、冷战思维和新时期产生的军事冒险主义、新干涉主义、民族仇外情绪以及经贸关系中的保护主义、孤立主义还将长期存在。而国际社会中的黑暗势力、邪恶势力、反动势力、反文明势力和反人类势力也将不时地一再产生。在这种情况下，倡导建立人类命运共同体并引领国际秩序变革，对于社会制度独特、国家将强未强的中国而言，是个充满风险、挑战和变数的过程，我们对此也要有清醒认识和充分准备。

　　中国作为一个刚刚崛起但勇于负责，全力发挥建设性作用却长期处于社会主义初级阶段的大国，在倡导建立人类命运共同体、引领国际秩序变革的过程中，应在坚守和平发展道路的前提下，坚守实力地位的国际政治思维底线；要在大力倡导互利共赢、合作共赢的基础上，不断提高在竞争中寻求合作，在合作中开展竞争的能力和水平；要在为人类的共同发展、共同繁荣、共同进步、共同安全做出最大贡献的同时，加速推进自身的现代化建设进程和综合国力的积累；要把争取和维护地区乃至世界的和平与稳定，同在不断扩大的历史时空中维护、拓展自身发展利益和安全利益有机地统一起来。

（2016 年 3 月）

打造人类命运共同体：现实与愿景[*]

在现代国际关系和国际事务中，"共同体"的提法并非始于今日。早在我国提出"人类命运共同体"这一概念之前很久，国外就已经在广泛使用"共同体"之类的概念了，但未见有人使用"人类命运共同体"这一站位高远、内涵深刻、外延丰富的概念。

目前大家所熟知的欧盟（"欧洲联盟"的简称），前身就叫"欧洲共同体"，当年简称"欧共体"。1973 年加勒比地区一些国家成立的区域合作组织，称"加勒比共同体"。2011 年 12 月，拉美和加勒比地区 33 国又共同组成了拉美和加勒比国家共同体，简称"拉共体"。在非洲，西部地区 15 国 1975 年成立了西非国家经济共同体，简称"西共体"。在东南亚地区，东盟 10 国于 2003 年提出了打造"东盟共同体"的构想，决定在 2020 年前建成政治安全共同体、经济共同体和社会文化共同体。为实现这几个目标，东盟先后形成了好几个文件，并且建立了"东盟共同体"理事会。2015 年，东盟宣布，它们已经建成了"共同体"。在我看来，东盟国家

———————
* 本文系作者 2016 年 2 月在上海一次研讨会上的讲话稿，后发表于澎湃新闻。现稿做了较大修改。

的区域合作程度和水平并不特别高，许多领域还没有达到欧盟的程度，但它们宣称已经建成"共同体"了。

我国在外交理论和实践中，过去未使用过"共同体"之类的概念和用语。改革开放之初，我们强调和平与发展是时代的主题，致力于推动世界的和平与发展，积极争取建立一个良好的周边环境和国际大环境。到了世纪之交，特别是最近几年，我们围绕着建立公正合理的国际政治经济秩序和均衡稳定的安全格局问题，不断发出新的倡议，提出新的构想，论述新的主张，其中包括一度大力推介，因而在国际上很有影响的和谐世界理论。但即便在这种情况下，我们在论述和诠释和谐世界理论及其相应主张时，也没有深入研究人类社会的共同性、统一性和同一性等问题。现在，随着世界各国之间的联系更为普遍，人类不同组成部分的相互依存更加紧密，我们提出了一个令人耳目一新的国际关系概念和对外工作构想，这就是与国际社会共同努力，打造人类命运共同体。

习近平主席最早提出人类命运共同体这一概念，是在 2013 年 3 月。当时，习近平主席访问俄罗斯，在莫斯科国际关系学院发表政策性演说，第一次以中华人民共和国国家元首的身份，对整个国际形势发表看法，阐述中国的对外政策和主张。习近平主席在讲演中分析了当今世界的时代特点，明确指出，和平、发展、合作、共赢是时代潮流。这与我们党的十八大对时代主题的判断是完全一致的。也就是说，在和平与发展是时代主题的认识基础上，比过去又前进了一大步。他特别指出，我们现在所处的这个世界，各国之间相互联系、相互依存的程度空前加深，人类生活在同一个地球村里，生活在历史和现实交汇的同一个时空中，越来越成为你中有我，我中有你的命运共同体。这是我国最高领导人第一次公开地、详细而清晰地阐明了人类社会是个命运共同体的思想。随后，在 4 月上旬召开的博鳌亚洲论坛 2013 年年会上，他又提到了和平、发展、合作、共赢的时代潮流，提到了世界各国的联系日益紧密，相互依存度日益加深，指出"人类只有一个地球，各国共处一个世界"，强调我们"生活在同一个地球村，应该牢固树立命运共同体意识"。

在短短两周多的时间里，习近平主席两次使用人类命运共同体的概念，这体现了他对当今人类社会相互关系的基本判断和思考，体现了他对目前国际形势与未来趋向的认识和理解。大家知道，过去我们是不用"地球村"这个概念的。上世纪 80 年代末 90 年代初，我们还曾经批判过"地球村"的说法。那时，我们长期受国际关系中的传统理论影响，观察人类社会和国际关系，更多地着眼于矛盾、差异和斗争。而现在，随着经济全球化的加速发展，世界各国之间，包括中国与外部世界之间的经济联系、文化交往日益广泛和密切。我们观察世界形势，观察人类社会不同组成部分之间的关系，有了新的视角，更多地看到了人类社会的整体性和统一性。可以说，目前我们强调人类社会是相互依存的命运共同体，在理论上是一大进步，是重大突破。这个概念比以前提出的和谐世界概念站位更高，看得更远，内涵更加丰富，当然，实现的难度也会更大。当前，我们在外交理论方面，面临着一个重要任务，就是如何在我们党内，在我们的社会中令人信服地诠释人类命运共同体这个新概念，并且让国际社会广泛认同和接受我国领导人所提出的这个崭新概念。

　　打造人类命运共同体，是十分美好的愿景。但我们现在所看到的实际情况是，世界依然处于四分五裂之中，依然充满了矛盾和冲突。首先，世界大国之间矛盾重重，特别是结构性的矛盾，根深蒂固，甚至难以克服。现在的世界大国，主要是美国、中国、俄罗斯和欧盟。中国正日益接近世界舞台中心，在国际上扮演着越来越重要的角色。俄罗斯目前面临新的挑战，可以说处在新的危机边缘，但它是世界上的重要力量。欧盟的内部问题也很多，但也是世界多极化过程中的重要力量。这几个"极"的矛盾长期存在，错综复杂，这是当今世界的基本现实。我们主张构建人类命运共同体，首先需要面对世界性的重大问题。

　　此外，还有大国与广大发展中国家的矛盾。世界上的矛盾是多方面的，不仅大国之间存在矛盾，大国与发展中国家也存在着根深蒂固的，有时候是难以调和的矛盾。美国同广大发展中国家有矛盾，俄罗斯同发展中国家也有很多矛盾。俄罗斯几年前曾经出兵格鲁吉亚，两年前又利用乌克兰内部矛盾和冲突，夺取了克里米亚。从国际关系上讲，这是俄罗斯对国际关系和国际秩序的一种新挑战。这种做法，引发了周边很多国家对它的恐惧和不安，也导致欧洲形势，特别是俄罗斯和北约的关系更加复杂。大国和小国之间，发达国家和发展中国家之间，矛盾也是长期和广泛的，这也包括我们自己。我们一方面是发展中国家，另一方面又是发展中的大国，是世界第二大经济体，所以，我国跟很多发展中国家的关系也存在时隐时现的问题，将来这些问题可能会越来越多，越来越表面化。我们同菲律宾的关系，同越南的关系，某种程度就是大国和小国的关系。现在我们提出了"一带一路"构想，去帮助很多发展中国家发展，也有各种各样的议论和猜测，也会引发一些矛盾。将来，随着"一带一路"持续推进，随着我们的利益不断扩展，我们的战略延伸不断扩大，很多矛盾便会在我们和广大发展中国家之间产生。对此，我们也要有清醒的认识和必要的准备。

还有一点，也就是第三类矛盾，即发展中国家之间以及发展中国家内部的矛盾和冲突。这类矛盾和冲突也是无时不有、无处不在的。二战后世界上发生的动乱和冲突，实际上更多的是在发展中国家之间产生的。譬如，巴以冲突持续近七十年，至今看不到结局。还有印巴冲突，时起时伏，前一段时间看起来好一点，印度总理突访巴基斯坦，但双方的矛盾和问题是历史遗留下来的，是短期内解决不了的。在非洲地区，曾经有安哥拉问题、刚果（金）问题、利比里亚问题、苏丹问题、索马里问题，等等。发展中国家之间和发展中国家内部的矛盾和冲突，也将长期存在。

面对这样的国际形势，我们提出构建人类命运共同体的概念和主张，确实显示出超常的政治勇气和智慧，因为我们坚信经济全球化的历史大趋势不会改变，各国之间相互依存不断加深不会改变，各国的发展利益和安全利益相互交织也不会改变。因此，不管今后国际风云如何变幻，我们都要始终如一地高举人类命运共同体这面旗帜，都要全力以赴地引导国际社会与我们相向而行，共同推动这个历史进程。当然，另一方面，我们必须清醒地看到，实现这个任务，道路是漫长的，同时也是曲折的，甚至会有大的反复，遭遇预想不到的困难和挫折。由于世界上固有的和不断产生的各种矛盾，由于可以预测的和完全不可预测的各种因素，打造人类命运共同体不会一蹴而就，不是一朝一夕的事。愿景是美好的，任务是艰巨的，前程是复杂的。

在现阶段乃至未来相当长的历史时期内，中国要在国际舞台和地区事务中扮演更加重要的角色，担起大国的责任，就必须继续高举打造人类命运共同体这面旗帜。要让国际社会认识到，打造人类命运共同体，不是中国因一时之需而想出来的外交辞令，而是中国领导人外交政策中的核心理念，是中国引领建设新型国际关系的长远目标。我国领导人在国际舞台上一而再、再而三提出这个问题，表明这个理念已成为中国的国家意志，成为中国人民的共同理想和追求。全面复兴的中国，要想在国际舞台上有大作为，要想为人类进步做出较大贡献，一定要打出一面耀眼的旗帜，一定要占领道义制高点。打造人类命运共同体，就是我们的外交旗帜，就是我们的道义制高点。

让国际社会接受和认同我们的理念与主张，绝非轻而易举之事。让美国和西方国家与我们相向而行，携手共进，更是难上加难。譬如，在中美关系问题上，中国曾提过几个概念，但美国不愿意用固定的或是稳定的概念框定两国关系。现在，我们将中美关系界定为不冲突不对抗、相互尊重、互利共赢的新型大国关系，美国并没有完全接受。连中美关系中的新概念美国都不愿接受，更何况构建人类命运共同体了。另外，在我国周边地区，让各方普遍接受和认同命运共同体理念，也并不容易。譬如，中国与越南关系非常特殊，习近平主席访越时提到两国社会道路相近，制度选择相近，理想信念相近，历史上曾并肩作战反对外来侵略。他主张中越携手共进，共同打造命运共同体，但越南国内在对华关系问题上存在不同声音，中越合力打造命运共同体，必定会有许多阻力。可见，要让整个国际社会都接受人类命运共同体的理念并协同动作，难度非常大。

在国际事务中，光喊口号不行。我们提议打造人类命运共同体，就要有相应的政策和措施，就要有切切实实的行动。要让国际社会看到，中国正在尽最大努力，寻求发展利益的最大公约数和安全合作的契合点。为此，第一，我们要努力推动建设新型大国关系。新型大国关系不仅指中美关系，也包括中国与欧盟和俄罗斯的关系。这是打造人类命运共同体过程中最核心的一项任务。如果大国关系不稳定，不能保持健康稳定的发展势头，构建人类命运共同体就是一句空话。第二，我们要积极参与全球治理。当前人类社会面临很多共同的威胁和挑战，应对这些威胁和挑战要有新规则、新办法和新方案，中国应更加积极地展示自己的智慧，提出自己的方案。第三，我们要更加广泛地参与解决全球热点问题和地区冲突。中国要当世界大国，要引导国际关系发展的新潮流，必须勇于承担更多的责任，在推动解决朝鲜半岛、阿富汗、叙利亚等许多问题上贡献自己的力量。第四，我们要大力推动南南合作进程。南南合作搞了几十年，许多任务未能实现，现在的形势和任务更加复杂。中国作为发展中大国，应在帮助改变发展中国家落后面貌方面发挥表率和示范作用。第五，我们要继续营造睦邻友好的周边环境，不仅要巩固和加强与上合组织成员国的睦邻友好关系，同东盟建立利益共同体、责任共同体和安全共同体，同时还要推动建立整个亚洲的命运共同体。在当前和今后一段时间，应当把实施"一带一路"伟大计划，与打造人类命运共同体的理念和信念紧密地联系在一起。

（2016 年 2 月）

"两个走向"是个不断加速的历史进程[*]

  2016 年的 G20 峰会在中国杭州精彩落幕，世界舆论好评如潮。国际社会普遍关注的，一方面是习近平主席所揭示的中国进程，以及他为提振世界经济信心、推进国际间互利合作、优化全球治理而提出的中国方案，另一方面还有他代表中国政府和人民所表达的始终坚持和平发展之路、坚持开放发展态势的坚定意志和决心。他在提及中国发展进程时所阐述的"两个走向"的新思想，即"中国走向世界、世界走向中国"，为当今中国更准确地厘定自己与外部世界的关系、更全面地参与国际事务、在世界舞台上发挥更大作用提供了理论指南，同时也为国际社会更理性地认识中国的现代化发展道路，更广泛地认同中国特色社会主义制度，更积极地迎接中华民族全面崛起与复兴指明了合作方向。

---

* 本文系作者 2016 年 9 月 G20 峰会后应约为某杂志撰写的专稿，此为发表前的原稿。

一、改革开放为中国走向世界开辟了广阔前景

中国走向世界，是一个曲折而复杂的历史过程，其实质是中华民族以完全平等的身份回归国际社会，以建设性姿态融入世界发展进程。这一过程始于1979年中国改革开放之际。在此之前，自新中国成立时起，在长达30年的历史时期内，由于我们最初实行向以苏联为首的社会主义阵营"一边倒"的对外政策，后来又在外交领域受到极左思潮的严重干扰，同时受到东西方冷战的深度制约和影响，中国在很大程度上被隔离于世界之外。尽管我们曾自豪地高唱《我们的朋友遍天下》，可实际上，直到60年代中期，世界上只有40多个国家承认并与中国建立了外交关系。1971年中国在联合国恢复合法席位后，世界上出现了承认新中国的热潮，中美两国也打开了封闭20多年的双边关系之门，但总体上看，中国对外部世界的了解相当肤浅，对国际事务的参与程度相对较低。外部世界对中国的认识也非常有限，特别是对国际事务和国际关系具有重大影响的西方世界，对中国的偏见和成见依然根深蒂固。因此，邓小平在阐述中国对外开放的必要性时曾一针见血地指出，我们长期孤立于世界之外，一方面是西方国家封锁我们，很大程度上也是我们自己把手脚捆了起来，最终"连世界是什么样子的都不知道"。

改革开放最初10年，即1979—1989年间，邓小平作为中国特色社会主义和现代化建设事业的总设计师，直接领导中国的外交事务。他基于和平与发展是时代主题的科学判断，带领中国共产党

和中国人民，以全方位对外开放的锐意开拓、全面进取的建设性姿态，广泛开展国际间的交流、对话与合作，开辟出了中国走向世界的光明坦途。其突出成就是：经过艰苦努力，迫使美国在台湾问题上采取"断交"、"撤军"、"废约"行动，中国与世界头号大国美国建立起正常的外交关系；同东欧各国结束了长达30余年的关系紧张状态，与世界第二大国也是中国的最大邻国苏联实现了关系正常化；同越来越多的国家建立外交关系并开展友好往来，越来越广泛地参与地区和国际事务，在联合国等国际组织中的作用愈益增大；中国领导人和各种形式的代表团密集出访，认真观察和了解外部世界，不断开拓思路和视野。大量官员、专家、学者和青年走出国门，学习并努力掌握国外的科学技术、管理经验和人类文明创造的新知识、科技革命产生的新成果。

正是在阔步走向世界这一过程中，中国超越意识形态分歧，超越社会制度差异，大张旗鼓地引进境外的资金、技术、人才、先进管理手段和社会治理模式，使中国的经济与社会发展发生了天翻地覆般的历史性变化。大踏步走向世界，给改革开放的中国带来巨大的政治红利和经济实惠，中国在建设独具特色的社会主义、在不断推进现代化建设的进程中取得重大的阶段性成果，引起了包括西方国家在内的整个国际社会的高度关注。中国不再呼喊"解放全人类"、"实现世界一片红"之类的空洞口号，也不再把"打倒帝修反"、"支援世界革命"作为对外工作中心任务和最高目标，而是与周边国家和睦相处，与广大发展中国家共谋发展，与美国苏联等世界大国和所有发达国家平等合作，成为国际社会中积极而又稳健、高度负责并富有建设性的重要成员。

1989 年东欧剧变，苏联风雨飘摇，世界社会主义发展进程转入低潮。国内外多种因素相互作用，中国北京也发生了一场始料未及的政治风波。以美国为首的西方国家打起了以资本主义制度一统天下的如意算盘，重新玩起了孤立中国的外交把戏，已经融入世界的中国面临黑云压城城欲摧的外交困局。在这种形势下，邓小平审时度势，远见卓识地提出了韬光养晦、有所作为的外交思想和方针，领导我们稳住阵脚，冷静观察，沉着应对，实行不扛旗、不挑头、不结盟、谁也不得罪、跟谁都搞好关系的政策和策略，坚持改革开放不动摇，坚持走向世界不回头。

正是在韬光养晦、有所作为的正确决策指导下，1989—1999年的 10 年间，中国充分利用与外部世界形成的联动关系，特别是与西方国家形成的利益纽带，逐步打破了西方对中国的孤立和封锁，最终战胜了针对中国的"新冷战"。中国不但加入了世界贸易组织，全面参与到经济全球化进程之中，而且与苏东剧变后该地区所有国家建立了新型国家关系，成功地与英国和葡萄牙解决了历史遗留的香港和澳门问题。中国在地区和国际事务中的作用急剧上升，走向世界的信心更加坚定，步伐更加坚实。

二、进入新世纪后中国与世界的互动全面加强

进入新世纪之后，世界多极化、经济全球化加速发展，以新兴经济体为代表的大批发展中国家群体性崛起。国际力量对比和地缘政治格局一方面呈现有利于中国改革开放、有利于中国现代化建

设的新态势，另一方面也出现霸权主义和冷战思维严重存在、保护主义抬头和反全球化思潮泛滥、国际恐怖主义活动猖獗等新问题。中国坚持和平与发展是时代主题的判断，因势利导，趋利避害，将争取并维护良好的国际大环境，营造睦邻友好的周边小环境，充分利用有利于自身发展的战略机遇期，作为外交工作的中心任务，同时将推动建立公正合理的国际政治经济新秩序和安全架构，作为参与国际事务的最高理想和目标。

　　为此，中国外交从理论到实践不断发展和创新，形成了总体外交、复合型外交等一系列新概念，确立了大国是关键、周边是首要、发展中国家是基础、多边是重要舞台的新布局。中国在持续推进高层政治对话和政府部门务实交往的同时，大力开展政党外交、议会外交、群团外交、军事外交、经济外交、金融外交、资源外交、文化外交、体育外交，充分调动和发挥民间外交、公共外交、城市外交、企业外交、展会外交和地方友好交流对国家总体外交不可或缺的辅助作用。这种空前活跃的全方位多领域的新型外交，给中国的经济发展和社会进步带来了强大的正能量。在连续数十年保持两位数增长之后，中国经济总量和进出口总额双双跃升至世界前茅，国家外汇储备和与各国的人文交流与合作，也走在了世界最前列。

　　随着综合国力迅速增强，中国参与国际事务的方式也有了重大变化。中国不但全面加强了与联合国等国际组织和机构的合作，推动建立并广泛参与各种地区性和全球性的多边机制，同时还在参与全球治理、应对气候变化等共同性挑战，维护地区稳定与世界和平等方面发挥更大作用。在中国不断走向世界、不断以自身发展变化影响着外部世界的同时，外部世界同中国的联系日益紧密，对中国的影响也更加广泛和深入。中国的发展离不开世界，世界的发展离不开中国，既是当代中国与外部世界的关系的真实写照，也是中国和国际社会之间形成的一个历史性共识。

2012年党的十八大以来，中国与世界的互动互联关系进一步向纵深发展，中国对国际事务的参与度和国际社会对中国的关注度，进入同步增长的新轨道。习近平总书记纵观人类文明发展进程，洞察当今世界风云变幻，反复深入地向全党全国以及国际社会指出：人类生活在同一个"地球村"中，生活在历史与现实交汇的同一个空间，各国之间的联系日益紧密，日益成为你中有我我中有你的命运共同体，和平发展与合作共赢同为当今世界潮流。基于这些深刻分析和判断，习近平又从理论上阐明了当代中国共产党人对人类文明的新看法和新见解，确认人类文明具有多元性、平等性与包容性等特点，并就中国与外部世界的关系问题，系统地提出了新发展观、新利益观和新安全观。

目前，中国已成为参与联合国维和行动最积极、贡献最大的一个国家。在推动建立新型大国关系、构筑全球伙伴关系网、创新地区与全球合作模式、争取国际秩序重建和国际关系调整方面，中国也是贡献思想与智慧最多的一个国家。2013年秋习近平访问中亚东南亚时提出的"一带一路"倡议，得到了国际社会的广泛响应和支持，事实上已成为中国制定和主导的具有全球影响力的一个经济振兴与合作计划。中国走向世界与世界走向中国的历史进程，已经进入一个崭新的发展阶段。

三、"两个走向"不断加速带动世界联动发展

不久前闭幕的 G20 杭州峰会，是在世界经济形势相当严峻、国际间务实合作效力不彰、制约全球经济复苏的各种问题相互交织的复杂形势下召开的。2008 年爆发的国际金融危机阴影犹存，贸易保护主义与投资保护主义双双抬头，发达国家内顾倾向加大和反全球化浪潮高涨，导致国际社会对未来经济发展信心不足，相互合作意愿明显下降。有鉴于此，去年 G20 安塔利亚峰会期间，中国领导人就与各方沟通和协商，确定了"创新、活力、联动、包容"的主题，国际社会对中国主办的这次峰会能够取得哪些成果，特别是中国能够提出哪些建设性的思想和建议，不是一般性的翘首以待，而是期望甚高。

中国作为本次峰会的东道主，认真把脉世界经济问题，对症下药开出济世良方，果然不负众望。习近平主席在峰会上发表主旨讲话，倡议各方应加强宏观经济政策协调、全力促进全球经济增长，维护全球金融稳定，创新发展方式，挖掘增长功能，完善全球治理，夯实机制保障，建设开放型社会经济，继续推动贸易自由化和投资便利化，落实好联合国 2030 年可持续发展议程，促进包容性发展，为世界经济走出低谷，转向复苏指明了方向。这是我国领导人以中国自身发展经验和各国共同发展诉求为依据，借助中国智慧和中国方案为世界经济指点迷津的又一典型范例。

在东道主中国的大力倡导和推动下，杭州峰会各方一致确

认，在世界经济版图持续变化和全球增长动力大转型的重要时刻，"这一转变带来挑战和不确定性，同时也蕴含机遇"，同时也坚信，"二十国集团建立更紧密伙伴关系，携手行动，将为世界经济增长传递信心，提供动力，增进合作，促进普遍繁荣，造福各国人民"。与会各方领导人同时承诺，要结合 2030 年可持续发展议程、亚的斯亚贝巴行动议程和《巴黎协定》，共同"构建创新、活力、联动、包容的世界经济"。各方领导人以这些重要共识为基础制定的《杭州行动计划》以及共同核准的《二十国集团创新增长蓝图》《2016年二十国集团创新行动计划》《二十国集团新工业革命行动计划》《二十国集团数字经济发展与合作倡议》《二十国集团迈向更稳定、更有韧性的国际金融架构的议程》《二十国集团全球贸易增长战略》《二十国集团全球投资指导原则》以及《二十国集团反腐败追逃追赃高级原则》《二十国集团 2017—2018 年反腐败行动计划》等诸多文件，在很大程度上体现了中国在全球经济方面的治理观、发展观和合作观。

　　峰会参与者一致表示欢迎中国关于在华设立二十国集团反腐败追逃追赃研究中心的倡议，欢迎中国常态性参加巴黎俱乐部会议，以及中方发挥建设性作用的意愿，包括进一步讨论潜在的成员身份问题，欢迎人民币被纳入特别提款权货币篮子。这些都表明，这是"两个走向"继续向纵深发展，中国影响世界与世界接纳中国互联互动关系的最新成果。

　　会议还讨论了其他影响世界经济的重大全球性挑战，诸如英国脱欧、气候变化、难民危机、恐怖主义威胁以及抗生素耐药性等问题。

　　针对当前全球治理中存在的问题，习近平旗帜鲜明地主张，G20 是发达国家与新兴经济体面对全球性挑战，共同谋划世界经济发展大计、共同解决全球治理难题的交流对话平台，同时也是当今世界最有代表性、包容性和权威性的经济合作机制。在杭州峰会上，针对 G20 近年来暴露出的峰会大多流于形式，决议无法落实、行为效能日渐低下的问题，习近平还就 G20 自身发展问题提出了新的建议和主张。他表示，G20 不仅属于 20 国，它属于全世界。因此，G20 集团应共同维护和平稳定的世界环境，共同构建合作共赢的全球化伙伴关系，共同完善全球经济治理，把 G20 打造成一个高效运转的行动队，而不是坐而论道的清谈馆。自 2008 年该组织问世以来，还没有哪个国家领导人能够一针见血地指明 G20 自身也要优化改革、也要与时俱进的深刻道理。在中国走向世界、世界走向中国的过程中，中国无意挑战现有的国际秩序，另起炉灶，另建机制。中国过去是、现在是、将来必定还是国际秩序的建设者、维护者和优化改革的推动者。"两个走向"不断加速与深化的过程，将是整个世界联动发展、包容发展的最重要组成部分。

（2016 年 9 月）

国力走强时更要客观理性地
看待自己和世界[*]

习近平提出"人类命运共同体"是中国
国际关系理论的一大突破和飞跃

我国的国际身份，至少有三个特点。第一，我们是独具特色的社会主义国家；第二，我们是发展中国家；第三，我们还是一个大国。作为一个负责任的大国，我们搞外交从来就不那么随意。处理国际问题，我们总是从自身发展和安全利益、国际社会共同利益、当前利益和长远利益几个维度来考虑。从毛泽东到邓小平，再到江泽民、胡锦涛，一直到现在，我们国家每个领导人在处理国际问题时，都有自己独到的思想和理论，都有自己的特点和风格。

党的十八大以来，习近平总书记全面继承我国传统外交思想

---

* 本文系作者 2016 年 10 月与凤凰网主笔陈芳的一次谈话。原标题为《国力走强时更要客观理性看待自己看待世界——中联部原副部长于洪君解读人类命运共同体思想及中国外交新战略》。

的核心理念，始终高举独立自主的和平外交旗帜，同时又考虑到当前国际形势的新变化和新趋势，考虑到中国已接近于全面复兴这一新的现实阶段，提出了一整套新的国际政治理论，其最核心思想就是人类命运共同体。过去我们国家很少用"共同体"的提法，共同体思想源于习近平总书记对整个世界、整个人类社会相互关系的新的判断和思考。

最能反映该思想的是习近平就任国家主席后出访俄罗斯时在莫斯科国际关系学院发表的演讲——《顺应时代前进潮流　促进世界和平发展》。他在演讲中提到，"各国相互联系、相互依存的程度空前加深，人类生活在同一个地球村里，生活在历史和现实交汇的同一个时空里，越来越成为你中有我、我中有你的命运共同体"。这在认识上是一个飞跃，过去我们有相当时间是不愿接触这一概念的。

基于人类命运共同体这一新思想，习近平总书记以中国国家主席身份大力倡导和平发展，强调合作共赢。合作共赢是习近平主席在所有国际场合发言中必不可少的词汇。这不是简单的外交辞令，是一种深思熟虑的战略性判断和思考，是指导我们国家现在和未来相当长一段时间外交工作的重要思想指南。

为了打造人类命运共同体，首先是中国与周边国家的命运共同体，习主席紧接着提出了具体的落地战略——"一带一路"。中国的最终目标，是在坚持共商、共建、共享这三项原则的基础上，同整个周边世界甚至更远的国际社会，实现共同发展、共同进步、共同繁荣、共同安全。

习近平总书记的上述思想，是他为人类共同进步事业做出的智力贡献，也是中华民族为刺激世界经济复苏而提供的中国智慧，是中国共产党人为推动世界各国联动发展提供的中国方案。

习近平对大国关系以及中国与发展中国家关系的战略思考意义重大而深远

在中国外交总体布局中，我们长期讲大国是关键，因此，处理大国关系首要的还是中美关系。习主席提出中美两国要建立新型大国关系，核心要义是：不冲突、不对抗，相互尊重，合作共赢。这就是两国关系的性质、特点和长期走势。

中美关系是一种既合作又竞争的关系。我们有不同的发展利益，有不同的价值观体系，有不同的国际战略考虑。不同就会有矛盾，有时还会有摩擦，但中美双方又有很多共同利益。习近平主席反复讲，看中美关系要看大局，要看长远，就是要看到双方有很多共同利益与合作契机。习近平看问题更宏观、更长远、更有战略，而不是拘泥于细枝末节和一时一事的分歧与纠葛。所以，中美之间要建立长期有效的多种形式的对话与协调机制。否则，中美之间虽然没有修昔底德陷阱，但处理不好，就可能出现这样的陷阱，重现历史上新兴大国与守成大国发生冲突的那一幕。

其次，对于中国与欧洲的关系，习近平强调，中国与欧洲是两大力量、两大市场、两大文明。欧洲文明是世界文明的重要组成部分，而中华文明也是世界文明的重要组成部分，所以，这两大文明要结合起来。2014年春他在欧洲访问时，特别讲到人类文明是多元的、平等的和互鉴的。

　　过去我们讲文明，常常带有强烈的传统色彩，只从意识形态这一个角度出发，认为当今世界只有资本主义和社会主义两种文明，而资本主义文明是没落的，社会主义文明是先进的。现在看，只从这一个维度观察和思考文明问题，视野太狭小了。习近平讲文明，看到的是文明的平等性，文明的多元性。世界上不可能只有一种文明，人类社会无论过去、现在还是将来，始终是多种文明的共同体和统一体。看到文明的多样性和文明的平等性，自然也就会发现文明的包容性和互鉴性。这也是习近平对人类社会重大问题所做的更高层次的新思考，这些新结论和新思考，与他所阐明的人类命运共同体的新理论，是紧密联系在一起的。

　　世界是和而不同的。不同国家之间，社会制度差异、价值观念差异、发展道路差异、成熟程度差异，将始终存在，但就人类共同命运来说，这些都是次要的。所以，我们现在更多地讲"和衷共济"、"风雨同舟"、"共克时艰"，同时我们也承诺，中国要为世界发展进步承担更大责任和义务，作出更大努力和贡献。我们不仅把自己看成国际社会负有重要责任的一部分，同时也是利益攸关的一部分。

　　因此，习近平反复讲，在当今世界各国之间的联系日益紧密的情况下，任何国家都不能独善其身，都不能关起门来独自发展。我们的发展必须是开放的发展，必须是合作的发展。中国与欧盟，要共同努力，打造"四大伙伴关系"，即和平伙伴关系、增长伙伴关系、改革伙伴关系、文明伙伴关系。这"四大伙伴关系"的建议和构想，更加切合欧洲的特点和现实，更加切合中欧之间利益的共

同性和需求的互补性，是更具有时代特点、更符合时代潮流的新理
念、新思路。

对于中俄关系，中国反复申明，中俄两国是好邻居，同时也
是国际舞台上的好伙伴。2013 年习近平就任国家主席后，首次以
国家元首出访，选择的是俄罗斯，体现了他对中俄关系的高度重
视。双方发表的关于合作共赢、深化全面战略协作伙伴关系的声
明，强化了两国 20 年来对中俄关系的一贯定位。

习近平表示，不管国际风云如何变幻，我们都要把中俄关系
作为中国外交的优先方向，不断增进政治上和战略上的互信，不断
扩大和深化全方位的合作。2014 年当俄罗斯因乌克兰危机受到西
方制裁时，习近平出席俄罗斯举办的冬奥会开幕式。2015 年，他
与普京分别参加了对方举行的纪念世界反法西斯战争胜利 70 周年
阅兵式，极大震动了国际社会。

习近平关于永做发展中国家可靠朋友和真诚伙伴的
思想符合中国特色大国外交理念

中国始终认为自己是发展中国家的天然盟友，始终认为发展
中国家是自己的国际战略依托，团结和依靠发展中国家，是中国外
交的传统和优势。习近平就任国家主席以后，首先访问俄罗斯，随
后马上就去非洲访问坦桑尼亚、刚果和南非。在非洲，他重申中国
对非合作的传统原则，同时提出"真"、"实"、"亲"、"诚"对非工
作四字方针，宣布了中国对非洲国家开展合作的新思考，核心思想

是永远做发展中国家的真诚朋友和可靠伙伴，目的是要打造中国和发展中国家关系的升级版。

现在，中国已经是世界第二大经济体了，但中国作为最大的发展中国家的这个属性，还没有改变。习近平反复强调，中国要始终把发展中国家作为可靠朋友，作为重要的战略资源。所以，2013年他第二次出访，访问的还是发展中国家。此后这三年间，他访问最多的，还是发展中国家。

勇于打破不合理的旧规则是中国对全球秩序重建的一种独特贡献

作为当今世界最大的发展中国家，或者说发展中国家的最大代表，中国近年来更加强调，我们要在国际秩序变革和世界格局转换中扮演积极而主动的角色，要全面参与规则的制定，要积极主动地发声，要成为参与全球治理的主导型力量。那么，到底具体如何参与？参与制订国际规则，这些年我们谈得比较多，但是如何参与、制订哪些规则，是非常复杂的外交课题。

现有的国际秩序，包括机构设置、制度安排和一些规则的制订，很大程度上是由西方主导的，有些实际上是美国人主导的。如今，发展中国家群体性崛起，以中国为代表的金砖国家在世界经济中的地位、在安全事务中的作用迅速上升。世界格局发生这么大变化，原有的规则和制度有许多已不利于发展中国家，不利于像中国这样的新兴大国，也不利于实现和维护世界的长期均衡、稳定与持久和平，不利于建立新的更加公正合理的政治、经济、安全秩序。

在学术层面，我们早就提出要改革现有国际秩序、参与国际规则制订。但在政治层面，我们宣布，中国是现有国际秩序的维护者。因此，我们要在维护现有国际秩序的大前提下，研究国际秩序的适度调整和改革问题，而不是做现有秩序的挑战者，更不能做破坏者。

因此，我想说，中国参与全球治理，参与国际政治和经济规则的制订，是一个循序渐进的过程，甚至可能是漫长的过程。

实际上，这方面的事情我们也一直在做。20世纪50年代我们与印度、缅甸共同提出和平共处五项原则，就是一个贡献。另外，我们搞亚投行，势必有些不同于亚行和世行的独特规则和机制，它的成功运作，就是我们为建立世界新规则所做的一种努力。

再比如，中国和有关各方正在研究制订南海行为准则。这是一个复杂而漫长的过程。由于很多国家都要在这一过程中拥有发言权和利益表达权，规则制定就变得非常困难。我们参与南海行为准则制订，实际上也就是参与构建地区安全秩序的过程。

再比如，对所谓南海问题仲裁，我们不接受、不参与，所谓仲裁法做出的裁决，我们不承认也不执行，称它是张"废纸"。这实际上是以另一种方式在立规则。任何国际机构，如果本身没有合法性，其决议不能强加于人，必须废止。国际社会应慢慢适应这种不成文的新规则。

总之，破除不合理的旧规则，本身就是为建立新秩序而做的一种贡献。破除不合理的旧秩序，建立更公正的新秩序，这个过程是长期而曲折的。

中国发展经验对其他国家的启示
主要表现在三个方面

首先一点，我们过去几十年最核心的经验就是，第一，要坚持按照本国国情来确立发展道路，来选择社会制度，包括政治制度、经济制度和社会管理制度，这是我们最成功的经验，是我们能给国际社会特别是广大发展中国家交出的一张比较好的答卷。

第二，要想实现国家的持续发展和进步，必须保持政治上的高度稳定，努力维护社会的团结和统一。一个高度分裂的社会，一个充满了对抗和冲突的社会，是不可能实现经济发展和社会进步的，这一点非常重要。

第三，还有一点，任何国家，无论大小，都不能关起门来封闭式地发展，都必须参与国际事务，参与人类进步发展的进程，把本国的发展同世界的发展紧紧地联系在一起，始终坚持开放发展和合作发展，在发展中寻求互利共赢与合作共赢。

要防止崇洋媚外，也要防止盲目排外。

大家都知道这样一个道理，讲自信并不是盲目排斥外来优秀文化和人类社会共同创造的文明成果。我们讲自信自立自强，讲了许多年，但自信不是自负、自立不是封闭，自强不是关起门来孤立发展。真正的自信，是敢于敞开国门，敢于全面开放，既敢于"走出去"，也敢于"请进来"。

我们过去常讲，新中国成立后帝国主义封锁我们，而邓小平讲，主要是我们自己把手脚捆了起来。邓小平讲得很深刻：连外部世界什么样子都不知道，怎么发展？只有真正打开国门，大胆地走出去，才知道我们跟世界发达国家的发展差距在哪里，才能知道世界需要我们什么，我们需要世界什么，才能真正跟上时代进步的潮流。

西方国家现在出现孤立主义风潮，出现反对全球化的社会风潮，这很危险。我们国内也有些孤立主义倾向，有些盲目排外情绪。从历史上看，我们有两种情绪很可怕，一是崇洋媚外，二是盲目仇外。崇洋媚外很可悲，排外仇外也不可取。就像我们在政治上要始终既防"左"又防右一样，处理国际问题和对外关系问题，我们既要防止崇洋媚外也要防止盲目排外。

现在社会上有一种抵制外货的说法甚嚣尘上。大家都知道，在现代化和全球化时代，许多产品都是人类社会集体智慧的结晶，有些是通过看不见的市场化的资源配置，合作生产出来的。有人故意喊这样的口号蛊惑人心，实际上是否定对外开放的基本国策，是不理性、不客观、不正常的。有人甚至还公开质疑合作共赢，说合作共赢在某些具体项目上是可以的，整体上是不行的，这实际上是从全局上否定对外开放基本国策、否定我国经济建设的开放性，否定合作共赢、互利共赢、联动发展的外交理念和外交实践，这种认识是不可取的。

归根到底，看我们的外交理念和实践，要看是否有利于我们国家的发展、是否有利于我们社会的进步、是否有利于实现中华民族全面复兴这一伟大目标、是否有利于我们国家真正在世界上和平崛起。什么叫和平崛起？不是我们自己说崛起就崛起了，必须被整个国际社会所接受、所认可、所赞同，才真正是和平崛起。

在我们综合国力持续走强的时候，我们更要客观、理性、全面地看待自己、看待世界，准确把握和妥善处理我们与外部世界不断发展变化的复杂关系，这一点非常重要。一定要认识到，我们是整个国际社会的重要组成部分，是人类命运共同体的一个成员，我们的发展要和世界的发展同步，我们的进步要和人类的进步同步。我们有自己的特色、走自己的道路，但我们是世界的一部分，对世界负有特殊责任和义务。

只有深入领会并真正读懂习近平主席关于文明多样性的思想、关于命运共同体的思想，才可以更好地解释我们现在的内外政策，更好地把握我们的发展方向。

（2016 年 10 月）

合作共赢是当前中国特色
大国外交的核心理念*

近日，习近平主席对津巴布韦和南非进行了国事访问，并且出席了在南非约翰内斯堡召开的中非合作论坛峰会。2015 年 12 月 6 日，习主席载誉归来，回到北京。国际社会高度关注习主席此次非洲之行，大家也在谈论习主席这次访非有哪些亮点，这次访问对中非关系和整个国际关系有什么样的影响。我愿与大家一起，谈谈有关习近平主席这次访问的情况，谈谈当前中国的外交理念和中国特色的大国外交。

习主席这次访非，日程安排十分紧张。他首先访问的是津巴布韦，其次是南非，最后出席了在约翰内斯堡举行的中非合作论坛第二次峰会。据统计，整个访问期间，习近平主席通过不同形式，先后会见了 50 多个非洲国家的国家元首、政府首脑或其代表。

这次访问，我认为是 2015 年中国外交的一场压轴大戏，也是 2015 年中国特色大国外交的收官之作。国际上对习主席这次访问

＊ 本文根据作者 2015 年 12 月习近平主席访非并出席中非合作论坛约翰内斯堡峰会后的访谈稿整理而成。

好评如潮，特别是非洲人，评价甚高。譬如，南非总统祖马表示，习主席这次访问，将中非关系提到了前所未有的历史新高度。他之所以这样讲，我理解，是因为此次访问将中非之间几十年的良好关系又推进到一个新的发展阶段，历史再一次证明，中国是与非洲国家利益密切相关的好朋友、好伙伴。

大家还记得，习近平就任中国国家主席后，首次出访国选择的是俄罗斯和坦桑尼亚、南非和刚果三个非洲国家。俄罗斯是很有影响力的世界级大国，同时又是中国的最重要邻国，中俄两国全面战略协作伙伴关系在中国外交全局中具有举足轻重的特殊位置。习近平作为中国新任国家元首，将俄罗斯确定为首次出访国，无论国际社会还是我们国内，都认为顺理成章。但选择坦桑尼亚等三国同时作为首批出访国，国际上有人不解，国内也有人不甚了了。其实，习主席将上述三国与俄罗斯一道作为首批出访国，事出有因，而非偶然。

中国历届领导人都非常重视我们与非洲国家的传统友谊和友好合作关系，并非始于今日。上世纪五六十年代，我们曾坚决支持非洲人民争取民族独立的解放斗争，支持非洲国家独立后维护国家主权和领土完整的正义斗争。那时，非洲地区绝大多数国家刚刚独立建国，迫切需要包括中国在内的国际进步力量的支持和援助。如今，世界格局和力量对比已发生重大变化，非洲国家的发展成就和发展需求也远非昨日可比。但中国仍在尽最大努力，支持非洲人民自主发展的神圣事业，支持非洲国家维护合法权益、在国际事务中谋求更大发言权的正义斗争。

2013 年 3 月，习近平主席对坦桑尼亚等非洲三国的访问，掀开了中非关系史上合作共赢的新篇章。在这次访问期间，中国与上述三国总共签署了 20 多个经贸方面的合作协议。此后三年多时间，中方向非洲提供了将近 100 亿美元的贷款额度，对非的直接投资累计接近于 100 亿美元，在 50 多个国家援建了近 100 个基础设施项目，另外实施了大大小小近 900 个援助项目，提供了 2 万个来华学习的政府奖学金名额，举办了 1000 多个类型的培训班，培训总人数超过了 3 万。中国企业在非投资建设的种种经济园区，共有 20 多个，创造产值达 130 多亿，为相关国家解决就业 2.6 万人。中非之间的贸易额，至 2014 年时已达 2200 亿美元。

习近平主席对非洲的首次访问，特别是访问后成果快速显现，再一次证明我们同非洲的传统友谊，不仅可以经受国际风云变幻的严峻考验，而且能够适应经济全球化突飞猛进的时代潮流，显示出更大的发展活力和更加广阔的发展空间。

习近平主席这次对非洲访问，是在津巴布韦拉开帷幕的。在那里，习近平主席和穆加贝总统共同回顾了两国关系的历史，共同规划了两国关系的未来。双方达成了在政治上做好朋友，在经济上做好伙伴的新共识。在南非，习近平主席和祖马总统回顾过去，放眼未来，就如何落实未来五到十年中南战略合作规划达成广泛共识，决定在经济特区、海洋经济、基础设施建设、人力资源开发以及产能合作、能源合作等诸多领域进一步开展合作。总之，习近平主席第二次访非，为中非共同开创合作共赢的美好未来，打造了新纽带，开辟了新天地，展示了新前景。

关于中非合作论坛约翰内斯堡峰会及其成果，国内媒体已经做了充分报道，国际上同样热评不绝。非洲国家普遍关注的是习主席提出的中非关系"五大支柱",以及他所提出的中非合作"十大计划"。这"五大支柱",涵盖政治、经济、文明、安全和国际事务,非常切合当今时代特点和中非关系发展需要。"十大计划"则包括工业化、农业现代化、基础设施建设、金融合作、绿色发展、减贫惠民、公共卫生、人文交流、和平与安全、贸易投资便利化等诸多领域。

据有关部门权威发布,实施习近平主席第二次访非时所宣布的中国对非援助计划,中国未来几年将为非洲国家提供总额大约600亿美元的资金支持,其中包括首批资金总共100亿美元的产能合作基金,同时还将免除2015年底到期的所有最不发达的非洲国家对华无息贷款债务。所有这一切,无一例外地体现出习近平主席反复倡导的互利共赢、合作共赢的新理念。

大家知道,非洲大陆不是"一带一路"建设的重点区域,但属于"一带一路"建设的自然延伸区。习近平主席此次访非宣布的"十大计划",全都直接或间接地与"一带一路"有关。譬如,在基础设施方面,中方准备配合非洲国家"四纵六横"铁路网建设计划和"三纵六横"公路网建设计划,鼓励中国企业积极参与非洲国家的铁路、公路和港口建设,同时提供成熟的和技术可靠的机械装备。另外还要与非洲国家共同推进"中非区域航空合作计划",提供相应设备、建设相关机场、培训相关人才,等等。

不言而喻,全面落实上述"五大支柱"和"十大计划",不但会进一步夯实中非之间长期形成的传统友好合作关系,使中非平等合作、互利合作、持久合作、共赢合作迈向更高发展阶段,同时也会使"一带一路"倡议在拥有12亿人口的非洲大陆落地生根,为中国与广大非洲国家共创南南合作新局面树立了良好范例。

　　2015 年可以说是中国特色大国外交的开局之年。因为在 2014 年 11 月召开的中央外事工作会议上，习近平主席首次提出了中国特色大国外交的新思想，明确要求我们的大国外交要有中国特色、中国风格和中国气派。这在新中国外交史上还是第一次。2015 年，有人统计，习近平主席 8 次踏出国门，在 42 天时间里访问了四大洲 10 多个国家，参加了 9 次大型的国际会议。全面分析这些全方位高规格的元首外交，可以非常清晰地看出，大力倡导并推动实现合作共赢，在习近平总书记所开创的外交理论和实践中占有核心位置。他适应时代潮流的发展变化，结合中国的发展利益和安全利益，提出了一系列新的国际政治理念和新的外交构想，使我国外交工作始终处于高度活跃状态。特别是带有他本人鲜明特色的中国元首外交，比以往任何时候都更加积极和主动，更加富于开拓进取精神。他所倡导的合作共赢理念，充分体现出一个负责任的社会主义的发展中大国敢于担当、善于担当的时代品格。

　　2013 年 3 月，习近平就任国家主席后，立即访问了俄罗斯和非洲。在莫斯科国际关系学院，他首次以中国国家元首身份发表演讲，全面阐明自己对当今世界一系列重大问题的看法，第一次振聋发聩地提出了"人类命运共同体"这个国际关系新概念。过去，受传统思维影响，很多人观察分析国际事务时，看到的主要是世界上的矛盾、差异、分歧、冲突和斗争，对于各国发展利益和安全利益的共同性和一致性，对于人类前途命运最终将走向同一和整一的历史必然性，对各国人民之间相互联系、相互影响、相互依存、相互借重的特点与趋势，研究得相对不够。

　　习近平总书记洞察世界风云变幻，纵观人类历史进程，准确地把握住了人类社会不同组成之间联系日益紧密、交流日益密切的根本特点，以我们处于同一个"地球村"，处于历史与现实交汇的"同一个时空"为依据，高屋建瓴地提出了"强化人类命运共同体意识"的新倡议，发出了"共同打造人类命运共同体"这一时代最强音。这对我们进一步完善新世纪的大国外交战略，实现外交资源的合理统筹与科学布局，在全球范围内构建广泛的和不同形式的合作伙伴关系网，在周边地区和世界上更广泛的区域内推动实现开放发展、包容发展、合作发展与联动发展，具有重大战略指导意义。

　　这里应当说明的是，习近平主席不仅在俄罗斯提出并深入论述了人类命运共同体这个新概念，而且后来在许多重大外交场合、在许多重要文章和讲话中反复强调过这一重要思想。我们国家的其他领导人，如李克强总理，也曾多次利用出国访问之机，大力宣介和倡导共同体思想，积极推动周边邻国和世界各国为此而做出共同努力。当然，囿于当前国际形势和各国各地区实际情况，我们倡导和推动建立的共同体，应当是非常具体的，而不是抽象的和概念化的；应当是具有不同形式、不同范围、不同属性和不同特征的，而不应当是泛泛而论的和简单划一的。当前我们大力倡导并推动建立的，首先就是发展共同体、责任共同体、利益共同体或安全共同体，是国家间的共同体或区域性的共同体。至于整个人类社会的命运共同体，是需要我们在国际舞台上艰苦奋斗的艰巨任务和长期追求的崇高目标。

　　还有一点需要补充的是，习近平主席不仅大力倡导并亲自推动建立不同形式的人类命运共同体，同时还多次阐明了合作发展是可持续发展的重要基础、合作共赢事业没有止境的战略思想。2013年博鳌亚洲论坛上，习近平讲话的一个重大思想就是：各国共处一个世界，共同发展是可持续发展的重要基础。合作发展、和平发展、合作共赢的事业没有终点，只有一个接一个的新起点。

关于可持续发展，国际社会已经谈论多年。我们国内关于可持续发展的著述，更是浩如烟海。但是，我们过去谈论可持续发展，主要是从保护资源、能源、应对气候变化等角度考虑问题的，现在已经考虑到生产力布局、区域发展的平衡性、国内外因素相互统筹等因素，把我们的发展与世界各国的共同发展联系起来，把每个国家的发展与全人类的发展联系起来，并且明确地把共同发展作为可持续发展的重要基础提出来，这不是第一次。这一科学认识，以及由此形成的其他各种判断和结论，是我们深入理解人类命运共同体思想，准确把握合作共赢外交思想的精髓所在。

2014年春，习近平主席赴荷兰海牙出席世界核峰会，同时访问了比利时等一些欧洲国家和欧盟总部。习近平主席的这次访问，成果丰富，亮点纷呈，可圈可点的地方很多。但我感觉意义最大的，是他所发表的关于人类文明问题的演说。在这次演讲中，他代表中国共产党人，代表中华民族，第一次阐述了我们对人类文明的新看法和新见解，第一次向国际社会展示了中国人的新文明观。这就是：文明是多彩的，文明是平等的，文明是包容的。

正是在习近平总书记阐明的新文明观的指导下，我们比以往任何时候都更加鲜明地向国际社会宣告，不同文明应当相互尊重，和谐共处；应当相互包容，彼此借鉴；应当长期共存，共同发展。习近平总书记有关人类文明的这些新思想新主张新论断，成了当前我国大力倡导和实施的合作共赢外交理念的认识论基础。

全面地认真地研究习近平总书记三年多来在世界各地发表的文章和演说，可以看出，他的几乎所有文稿，所有讲话，都包含和贯穿着合作共赢的思想理念。合作共赢，可以说是新时期我们外交理论和实践中处于核心位置的根本性理念。

上世纪 50—60 年代，当西方国家联手孤立和封锁我们，我们在国际舞台上的处境比较困难时，我们倡导并实践和平共处五项原则，用以处理新中国同周边国家、同世界各国的关系，历史成就不可低估。如今，我们已前所未有地接近于世界舞台中心，我们要同世界上各种类型的国家打交道，要与具有不同文明背景的国家发展合作，要与处于不同经济社会发展阶段的国家联动发展，要同复杂多变的人类社会走向共同进步和安全，靠的是什么?

除了继续高举独立自主的和平外交旗帜，坚持奉行和平共处五项原则之外，还要高举和平发展、合作共赢的旗帜。舍此别无选择! 在经济全球化加速发展，我们成为全球化最大受益国、西方发达国家反全球化运动逆势来潮的复杂形势下，国际社会，特别是广大发展中国家，对中国期待甚高。中国必须履行时代赋予我们的使命，高高举起合作共赢的大旗。合作共赢，这是习近平和以他为核心的中共新一代领导人外交思想的精髓所在。

（2015 年 12 月）

万隆精神对中国特色大国外交
仍具有重大指导意义*

习近平总书记在去年11月召开的中央外事工作会议上，全面分析了当今世界形势和我国所处的国际环境，指出中国必须有自己特色的大国外交，对外工作必须有鲜明的中国特色、中国风格、中国气派。这是中国新一代领导人总揽世界发展态势和国际格局变化，为我国全面做好新时期对外工作提出的战略性要求。

今年4月，时逢万隆会议（即在印度尼西亚万隆召开的亚非会议）60周年。回顾中国外交数十年来与时俱进的理念和实践，联系当前我国对外工作的新形势新任务和新挑战，可以说，在当时外部环境并非十分友善，社会主义国家被恶意丑化的情况下，新中国通过在万隆会议上的出色表现，成功地向国际社会展现了自己的外交理念、外交风格和外交气派。这是新中国通过多边外交展示良好形象，走向广阔世界舞台并为国际关系健康发展做出重要贡献的成功范例。

---

* 本文系作者2015年5月为纪念万隆会议50周年为《中国社会科学报》撰写的专稿，原标题为《万隆会议：中国特色外交的成功范例》。此处略有修改。

首先，万隆会议向亚非国家乃至全世界彰显了新中国外交的和平友好性。中华民族具有与人为善、和谐万邦的优秀传统和品格，人民政权具有反对压迫、追求和平的先进属性，因而，新中国成立伊始，即向全世界宣示了爱好和平并主张合作的对外政策。在中央人民政府成立前夕召开的中国人民政治协商会议筹备会上，即将成为新中国最高领导人的毛泽东庄严承诺，中国人民愿意同世界各国人民实行友好合作。会议通过的具有临时宪法性质的共同纲领亦郑重宣告，中华人民共和国外交政策的原则为保障本国独立、自由和领土主权的完整，拥护国际的持久和平和各国人民之间的友好合作。但在当时，以美国为首的西方国家视中国革命胜利为洪水猛兽，动用各种手段对新中国进行封锁、制裁和围堵，甚至把朝鲜半岛的战火烧到新中国家门口。中国人民为保卫祖国，恢复地区和平，不得不组织志愿军赴朝作战，经过三年苦战，最终迫使美国签署了停战协定。由于新中国在朝鲜战争中的非凡表现，也由于新中国强有力地支持越南民族解放斗争，国际社会认识到新中国在地区事务中的独特作用，认识到新中国维护和平的真诚愿望和为此做出的巨大努力，因而邀请新中国派团出席解决印度支那问题的日内瓦会议。这次会议使国际社会初步领略到新中国外交的和平友好属性。

这期间，新中国同蒙古、印度、缅甸、巴基斯坦、阿富汗、尼泊尔等国建立了外交关系，各领域合作渐次展开，同斯里兰卡、柬埔寨、老挝、泰国、菲律宾、马来亚、新加坡以及日本的关系也有所突破，周边外交开局态势良好。此后，新中国外交凯歌行进，于1954年6月联手印缅，共同提出和平共处五项原则，世界舆论一时好评如潮。但总体看，国际社会对新中国的了解仍有很大局限性，新中国对国际事务的参与度亦相对有限。因此，当新中国领导人得知印缅两国与锡兰、印尼、巴基斯坦五国准备召开亚非会议时，立即毫不犹豫地表示坚决支持。毛泽东主席、周恩来总理亲自做有关国家政治家的工作，反复表达中国政府希望参会的强烈意愿。接到邀请后，中国立即进行顶层设计，将争取扩大世界和平统一战线，促进民族独立运动，为建立和加强我国同若干亚非国家的关系创造条件，力求会议成功确定为中国代表团的工作方针。

万隆会议是亚非国家领导人的首次峰会。29 个与会国领导人代表全球半数以上人口，他们共同探讨和平合作、反帝反殖、团结进步等重大议题，这本身就反映了战后世界格局和力量对比的深刻变化。中国不是会议发起国，但在会议期间做了大量工作，推动各方相向而行，寻求共识，促成了以和平合作为主调的最后公报。公报包括经济合作、文化合作、人权和自决、附属地人民问题、其他问题、促进世界和平与合作、关于促进世界和平与合作的宣言七个部分。其中最重要的是下列原则：一、尊重基本人权，尊重联合国宪章的宗旨和原则。二、尊重一切国家的主权和领土完整。三、承认一切种族的平等，承认一切大小国家的平等。四、不干预或干涉他国内政。五、尊重每一个国家按照联合国宪章单独地或集体地进行自卫的权利。六、不使用集体防御的安排来为任何一个大国的特殊利益服务；任何国家不对其他国家施加压力。七、不以侵略行为或侵略威胁或使用武力来侵犯任何国家的领土完整或政治独立。八、按照联合国宪章，通过谈判、调停、仲裁或司法解决等和平方法以及有关方面自己选择的任何其他和平方法来解决一切国际争端。九、促进相互的利益和合作。十、尊重正义和国际义务。

万隆会议十项原则虽然文字表述不似中国风格，但其精神实质与中印缅此前提出的和平共处五项原则，具有明显的互联关系。它们彼此呼应，一脉相承，立即在国际上产生了强烈震动。会后，中国轰轰烈烈地宣传万隆会议成果，坚持不懈地实践万隆会议精神，直到"文革"初期，受到了国际进步力量的普遍好评。新中国作为和平友好力量的良好形象，在广大新兴国家面前得到明显的强化和提升。

其次，万隆会议充分展示了新中国外交的独立自主性和开拓进取精神。新中国成立时，东西方已处于冷战状态，世界分裂为社会主义与资本主义两大阵营。新中国为打破西方敌对势力的政治孤立、经济封锁和军事包围，在对外关系领域执行向以苏联为首的社会主义国家"一边倒"的政策。这意味着新中国处理地区和国际事务，要与社会主义各国，首先是苏联协调立场，相互配合，直至共同行动。但中国是完全独立的主权国家，世界社会主义阵营成员国的身份定位，与苏联缔结的友好互助同盟关系，都不影响中国基于本国利益确定对外政策和策略，也不妨碍中国按照事务本身的是非曲直确定原则和立场。1953 年斯大林逝世后，中苏两国在对外关系领域面临的问题各不相同，政策差异日渐明显。在此情况下，中国高举独立自主旗帜，遵循和平友好原则，根据自身需要参与周边事务，走向世界舞台，自然而然地成了外交常态。万隆会议是一次没有苏联参加的国际会议，新中国大力支持并积极参会，雄辩地证明了新中国外交的独立性和自主性。西方关于中苏关系的种种非议，特别是"中国为苏联附庸"、"北京听命于莫斯科"的无耻谰言和诽谤不攻自破。

以美国为首的西方国家当时对万隆会议极为不安，不仅极尽阻挠、贬低之能事，而且力图通过舆论引导、金钱引诱、外交施压等方式，影响参会国家的立场，左右会议进程和结果。盘踞在台湾的蒋介石集团，制造了"克什米尔公主号"事件，炸毁了中国代表团租用的飞机，造成重大人员伤亡。但中国代表团为促进世界和平，增加了解和友谊而参会，任何势力和任何事情都无法动摇中国参与此会、开好此会的信念和决心。中国代表团团长周恩来总理赴会途中，顺访缅甸、印度和埃及，与三国总理沟通协调，以确保会议顺利召开。会议结束后，他高度评价此会，盛赞此会高举民族独立的旗帜，支持各国人民争取自由和独立的事业，显示出亚非人民正在把命运掌握在自己的手中。不言而喻，中国作为社会主义的新兴大国，勇于超越社会制度差异，超越意识形态分歧，不论与会国是否都已与己建交，积极参会并力促会议成功，这本身就是自立求强、开拓进取的重要体现。新中国此举，不仅冲破了西方国家对本国进行的外交封锁，同新兴国家一道撼动了西方强加给亚非人民的世界旧秩序，同时也改变了以意识形态划线，只从阵营对抗角度观察世界、处理外交的苏联思维。就这一点而言，万隆会议也是中国摆脱苏联外交范式影响，努力开展中国特色外交的一次成功范例。

再次，万隆会议展示了新中国领导人处理外交事务的原则坚定性和策略灵活性。当时，东西方冷战愈演愈烈，国际社会严重撕裂，但人类社会毕竟是丰富多彩的。世界上除了社会主义、资本主义两大阵营而外，还有新兴民族国家构成的广大中间地带。这些国家历史文化底蕴和价值观千差万别，社会制度选择和对外政策取向五花八门，对新中国的立场和态度更不可一概而论。参加万隆会议的许多国家，不仅与中国没有外交关系，而且受西方影响，持有根深蒂固的反华偏见。针对这一情况，中国政府确定两个参会目标：作为最高纲领，争取缔结亚非国家和平公约或和平宣言，以和平共处五项原则、反对殖民主义、要求和平、反对战争为主要内容。最低纲领则是争取发表公约性质的会议公报，以体现会议共同成果。为此，代表团确定的具体方针主要是：多提共性问题而不突出中国的特殊问题；支持大多数与会国但不强求支持中国；对某些国家的攻击诬蔑要申明立场但不为所动；不提出任何不可能达成协议的议题，避免会议陷入社会制度和意识形态对立和争论。

会议期间，不同国家之间的分歧和争斗确实非常激烈。有些代表高度赞扬中印缅三国倡导的和平共处五项原则，认为它是亚非国家友好合作的开端，也是整个国际生活的开端，显示出对华友好合作的良好意愿。但也有些人当面指责中国，攻击社会主义和共产主义，号召联美反共。面对这种情况，周恩来在书面发言和补充发言中反复强调，中国代表团是来求同而不是来存异的。我们不要求各人放弃自己的见解，但它不应妨碍我们在主要问题上达成共同协议，与会各方应在共同研究的基础上，相互了解和重视彼此的不同见解。针对个别代表团对新中国的疑虑和恐惧，周恩来特别指出：社会制度不同的国家是可以实现和平共处的；中国愿意严格遵循和平共处五项原则，并将其作为中国同亚非其他国家建立正常关系的基础；中国绝无颠覆邻邦政府的意图；等等。整个会议期间，中国代表团始终顾全大局，注意团结合作，坚持平等待人，广交多交朋友，最终促成了各方普遍接受的原则与共识，促使会议通过了当时国际会议较为罕见的成果性文件。特别重要的是，中国代表团同未建交国代表也进行了广泛接触和沟通，以实际行动显示了新中国领导人的非凡气度与风范。这一切，为中国日后壮大友好力量，丰富和拓展外交资源，深化与广大发展中国家的合作，推动形成反霸统一战线创造了有利条件。

万隆会议的历史价值和示范作用不仅值得中国外交借鉴，而且将永载国际关系史册。

从万隆会议到现在，世界格局和国际关系已发生天翻地覆的深刻变化。不仅国际力量对比，就连世界政治版图都已几经更改。但另一方面，也应看到，无论世界形势怎样变化，人类文明的多样性没有改变，发展模式的多元化没有改变，不同社会制度国家间的竞争与合作关系没有改变。近年来，随着和平与发展的时代主题愈加凸显，合作与共赢的普遍诉求愈加强烈。国际社会为争取建立公正合理的世界新秩序和良好的人类生存环境而求索，仍有必要深入发掘万隆会议的宝贵遗产，进一步弘扬光大万隆会议精神。以相互尊重、求同存异、和平友好、平等合作为精髓的万隆会议十原则，应与和平共处五项原则一道，得到包括发达国家在内的国际社会的广泛认同和遵守。

中国经过几十年改革开放和现代化建设，已成长为举世瞩目的世界第二大经济体，综合国力持续走强，国际地位急速上升，与外部世界的关系呈现前所未有的新局面。中国参与国际事务的广度、深度和力度举世瞩目，肩负的国际责任和义务，连同国际社会对中国的企盼与期望一道，与日俱增。如今，中国作为全面崛起中的发展中社会主义大国，国际身份出现重大变化，走向世界舞台中心的步伐空前加快。机遇与挑战同在，成为中国对外工作的新常态。在新时期新阶段的外交活动中，中国新一代领导人审时度势，积极推动构建新型大国关系和全球合作伙伴关系，大力倡导新安全观、新秩序观和新利益观，全面实施睦邻、安邻、富邻的周边政策，努力打造利益共同体、责任共同体和命运共同体等新理念，在国际上产生了积极反响。

由此可见，统筹国内国外两个大局、争取中华民族伟大复兴，与维护地区稳定争取世界和平紧密相连，与推动合作发展促进共同进步相辅相成，进而使国富民康的伟大中国梦，与各国人民渴望和平友好的世界梦实现无缝对接。万隆会议原则和万隆会议精神，特别是中国老一代领导人运筹帷幄的外交理论和实践，对于正在全面走向世界舞台中心的中国，仍然具有重大的指导意义，并且依然可以作为各国人民争取和平与发展、实现繁荣与安全的崇高事业的成功范例，发挥更大的历史作用。

（2015 年 5 月）

和平发展合作共赢是中国成长
为世界大国的必由之路*

经过 30 多年的改革开放和社会主义现代化建设，如今的中国已经成长为世界第二大经济体，中国的综合国力以及中国在地区和国际事务中的影响力与日俱增。随着中华民族前所未有地接近于全面复兴的伟大目标，中国作为独具特色的发展中的社会主义大国，同时也前所未有地接近于世界舞台的中心。在中国与外部世界的关系已经发生并且仍在继续发生深刻变化的新形势下，中国坚持并实行什么样的对外战略，国际社会极为关注，中国人自己也在认真研究和深入思考。

从实行"一边倒"外交转变为践行和平共处五项原则，新中国独立自主的和平外交方针逐渐形成

1949 年新中国成立时，以美国为首的西方国家基于意识形态

---

* 本文根据作者 2015 年 4 月在察哈尔学会一次研讨会上的发言整理而成。

因素和全球战略考虑，实行对华孤立和封锁政策。中国为了自身的
生存与发展，实行向以苏联为首的社会主义阵营"一边倒"的外交
战略。在这种情况下，除了苏联和东欧地区的社会主义国家、周边
地区极少数国家和欧洲几个国家之外，① 世界上承认新中国的国家
只有 20 多个。国际社会对新中国的认可度如此低，使我们这个当
时拥有约 5 亿人口的国家很难在地区和国际事务中发挥应有的作
用，严重制约着新中国的成长与壮大。

新中国实行向以苏联为首的社会主义阵营"一边倒"的外交
战略，当时是必要的，也是非常有益的。在以苏联为首的社会主义
各国的大力支持下，新中国作为主权独立国家，作为一个新国际法
主体，稳稳地屹立在世界的东方，不仅打赢了美国强加于新中国头
上的朝鲜战争，而且很快完成了恢复国民经济的艰巨任务，初步建
立起门类齐全的国民经济体系。1954 年中国出席日内瓦会议并推
动会议取得部分成果，表明中国已开始以新兴大国的姿态参与国际
事务。

实行向以苏联为首的社会主义阵营"一边倒"的外交战略，
新中国获得了不可估量的战略红利，同时也感受到了来自苏联的老
子党作风和大国主义的强大压力。1953 年斯大林逝世，使新中国
获得了调整并最终放弃"一边倒"战略外交的历史机遇。为了打破
西方世界对新中国的全面封锁，摆脱新中国在国际上常常孤立无援
的窘境，真正实现毛泽东所说的"中国人民站起来了"，新中国在
外交战略方面开始了新的探索和努力，其中一项突出成就，就是

---

① 英国 1950 年即已承认了新中国，但两国最初建立的只是代办级的外交关系。荷
　兰与中国当时建立的也是代办级外交关系。

1954 年与印度、缅甸两个重要邻国正式提出了和平共处五项原则。

实际上，和平共处五项原则的基本思想是中方 1953 年 12 月 31 日最先提出来的。当时印度政府代表团来华商讨中印两国在中国西藏地方的关系问题，周恩来总理在会见印度客人时说，新中国成立后确立了处理中印两国关系的原则，那就是互相尊重领土主权、互不侵犯、互不干涉内政、平等互惠和和平共处的原则。针对中印关系，周恩来表示，"只要根据这些原则，任何业已成熟的悬而未决的问题都可以拿出来谈"①。1954 年 6 月，周恩来利用日内瓦会议休会之机访问了印度。他在向印度人民发表的演说中表示，"在和平共处五项原则的基础上，两国政府和人民在世界和平事业上的密切合作和经常接触，两国经济关系的发展和文化的交流，就能够使两国间的获得不断的加强的发展"。两国总理在会谈后发展的联合声明中不仅重申了和平共处五项原则，并且还进一步表示，"与亚洲以及世界其他国家的关系中也应该适用这些原则"②。

结束对印度的访问后，周恩来又访问了缅甸。针对缅方当时对中国的某些疑虑，周恩来建议双方建立互信，消除误会。他重申了中印两国总理在联合声明中倡导的和平共处五项原则，建议中缅两国也发表一个类似文件，得到缅方赞同。两国总理在联合声明中确认和平共处五项原则也应该是指导中国与缅甸之间关系的原则，同时表示，如果这些原则能为一切国家遵守，则社会制度不同的国家的和平共处就有了保障。当年 11 月缅甸总理访华，两国总理在会谈公报中重申和平共处五项原则是指导两国关系的坚定不移的方

---

① 见《中华人民共和国外交史》（第一卷），1994 年版，第 99 页。
② 见《中华人民共和国外交史》（第一卷），1994 年版，第 100 页。

针，同时表示希望和平共处五项原则能够为亚洲和世界各国广泛采用。

为了文字表述得更加准确，和平共处五项原则后来修订为"互相尊重主权和领土完整、互不侵犯、互不干涉内政、平等互利、和平共处"。这五项原则是由中国领导人首先提出，并由中印缅三国共同倡导推向整个亚洲和全世界的。1955 年，新中国克服重重阻力，成功地参加了亚非拉国家在印尼召开的万隆会议，推动会议取得成功并以和平共处五项原则为基础，形成了万隆会议十原则。在这次没有苏联参加的会议上，周恩来与亚非地区许多国家领导人进行了广泛接触，其中包括一些与中国没有建交的国家的领导人。亚非国家对新中国有了新的认识和了解，不少刚刚独立的非洲国家与中国建立了外交关系。中国的国际处境开始明显改善。

此后，新中国外交战略转换进一步加速。1956 年，周恩来访问了埃及和一批非洲国家，拉开了新中国与非洲国家建交和交往的序幕。当年 10 月，苏联与东欧国家的关系出现问题，中国明确建议苏联，应把和平共处五项原则作为指导和处理社会主义国家相互关系的基本准则。苏联当时接受了中方建议，发表政府声明，作了相应表态。1960 年，古巴革命成功，新中国与古巴建交，中国在遥远的拉丁美洲有了第一个邦交国。1964 年，西方大国法国与新中国建交。这段时间，中国全力践行和平共处五项原则和万隆会议精神，在朝鲜战争后国际大环境依然十分复杂，中苏同盟名存实亡的情况下，积极营造睦邻友好的周边关系。一方面继续发展同朝鲜和越南的传统友谊，通过民间外交拉近与日本的距离，稳定东北亚和东南亚局势，另一方面以相互尊重、互谅互让为基础，同缅甸、巴基斯坦、阿富汗、尼泊尔、蒙古、朝鲜等国解决了边界问题。虽然出于多种考虑，中国1957年仍坚持社会主义阵营以苏联为首的旧提法，中印关系也因边界纠纷和其他因素而日趋紧张，后来导致边界战争，但新中国向苏联方面"一边倒"的外交战略，已被与所有国家和平共处的新战略所取代，这是显而易见的。新中国自立于世界民族之林的基础，也逐渐坚实起来。

外交事务虽然受到过极左思潮严重干扰，但服务于安全和发展需要的主旋律始终未变

60年代中后期，受国内逐渐形成的极左思潮影响，特别是"文革"初期支左反修、打倒帝修反、支援世界革命等激进思想干扰下，新中国经过多方面努力而赢得的凯歌行进的外交势头，因和平共处战略被漠视和扭曲而受到严重破坏。中国在世界上的建交国几乎没有增加，总数屈指可数。周边地区许多邻国不愿与中国建交。原本与中国关系不错的国家，也相继出现问题。拉丁美洲30多个国家中的唯一建交国古巴，与中国的关系一度跌入冰点。在南太平洋地区，中国连一个建交国都没有。

60年代末，毛泽东主席和周恩来总理敏锐地发现了中国外交出现的巨大偏差，采取果断措施遏制了极左势力的干扰破坏，严厉惩办了对新中国外交构成重大威胁的害群之马。周恩来总理还亲自出面处理火烧英国代办处等严重破坏中外关系的恶性事件，对严重受损的外国驻华外交机构做出修复和补偿。奉召回国参加"文革"

的驻外大使们，陆续返回自己在国外的工作岗位。中国外交工作重新回到和平共处的战略轨道，国家形象得到了明显改善。

进入 1970 年后，随着加拿大率先与中国建交，中国成功恢复在联合国的合法席位，中美两国开启对话与交往之门，西方世界出现了"雪崩式"的与中国建交的热潮。意大利、奥地利、比利时、希腊、联邦德国等相继与中国建交。英国、荷兰两国与中国建立的代办级外交关系，升格为大使级。到 1979 年，与中国建交的西欧国家已有 14 个。中国与日本 1972 年实现了关系正常化，正式建立外交关系。南太平洋上的两个重要国家澳大利亚和新西兰，亦于 1972 年同中国建立了正式的外交关系。

在周边地区和亚非拉其他地区，马来西亚、菲律宾、泰国、孟加拉国、马尔代夫等邻国和近邻国家亦相继与中国建交。中国与朝鲜、缅甸等国一度严重失和的国家关系，得到恢复和发展。中国与印度之间 1976 年恢复互派大使，与印度尼西亚后来也逐渐恢复了一定程度的交往。在南太平洋地区的斐济、西萨摩亚、巴布亚新几内亚，陆续与中国建交。整个 70 年代，非洲国家与中国建交的多达 25 个。

独立自主的外交政策得到国际社会广泛认可并取得巨大成功，大大地坚定了中国政府实行和平共处外交战略的意愿和决心。1975年 1 月，周恩来总理在第四届全国人大上宣布："我们愿意在和平共处五项原则的基础上同一切国家建立和发展关系。"当时中苏关系较为紧张，中国强烈反对苏联的霸权主义，尽管如此，周恩来仍表示：中苏双方之间的争论不应妨碍两国的正常关系。实行和平共处的外交战略，不仅完全打破了西方对中国的外交孤立和封锁，同时也给中国带来实实在在的经济利益和发展机遇。譬如，新中国成立后长期以来日本为我国最大贸易伙伴，但中日贸易额 1969 年时只有 5.8 亿美元。中日建交后，双方经贸关系迅猛发展，1979 年时达 67 亿美元。联邦德国是中国在欧洲的最大贸易伙伴，双方的贸易额 1972 年为 2.72 亿美元，1972 年建交后，每年增长 30% 以上，到 1979 年时达 21.98 亿美元。中国同西欧其他国家以及加拿大、澳大利亚、新西兰等发达国家的经贸关系和科技合作都有较大增长。

1979 年中国全面改革开放后，邓小平明确提出了争取良好的外部环境的新概念，领导中国外交进入开拓进取的历史新时期。此时，中国所处的亚太地区仍是国际关系中热点难点比较集中的地区，同时也是大国利益相互交织而激烈碰撞的地区。中国常常别无选择地陷入风口浪尖之中。面对这些实际情况，邓小平作出了和平与发展是时代主题的新判断，引导中国大踏步地走向外部世界，建设性地参与地区和国际事务，同世界各国开展广泛的交流与合作。中国改革开放和社会主义现代化建设的外部环境，得到了极大的改善。中国实行和平共处的外交战略更加自觉、主动、积极和全面。摒弃意识形态因素干扰，超越社会制度差异，一切以国家安全利益和发展需要为出发点，逐渐成为中国外交的主旋律和主基调。

上世纪 80 年代末 90 年代初东欧剧变、苏联解体，东西方冷战宣告结束，中国实行和平共处的外交战略既面临新的历史机遇，同时也面临一些新的问题和挑战。一方面，剧变后的原苏联和东欧地区一时出现反共狂潮，对华不友好的势力在一些国家兴风作浪；另一方面，西方某些势力认为资本主义已不战而胜，世界将统一于资本主义，对中国进行分化西化与和平演变的压力骤然增大。

邓小平审时度势，提出韬光养晦、有所作为的外交思想，主张坚持奉行独立自主的和平外交方针，不扛旗、不当头、不结盟、不干涉原苏联和东欧各国的内部事务，在和平共处五项原则基础上，继续同一切国家发展友好合作关系。在他的正确指导下，中国仍一如既往，继续高举和平、发展与合作的旗帜，尽最大努力争取并维护有利于改革开放和现代化建设的外部环境。结果，中国不但与剧变后的原苏联和东欧各国普遍建立起正常的国家关系，而且与许多国家开始了较高水平的务实合作，与俄罗斯建立了战略协作伙伴关系。中国与西方国家的关系，其中包括与美国的关系，尽管不无波折和危机，但总体上保持着持续向前的发展态势。

坚定不移高举和平发展合作共赢旗帜，
新时期中国外交在民族复兴进程中与时俱进

进入新世纪以来，国际力量对比发生了并且继续发生着以东升西降为主要标志的重大变化。世界权力重心向亚太地区转移呈不可阻遏之势，地区和国际形势复杂多变的特点更加突出。在此情况下，中国政府坚持韬光养晦、积极有所作为，实行独立自主的外交方针不动摇。和平共处的外交战略依然是中国外交的总基调。2012年11月召开的党的十八大明确宣布，中国在国际事务中要继续高举和平、发展、合作的旗帜。为实现中华民族全面复兴的历史任务和和平崛起的伟大目标，近十多年来，中国在外交领域主要采取了这样一些重大举措。

第一，尽最大努力继续解决与邻国的领土纠纷，进一步营造长期稳定、睦邻友好的周边环境。中国本着相互尊重和互谅互让的原则，在既考虑历史因素又照顾现实状况的基础上，成功地解决了与俄罗斯和中亚国家的边界问题，使这一长达 7000 多公里的共同边界从此成为和平与合作的边界。中国同时还成功地解决了与老挝的边界问题，解决了与越南的陆上边界和北部湾划界问题。中印之间 12 万平方公里的领土争端以及中国与不丹的领土争议虽然还没有解决，但边境局势基本可控。双方通过谈判解决问题的意愿进一步增强。

第二，利用一切机会和可能，在全球范围内广泛建立涵盖所有建交国的伙伴关系网，推进各领域的互利合作。譬如，中俄两国1994 年建立面向 21 世纪的建设性伙伴关系，而后又提升为战略协作伙伴关系和全面战略协作伙伴关系。中美两国 1997 年、2006 年、2011 年先后宣布共建面向 21 世纪的建设性战略伙伴关系、建设性合作关系和相互尊重、互利共赢的合作伙伴关系，2013 年双方又共同确认建立不冲突、不对抗、相互尊重、互利共赢的新型大国关系。中国同欧盟 2011 年建立战略伙伴关系，2013 年升格为全面战略伙伴关系。

第三，积极参与联合国事务和多边外交，与联合国及所属机构开展全面合作，在 APEC、G20、世界核峰会、欧亚首脑会议、金砖国家元首会晤等全球性和地区性多边机制中发挥建设性作用，为推动建立公正合理的国际政治经济新秩序、应对气候变化、解决全球性问题、克服国际金融危机、加强全球治理、打击国际恐怖主义、执行联合国维和任务、帮助冲突地区实现战后重建等方面，发出中国声音，提出中国方案，贡献中国力量。

第四，主动营造周边环境，精心打造双边多边相结合的周边外交新平台。上世纪 90 年代中期，中国与俄罗斯、哈萨克斯坦、吉尔吉斯斯坦、塔吉克斯坦为缓和边界地区局势而形成的五国元首会晤机制，后来吸收乌兹别克斯坦参加，转变为中国发起、总部设在中国、中国发挥主导作用的上海合作组织。由于中国大力推动，上合组织目前已成长为内部机制健全、由 6 个成员国、2 个候补成员国、一批观察员和对话伙伴国共同组成的地区合作平台。此外，中国大大加强了与东盟的合作，通过东盟"10＋1"、东盟"10＋3"、东亚峰会以及中日韩三方合作、大湄公河次区域合作等机制，积极参与和推动其他各种框架、各种形式下的多边经济合作。

第五，提出"一带一路"倡议，动员和推动亚欧大陆数十个国家参与建设"丝绸之路经济带"和"21 世纪海上丝绸之路"。为实现这一前无古人的伟大合作构想，中国建立了丝绸之路基金，发起成立了亚洲基础设施投资银行，其目的是要通过中国与相关国家共建基础设施，实现互联互通，带动地区和世界的经济与社会发展，实现人类社会的共同进步与繁荣，最终形成区域性的乃至更大范围的利益共同体、责任共同体和命运共同体。在进一步密切中国与外部世界的广泛联系的同时，持续增强中国对外开放的能力和现代化建设的水平。

第六，全面推进公共外交，不断强化对外传播，广泛宣传党和政府追求的和平和谐和睦的内外政策，全力打造中国共产党、中国政府和中华民族开明开放、包容合作的良好形象，通过扩大人文交往、请进来走出去，举办或承办丰富多彩的文化艺术活动、学术科研活动、商贸洽谈活动、文博体育活动等等，增进中国人民对外部世界的了解，同时也增进外部世界对中国社会的认知，最终促进民心相通，并以民心相通促进国家间的政策沟通，进而实现各国间的设施联通、贸易畅通、货币流通或资金融通，在更高水平和更大范围内实现我国与相关国家、中华民族与整个人类社会的合作共赢。

从 50 年代倡导和平共处，到如今倡导合作共赢，中国外交战略从理论到实践始终与时俱进，始终追随世界潮流并紧扣时代脉搏。无论是 2013 年召开的周边外交工作座谈会，还是 2014 年召开的全国外事工作会议，中国政府向全世界传递的核心信息就是，不管国际风云如何变幻，中国将始终不渝地坚持和平发展与和平崛起。与和平发展、和平崛起密不可分的，就是和平共处与合作共赢。这是中国共产党人的坚定信念，也是中华民族的共同意愿，更是历史和时代赋予中国人民的唯一选择。如同和平共处适用于所有国家一样，合作共赢适用于一切领域，而不单单是指经贸关系。

习近平总书记是和平共处、合作共赢外交战略的倡导者和实践者。2013 年以来他出访各国发表的有关国际关系和中国对外政策的演说和文章，全面阐述了中华民族在全面复兴的伟大进程中坚持实行和平共处、合作共赢战略的重要性和必然性。2014 年他在纪念和平共处五项原则提出 60 周年大会上发表讲话，2015 年赴印尼出席万隆会议 60 周年纪念活动，以及他在纪念中国人民抗日战争暨世界反法西斯战争胜利 70 周年大会上的讲话，出席联合国成立 70 周年系列活动等等，都使全世界对中国的未来充满了信心与期待。

中国成长为世界一流大国的道路可能坎坷不平，但坚守和平共处、合作共赢的外交战略将始终不变。换言之，唯有和平共处与合作共赢，才是中国特色的社会主义大国走向未来的必由之路。无论中国与美国共建新型大国关系，还是同俄罗斯深化战略协作伙伴关系，或是同欧盟、东盟和其他各国开展务实合作，都将始终高举和平、发展、合作、共赢的旗帜。即使在涉及自身核心利益的重大问题上，中国也会把维护自身安全、实现自身利益同维护地区稳定、争取共同利益有机地统一起来。和平、发展、合作、共赢，符合世界潮流和时代诉求，也适合中国的战略需要和长远利益。

（2015 年 4 月）

构建中美新型大国关系
要有足够的战略定力[*]

  中美关系是当今世界最重要的双边关系，因而也是国际社会的焦点话题。2015 年 9 月习近平主席对美国的国事访问，之所以被称作是重要时间节点上的历史性访问，一是因为中美关系本身极为重要和复杂，二是因为中美关系对整个国际关系的影响是任何双边关系无法比拟的。因而，可以说，习近平主席对美国的这次访问，既是中美两国关系史上的一件大事，也是本年度国际关系中的一件大事。

  美国是当今世界最大的发达国家，中国是当今世界最大的发展中国家，就经济总量而言，美国位居世界第一，中国位居世界第二。不仅我们中国人，世界上许多人将中美关系形象地比喻为"老大"与"老二"的关系。近年来，由于中国参与国际事务的广度深度和力度迅速增大，走向世界舞台中心的步伐明显加快，即使在国际政治、全球治理以及共同安全等领域，人们也越来越普遍地将中

---

* 本文根据作者 2015 年 12 月一次记者采访稿整理而成。

美关系视为"老大"与"老二"的关系。

这种比喻看起来有点简单化，但它表明，中美关系如何发展，未来走势如何，已不仅事关中美两国，更重要的是关系到整个国际关系，甚至可以说关系到人类的前途和命运。从这个视角出发，说习近平主席对美国的这次访问具有历史意义，显然也不无根据和理由。更何况，这是习近平就任中国国家主席后对美国进行的首次访问。双方都高度重视此次访问，对访问的所有事项都进行了周密安排和认真准备。

习近平主席此次访美之前，与奥巴马总统已有多次接触。甚至有"庄园会晤"、"瀛台漫步"这样影响重大的会晤。在 G20、APEC、世界核峰会等多边场合，两国领导人也经常就共同关心的问题交换意见和看法，甚至还有多次电话交流。但习近平作为中国国家元首正式访美，毕竟是第一次。我国的媒体对此访做了大量报道，充分肯定这次访问为两国关系未来发展指明了方向。我国外交部发表的访问成果，有几十项之多。

人们普遍注意到，在这次访问中，面对中美关系出现的新情况新问题，习近平主席郑重地发出了这样的警告：中美之间本不存在新兴大国与守成大国必然冲突的"修昔底德"陷阱，但处理不好，就可能自己给自己造成一个"修昔底德"陷阱。我们不能确信美国总统奥巴马是否接受了习近平主席的忠告，但他确实表态承认，中美之间存在着广泛的共同利益，中美之间在诸多合作领域中取得了重要成果。

2014 年是中美建交 35 周年。35 周年在历史长河中不过是弹指一挥间，但中美关系却取得了十分可观的历史性进展。中美之间建立了多个政府间对话机制，结成了 40 多对友好省州和 200 多对友好城市，人员往来每年已超过 400 多万人次，其中绝大多数为中国人。中国在美国留学人数累计已经超过 20 万，美国来华留学的也超过 10 万。双方的贸易额比建交时增长了 20011 倍，达到 5200 多亿美元。两国的双向投资存量累计超过 1000 亿美元。

中美关系这些成果，是过去苏美关系将近 60 年间始终无法取得的。这说明，当代世界的中美关系，质量与内涵远远超越了冷战条件下的苏美关系。苏美关系是全面对抗、激烈争夺的争斗关系，而中美关系是既竞争又合作、竞争与合作长期并存的关系。2014年，中美双方隆重纪念了两国建交 35 周年这一重大历史事件。

当年 7 月，第六轮中美经济战略对话和第五轮人文交流高层磋商在北京举行时，习近平主席到会致辞时特别指出，中美经济总量占全球 1/3，人口占全球 1/4，贸易占全球 1/5，利益深度交融，和则两利，斗则俱伤。他主张双方"登高望远，加强合作，不断前行，坚持合作，避免对抗"，这样既可以造福两国，又可以兼济天下。他还就如何进一步推进中美新型大国关系建设提出了四点建议，一是增进互信，把握方向；二是相互尊重，聚同化异；三是平等互利，深化合作；四是着眼民众，加深友谊。他再一次重申了以前多次阐明的一个重要观点，即"宽广的太平洋有足够的空间容纳中美两个大国。中美双方应加强对话，增信释疑，促进合作，确保中美关系始终不偏离构建新型大国关系的轨道"。当时奥巴马总统在书面致辞中也表达了愿深化中美两国关系，推进双方多领域合作的政治意向。

事实上，当年 11 月奥巴马总统来北京出席 APEC 会议时，中美两国元首会晤就已经取得不少新的重要共识，双方达成不少新的合作协议。当时，习近平主席曾经当面敦促奥巴马，建立中美新型大国关系不能停留在概念上，也不能满足于早期收获，而是要继续前行。他建议，双方要加强高层沟通和交往，增进战略互信，在相互尊重的基础上处理两国关系，深化各领域交流合作，以建设性方式管控分歧和敏感问题，在亚太地区开展包容合作，共同应对各种地区和全球性挑战。

国际社会当时都已经注意到，奥巴马在回应时表态：美国支持中国改革开放，无意遏制或围堵中国。无论在双边、地区还是全球层面，美国都将中国视为重要合作伙伴。同中国发展强有力的关系，是美国在亚洲实行再平衡战略的核心。美国将与中国扩大合作，加深利益融合，通过坦诚和建设性对话解决差异。虽然奥巴马的表态让人感觉有点缺乏诚意，有点词不达意，口是心非，但作为美国元首，他不得不放下身段，收敛锋芒，迎合中国立场，本身就说明许多问题。

当然，奥巴马此次访华还是有不少成果的。中美两国就气候变化问题发表了联合声明，各自宣布了至 2025 年的减排目标，共同为 2015 年巴黎气候谈判取得成功做出了负责任大国的应有贡献。此外，双方就进一步加强安全领域的沟通协调达成了共识。在国际社会最关心的维护网络安全、打击网络犯罪等问题上，双方达成了合作协议。还有一项重要成果就是，双方宣布自 2014 年起，前往对方国家从事商务、旅游等活动的公民将自动获得有效期 10 年的多次入境签证，留学人员将获得有效期 5 年的多次入境签证。中美两国人员往来和人文领域的交流合作，从此将更加便利。这些成就对于构建中美新型大国关系的意义，无论如何是不可低估的。

国际上有人认为，中美两国之间，似乎中国方面更重视中美关系的定位和定义问题，是中国而不是美国明确地把两国关系的未来界定为新型大国关系。的确如此。中方提议构建中美新型大国关系，核心内容就是中美两国始终保持不冲突不对抗状态，并在相互尊重的基础上，谋求和实现互利共赢。不管美国人是否愿意、是否经常使用新型大国关系这一概念，事实上他们无法拒绝也不能不接受这样的建议和主张，因为他们别无选择。为了维护自己的世界霸权而与中国公开冲突和对抗，从根本上说并不符合美国的国家利益，因为美国没有这个能力，国际社会也不会允许美国拿人类社会的前途命运去冒险。除了相互尊重，互利共赢，美国还有与中国打交道的其他选择吗？没有！既然如此，中美两国构建新型大国关系，就要共同努力，相向而行；就要管控分歧，化解矛盾；就要增进共识，真诚合作。

当然，我们还必须看到，中美两国社会制度差异甚大，价值观体系完全不同，国际战略取向有时是完全对立的。中美之间不论过去、现在还是将来，矛盾无时不有，冲突无处不在。对于中国倡议的"一带一路"和中国发起成立的亚洲基础设施投资银行，美国就表现得十分"不爽"。有人公开撰文，说中国倡导"一带一路"是要向周边地区转移自己的过剩产能，缓解本国的经济困难和压力。还有人声称，中国推进"一带一路"建设，目的是要建立自己的"势力范围"，与美国争夺地区影响力，最终目的是把美国"挤出"亚太地区。有位美国官员曾经当面问我，世界上已经有那么多的金融机构，你们为什么不把力量放在激发它们的活力上，而是要另起炉灶，搞一个亚投行呢？

种种情况说明，中美构建新型大国关系，是一个漫长而曲折、充满无穷变数的过程，我们面临来自美国方面的许多阻挠、压力和挑战。但只要我们扎扎实实地把自己的事情做好，把自己"做大做强"，美国人最后会拱手求"合"。也就是说，当中国进一步发展壮大，成长为世界"首富"和"首强"之后，美国会主动寻求与我们合作。在"一带一路"这个牵动整个国际经济关系和战略利益格局的大问题上，美国的态度或许会有重要变化。在亚投行问题上，立场可能会有所松动。对此，我们也要有全面的分析，要有充分的认识，要有足够的自信。具体而言，就是要在政治、经济、安全等各个方面做好沟通、协商、对话、合作的准备。

总之。在构建中美新型大国关系这场历史性的大博弈中，中国作为新兴大国，是进取方，是倡议方，是主导方，是有较大发言权一方，后发优势突出。而美国作为守成大国，是呼应方，是应对方，是被迫选择方，表现出强弩之末的劣势。从力量对比和国际影响力等大趋势看，中国处于上升区间，而美国处于下行通道，这是不可改变的。但美国目前毕竟还是当今世界第一大国，"百足之虫，死而不僵"的道理对美国是绝对适用的。因而，我们推动构建中美新型大国关系，不能一蹴而就，不能急于求成。我们要始终保持足够的政治智慧，足够的应对手段，足够的战略定力。

（2015 年 12 月）

共创中俄关系美好未来符合时代潮流 [*]

　　说到国际关系中的合作共赢问题，很多人会联想到中国与俄罗斯的关系。2015年是世界反法西斯战争胜利70周年，中俄两国作为二战时亚洲和欧洲的两个主战场，分别举办了一系列庆祝活动。两国领导人相约出席了对方举办的纪念活动和阅兵式，引发了国际社会的普遍关注和热评。

　　中俄两国的睦邻友好合作关系，应当说自冷战结束、苏联解体、俄罗斯单独立国以来，在各个领域中发展得都非常顺利，这是我们双方共同努力的结果。1994年两国建立的战略协作伙伴关系，历经20多年，经受住了双方各自国内形势变化和国际风云变幻的考验。所以，2013年习近平就任中国国家元首后，立即前往俄罗斯访问。当时，他与俄罗斯总统普京共同确认，两国关系发展的中心任务就是加大政治上的相互支持，全面扩大务实合作，特别要深化战略性的大项目合作，还要加深在国际和地区事务中的协调与配合。那次访问最重要的成果，就是共同发表了《中俄关于合作共

---

　　* 本文系2016年10月作者对某媒体记者的谈话。

赢、深化全面战略协作伙伴关系的联合声明》，另外还批准了《中俄睦邻友好条约实施纲要（2013—2016）》，签署了32项合作文件。其中影响特别巨大，令双方备受鼓舞的是为期30年的中俄天然气领域合作协议。中俄睦邻友好合作关系和全方位的战略协作伙伴关系，由此变得更加巩固和成熟。

当然，我们两个国家的社会制度、价值观念、对外战略和发展利益并不完全一致，但是我们求同存异，不断寻找利益的共同点，不断寻找合作的切合点，在双边领域和国际事务中始终保持了密切的沟通、协调和配合。中俄之间持续发展的全面战略协作伙伴关系，不仅成了睦邻友好、共同发展的邻国关系典范，同时也成了推动构建多种类型新型大国关系、维护国际力量对比相对平衡、维持地区稳定并争取世界总体和平的重要因素。

在双边领域，中俄高层来往和互访近年来更加密切了，双方政治上的互信度，特别是两国领导人之间的个人友谊，与时俱进，不断增强。其结果就是，双方无论在经济领域、人文领域，还是在资源能源、航空航天、军工技术等方面，都建立了卓有成效的互利合作机制。2014年11月普京总统来华参加 APEC 会议时，习近平主席对他表示，不管国际风云如何变幻，我们都要坚持把中俄关系作为本国外交优先方向，不断增进政治和战略互信，不断扩大和深化全方位合作。普京这次来华，两国领导人见证签署了17项合作文件。

这一年，即2014年，中俄两国务实合作取得许多新突破。俄罗斯放宽了对中国出口敏感技术的限制措施，降低了大型中国企业进入俄罗斯的门槛。中国成了俄罗斯的第一大贸易伙伴，两国贸易额首次接近千亿美元，创下 952 亿美元的新高。更重要的是，2009年，历经 14 年商业谈判，中国与俄罗斯终于签署了贷款换石油协议。2011 年，中俄石油管道开始运营，中国通过陆地管道，每年从俄罗斯进口 1500 吨原油。这相当于中国石油进口总量的 8%，俄罗斯作为中国能源供应国的地位基本确立。2015 年 10 月，中俄两国央行签署了总额 1500 亿人民币的互换协议，卢布和人民币开始在对方市场挂牌上市，中俄双方的金融合作步伐大大加快了。

尤其令人振奋的是，中俄两国在共同安全和军事技术领域的合作力度空前加大。两国元首共同出席中俄海军"海上联合—2014"军事演习开幕式，影响非常大。俄罗斯还原则上同意向中国提供 S–400 导弹系统，同意提供苏 –35 多功能战机及其配套武器系统，同意在中国合作生产米 –26 重型直升机、阿穆尔 –1650 非核潜艇等武器装备。

就中俄关系目前的发展水平而言，我们有理由说，中俄两国上世纪 90 年代中期建立的战略协作伙伴关系，已经成为新世纪大国之间平等合作互利共赢关系的典范。也正因为如此，当 2015 年世界各国纷纷纪念世界反法西斯战争胜利 70 周年时，我们两个国家的领导人才能毫不犹豫地走到一起，共议整个人类社会的长治久安大计。我们记忆犹新的是，5 月 9 日，习近平主席偕夫人全程参加了俄罗斯纪念卫国战争和世界反法西斯战争胜利 70 周年相关活动。当时，俄罗斯与西方的关系因乌克兰危机而全面紧张，西方各国集体抵制莫斯科的纪念活动。但是中国领导人习近平主席高调参与，中国军人昂首挺胸行进在红场，与俄军一道接受中俄两国元首的检阅。此举不仅在政治上给予普京总统本人和俄罗斯人民以巨大的政治支持，更重要的是向全世界显示了中俄两国战略协作伙伴关系的高质量和高水平。

2015 年 9 月 3 日，中国人民纪念抗日战争暨世界反法西斯战争胜利 70 周年在北京举行时，西方国家领导人从残余的冷战思维出发，同样采取了很不友善的态度。除捷克总统泽曼先生外，西方国家政要全体缺席，意在显示他们对我国此次纪念活动的另类立场。但普京总统来到了北京，全程参加了我们的纪念活动，并且也带来了俄罗斯军人，参加了我们在天安门广场举行的盛大阅兵式。面对否定第二次世界大战胜利成果，企图颠覆二战以来国际秩序的图谋，此举向全世界显示了中俄两国共同维护世界反法西斯战争胜利成果，共同维护二战后形成的国际秩序的共同意志和决心。中俄两国领导人互访和接触十分频繁，但这两次活动意义深远，影响非凡。我们两国人民和整个国际社会，都切切实实感受到了中俄战略协作伙伴关系的稳定性和可靠性，感受到了它在国际格局和安全格局中的特殊意义和历史价值。

此外，还要注意到，中俄两国在上海合作组织、金砖国家框架内的合作也是卓有成效的。经过 20 多年的共同努力，由中国、俄罗斯、哈萨克斯坦、吉尔吉斯斯坦、塔吉克斯坦和乌兹别克斯坦共同组成的上海合作组织，已经发展成为由成员国、候补成员国、观察员国、对话伙伴国共同组成的多层次多内涵的新型区域合作组织，其作用和影响与日俱增。由中国、俄罗斯、印度、巴西和南非共同组成的金砖国家集团，已经走在新兴经济体国家群体性崛起的前列，正在成为参与全球治理、引领世界经济的主要驱动力之一。总而言之，如今整个世界都看到，中俄全面战略协作伙伴关系是经得起时间考验的，是有强大生命力和广阔发展前途的。

不过，我们也看到，对于习近平主席和普京总统频繁会晤，并且分别出席两国 2015 年举行的阅兵式，国内各界评价很高，对两国政治关系与安全合作，也有许多美好期待。但对两国长期以来经贸关系的发展，却信心不足。有人甚至对中俄两国能否在"一带一路"框架下开展务实合作，抱有某种疑虑。

前些年，在中俄全面战略协作伙伴关系发展进程中，双方的经贸关系略显滞后，特别是能源合作，以及具有战略意义的大项目合作，给人以动力不足之感。目前，这种状态已经大大改变，展现在我们面前的是良好的发展前景。前面我们已经谈过，中俄两国贸易额 2014 年统计已将近 1000 亿美元。我们希望经过双方共同努力，到 2020 年时达到 2000 亿美元。现在，俄罗斯已经成为我们的重要能源供应国，我们还要在金融、航天、基础设施建设等更多领域开展更为广泛的合作。

目前国际社会，也包括我国的许多专家学者，普遍关注俄罗斯对待"一带一路"的立场和态度。其实，如果大家留意的话，应当注意到这一事实，即 2015 年 5 月习近平主席莫斯科之行时，双方已经就此问题达成了重要共识，并且还发表了关于丝绸之路经济带与欧亚经济联盟建设对接以及深化全面战略协作伙伴关系、倡导合作共赢的联合声明。双方领导人出席了 32 项经贸合作文件的签字仪式。普京总统多次明确表示，俄罗斯支持习近平主席提出的"一带一路"倡议。

众所周知的是，根据两国元首的指示，目前双方有关部门正在加紧研究和制定中国"一带一路"倡议与俄罗斯欧亚经济联盟建设计划实现对接的具体方案。双方将成立由两国外交部牵头、由相关部门代表参加的工作组，协调双方有关领域的合作。双方还将通过两国总理会晤机制和其他各种双边合作平台，对两国元首共识的落实情况进行密切监督。据我所知，到2015年底，中俄双方已签署数十项与"一带一路"计划密切相关的合作协议，其中影响最大的，是双方共建3000公里天然气管道计划、中国公司将投资320亿人民币，与俄方企业共同承建的莫斯科至喀山之间长达770余公里的高速铁路计划，以及双方共同使用中国北斗卫星导航系统和俄罗斯格洛纳斯系统数据等项目。

由于习近平主席和普京总统之间已经建立起牢固的个人友谊，这种友谊为两国关系进一步巩固发展提供了坚实的政治保障。中俄两国长达4000多公里的共同边界，经过双方不懈努力，已变成和平安宁、友好合作的边界。中俄之间已经没有任何利害关系冲突。所以，我对中俄全面战略协作伙伴关系不断推进，对双方持续开展更大范围的务实合作，实现更高层次的合作共赢，充满信心。尽管由于多种因素影响，俄罗斯经济2015年下滑了3.7%左右，中俄贸易额也下滑到650亿美元左右，双方未能实现当年贸易额突破1000亿美元的预定目标，但中俄之间还有更多的合作项目在规划之中，还有更多的合作文件等待签署，其中包括涉及蒙古的中蒙俄经济走廊建设规划，双方互利合作的大方向不会改变，互利共赢的基本面也不会改变。况且，随着中蒙俄经济走廊项目开始启动，两国在基础设施建设、装备制造业、产能、能源、建材、化工、农业等诸多领域的合作都已提上日程。

随着国际力量对比和世界格局继续向有利于广大发展中国家、

有利于新兴经济体、有利于建立国际政治经济新秩序的方向发展，中俄关系在中国外交总体布局中的地位和作用，还会继续上升。虽然俄罗斯的综合国力不及当年的苏联，但它始终是世界上一个很有影响力的大国。俄罗斯参与地区事务、参与国际事务的能力，是任何时候都不可低估的。因此，同俄罗斯开展全方位的友好合作关系，不断提升我们两国战略协作伙伴关系的水平，既符合中国利益，也符合俄罗斯利益，更符合亚太地区和平与发展的共同利益。

（2016 年 10 月）

中国倡导的金砖合作将成为
世界联动发展的主要驱动力[*]

　　不久前，金砖国家领导人第八次峰会在印度果阿举行。在当前世界经济复苏困难、全球治理效果不彰、区域合作方式陈旧、联动发展动力不足、新兴经济体发展势头受挫的形势下，针对金砖国家既面临严峻问题又面临重大机遇的新情况，中国国家主席习近平就金砖国家如何坚定信心，如何共同应对挑战，提出了新建议和主张，为金砖国家加深富有成效的合作，实现稳定而可持续的发展，提出了卓有创意的中国思路和切实可行的中国方案。

一、习近平"五个共同"倡议与"四大伙伴关系"主张一脉相承

　　习近平主席的"果阿建议"，包括共同建设开放经济、共同勾

＊ 本文系作者 2016 年 11 月在"2016 新兴经济体年会暨 2016 新兴经济体国际论坛（国际学术会议）"上的讲话。

画发展愿景、共同应对全球性挑战、共同维护公平正义、共同深化伙伴关系五大方面，其核心要素是在共同建设开放的世界的过程中，首先解决好各自的内部问题，即推进结构性改革，创新增长方式，构建开放型经济，率先反对各种形式的保护主义，这是金砖国家向更高发展阶段迈进过程中遇到的共同性问题。其次，面对发达国家反全球化运动逆势来袭，金砖国家既要在相互之间，也要在全球范围内，共同努力，建立经贸大市场，促进金融大流通，实现基础设施大联通和人文领域的大交流。

习近平主席提出的"果阿建议"，与去年他在第七次峰会上提出的金砖国家共同构建"四大伙伴关系"的主张，即维护世界和平的伙伴关系、促进共同发展的伙伴关系、弘扬多元文明伙伴关系、加强全球治理伙伴关系，前后呼应，一脉相承。这不仅再次体现了中国对于金砖国家合作的高度重视，切实将金砖国家合作当作中国外交的一个重要方向，同时也反映出中国领导人对于金砖国家如何提升合作伙伴关系水平、如何将自身发展与世界的发展紧密联系起来、如何更有建设性地参与全球经济治理而做出的战略思考。这与他 2013 年秋发出的"一带一路"倡议以及不久前在 G20 杭州峰会上深入阐明的联动发展理念，具有同等重要的理论价值和现实意义，中国方面首先需要认真研究并全力推动落实。

二、发展中国家与发达国家共同参与
全球治理的时代已经到来

冷战结束以来，随着世界多极化和经济全球化两大进程加速推进，国际战略格局和力量对比已经发生并在继续发生深刻而复杂的变化。其中一个重要方面就是，世界经济活动的重心开始向欠发达地区转移。广大发展中国家在自觉不自觉地介入经济全球化的过程中，一方面不得不继续承受不合理的国际经济旧秩序带来的种种伤害，另一方面也获得了引进国外资金、技术、人才、管理经验和现代化发展理念的历史机遇。包括中国、印度、巴西、南非在内的一大批欠发达国家和俄罗斯、波兰等社会制度转型国家，陆续跨入加速成长的新兴经济体之列，开始在世界经济发展进程中发挥举足轻重的作用和影响。少数发达国家控制世界经济秩序、统领经济发展潮流的时代，一去不复返了。

2008 年爆发的国际金融危机，阴影长存，至今挥之不去。这场危机充分暴露出欧美国家经济体制的局限性和增长潜力的有限性，国际社会普遍意识到，西方国家主导的全球治理模式已成强弩之末，全球治理转型势在必行。正是在这样的背景下，20 世纪最后一年，即 1999 年，西方发达国家与新兴经济体共同组成的二十国集团（G20）应运而生。自那时起，二十国集团便担负起管理全球经济、应对共同发展问题、完善全球治理三大职能。

G20 作为国际舞台上的新事物，作为前所未有的多边平台，其诞生标志着七国集团引领世界经济潮流并致力于全球治理的旧经济秩序已经失灵。广大新兴经济体国家，特别是以中国为代表的金砖五国，对这个涵盖面广、代表性强、兼顾区域平衡的新机制表现出极大兴趣，努力利用这个平台，参与发展中国家与发达国家的交流、协商与对话。2005 年，中国曾成功地在北京举办了第七届 G20 财长和央行行长会议。

2008 年国际金融危机发生后，G20 承担的全球治理任务更加突出和繁重，国际社会对 G20 的期待也进一步增大。G20 领导人年度会晤机制正式形成。作为 G20 成员的所有新兴经济体国家，参与全球治理的深度、广度和力度空前增大。中国和其他金砖国家在参与解决重大世界经济问题和其他各种共同性问题方面的作用，已经变得不可忽视、不可替代。

三、以金砖国家为第一梯队的新兴经济体
对世界经济的贡献率不断上升

由中国、俄罗斯、印度、巴西和南非共同组成的金砖国家，国土面积总和约占全球的 30%，人口目前约占全球总量的 42%，生产总值 2010 年时即已占全球总量的 18%，贸易总额在全球贸易总量中的比重达 15%。在 2008 年国际金融危机爆发以来的 8 年时间里，西方发达国家的经济走势总体上呈持续低迷状态，美国、英国、德国经济运行中闪现的积极态势，未能从根本上和全局上扭转发达经济体整体复苏乏力的窘境。与此相反，金砖国家和绝大多

数新兴经济体，却以超乎寻常的经济发展成就，担负起全球经济增长重要引擎的作用。到 2014 年底，中国经济总量已远远超越日本，成长为举世瞩目的世界第二大经济体。俄罗斯、印度、巴西的GDP 均已超过万亿美元，进入世界经济 12 强之列。

然而，在世界经济早已成为紧密连接的统一体的全球化时代，任何国家都不可能超越国际经济联系而独自发展。由于国际金融危机持续发酵的消极影响，新兴经济体国家终究未能独善其身。在整个世界经济不景气的阴影下，金砖国家和大多数新兴经济体的发展势头逐渐趋缓，俄罗斯、巴西、南非经济呈现出严重滑坡的态势。虽然中国依然保持着 6.5% 以上的中高速度增长，对世界经济增长的贡献率依然最大，但新兴经济体在世界经济增长中的引擎作用明显下降。国际社会开始对新兴经济体和金砖国家的未来表现出某种失望情绪。

实际上，综观各种因素，可以说，以金砖国家为第一梯队的新兴经济体，发展潜力依然十分可观，对世界经济的拉动作用远未穷尽。譬如俄罗斯，虽然其基础设施比较陈旧，对外开放程度偏低，发展观念有待革新，受西方制裁后经济困难加重，但其资源异常丰富，科技潜力和劳动力整体素质较高，自然禀赋相当优越。另外，国债水平低，失业率不高，赤字比例小，抗击外部风险的回旋空间大等后天优势，也是许多大国无法比拟的。印度除地大物博、资源丰富外，还有市场巨大、人口结构合理、劳动力充裕等独特优势，未来经济发展有望继续保持在中高速增长区间。

四、以金砖合作带动南南合作与
全球经济发展意义重大

在这种情况下，全面推动和深化金砖国家在经贸、金融、能源、科技、产能、基础设施建设等多领域合作，持续加强五国在重大国际和地区问题上的协调与配合，不断创新相互间的交流平台与合作模式，以金砖国家的务实合作带动新兴经济体和广大发展中国家的互利合作，进而推动全球范围的包容发展和联动发展，不仅对金砖五国自身发展十分重要，而且对创新和实践新的区域合作与多边合作模式，带动整个世界经济迈向更加开放的发展阶段，具有不可估量的重要意义。

因此，2013年9月，习近平第一次以中国国家元首身份出席在圣彼得堡举行的二十国集团领导人第八次峰会时，呼吁金砖国家与整个国际社会，围绕"增长与就业"这一主题，放眼长远，努力塑造发展创新、增长联动、利益融合的世界经济，坚定维护和发展开放型世界经济，建设更加紧密的经济伙伴关系。2014年金砖国家在南非德班举行第五次峰会时，习近平呼吁金砖国家坚定捍卫国际公平正义、维护世界和平稳定，同时推动建立全球发展伙伴关系、促进各国共同繁荣，深化互利合作、谋求互利共赢。

中国既是金砖国家相互合作的积极倡导者，同时也是金砖国家与广大发展中国家密切合作的大力推动者。中国曾就金砖国家与非洲国家的合作提出许多具体建议，譬如：将共同推动非洲基础设施建设作为国际合作发展的优先领域，使共同参与非洲跨国大项目合作成为非洲深化一体化、改善民生的拉动力；共同促进对非金融合作，支持多边银行加大对非投入，为非洲基础设施建设提供支持；本着可持续发展理念对非开展基础设施建设，使非洲既能实现经济快速发展，又能保护生态环境。关于金砖国家与南美洲国家的合作，中国主张实现金砖国家与南美洲两大市场的对接，开展互利共赢的投资合作，等等。

在积极倡导金砖国家相互合作、推动金砖国家扩大与广大发展中国家合作的过程中，中国注意到，金砖国家之间也存在一定程度的保护主义和关税壁垒等问题。有鉴于此，中国不仅在政治层面全力推动落实《金砖国家经济伙伴战略》，同时还倡导成立了金砖国家新开发银行。这个初始资金为 1000 亿美元、总部设在上海的新国际金融机构，目前已开始运营。此外，在中国大力倡导和推动下，金砖国家还建立了应急储备安排，目的是保障金砖国家金融稳定，防范意外风险的发生。在这个新的金融合作框架下，中方投票权为 39.95%，俄罗斯、巴西、印度的投票权分别为 18.1%，南非为 5.75%。

2014 年第九次 G20 峰会在澳大利亚布里斯班举行时，习近平主席一方面建议各方从创新发展模式、建设开放型世界经济、完善全球治理三个方面共同努力，合力应对气候变化、埃博拉疫情等人类社会面临的全球性挑战和共同性威胁，另一方面建议 G20 呼应中国的"一带一路"倡议，成立全球性基础设施中心，在世界银行框架下设立全球基础设施基金。

五、中国以推进"一带一路"建设为标志引领金砖合作将成为未来世界联动发展的主要驱动力之一

目前，中国倡导的"一带一路"计划，已得到包括金砖国家在内的几乎所有新兴经济体国家的热烈支持。有 30 多个国家的政府与中国签署了在建设"一带一路"方面开展合作的相关文件。中国设计的"六大经济走廊"项目已全面启动，与发达国家共同开展的一些重大项目，也显示出开局顺畅的良好势头。中国发起成立、总部设在北京，同样以 1000 亿美元作为初始资本的亚洲基础设施投资银行，创始成员国已有 50 多个，其中包括英法德意等七国集团成员。另有加拿大等 20 多个国家正在申请加入。

由于这一切，我们有理由相信，以中国为代表的金砖国家仍有巨大发展潜力和良好发展势头，金砖国家之间以及金砖国家在全世界范围内积极开展务实合作，将成为区域性和跨区域联动发展、进而带动全球经济发展与合作共赢的典范。简而言之，我们相信，由于中国和金砖国家以及相关各方共同努力，金砖国家对世界经济增长的贡献率会继续上升，在国际经济秩序改革和全球治理方面的作用会进一步增大，与国际社会一道共同应对气候变化等全球性挑战的主动性会不断加强，推动南南合作和南北合作的成就会更加显著。中国倡导和积极推动的金砖国家合作，将成为未来世界联动发展的主要驱动力之一。

六、世界经济将进入发达国家与中国为首的
新兴经济体共同引领和治理的新时代

　　大家知道，人类社会本质上是由拥有不同文明类型、处于不同发展阶段、社会制度和道路选择千差万别的国家和地区组成的统一体。从经济发展和社会成熟的角度看，当今世界是由发达国家、新兴经济体和广大发展中国家共同组成的共同体。用习近平主席的话说就是，我们生活在同一个地球村中，生活在历史与现实交汇的同一个时空中，各国之间的相互联系和彼此依存越来越紧密，越来越成为你中有我、我中有你的命运共同体。

　　曾几何时，由于历史与现实、政治和经济、科技与文化、战争与和平等诸多因素共同作用，少数西方工业国一度成为世界经济发展的主要引擎，甚至成为人类社会科技进步的主要驱动力。上世纪80年代末90年代初，随着东西方冷战以所谓西方"不战而胜"而告结束，苏联主导并以经互会为平台的"世界社会主义体系"全面瓦解，以美国为首的七个发达国家组成发达国家俱乐部，试图以七国集团名义主宰全球事务和人类命运，包括垄断世界经济进程，控制国际经济秩序。广大发展中国家在世界经济发展进程中的作用，参与全球经济治理的正当权益，一度受到严重漠视。

　　然而，2007年美国次贷危机突然爆发，2008年欧洲金融危机全面来袭，彻底打破了发达国家试图在经济上永远控制世界的旧思维，包括中国在内的一大批新兴经济体国家，被吸引到经济全球化

和全球治理进程中来。于是，标志着发达国家与发展中国家共同参与世界事务、共同治理世界经济的二十国集团，开始在全球治理中发挥主要作用。G20峰会连年举办成为惯例，配套活动越来越多成为常态。世界真的是"换了人间"。

这里应该指出的是，新兴经济体到底包括哪些国家，世界上并没有统一说法，今天也难有普遍认同的定论。一般说来，中国、俄罗斯、印度、巴西和南非共同组成的"金砖国家"属于新兴经济体的第一梯队，国际上对此没有争议。而墨西哥、韩国、波兰、土耳其、埃及五国共同构成的所谓"金钻国家"，一般认为处于新兴经济体的第二梯队。印度尼西亚、阿根廷、沙特阿拉伯等更大一批国家，可以有条件地视为新兴经济体的第三梯队。

总体上说，在过去的大约10年时间里，新兴经济体对世界经济增长的贡献远大于发达国家，事实上一直在发挥世界经济增长的重要引擎作用。有数据显示，2007年时，中国就已经成长为世界第四大经济体，俄罗斯、印度和巴西的年GDP总量，也已远远越过上万亿美元。中、印、俄三国对世界经济增长的贡献率，就已经超过全球的一半。

近年来，随着经济全球化不断向纵深发展，越来越多的国家参与到经济区域化和全球一体化进程中来，欧洲金融危机的深层次影响也在持续发酵，发达国家经济困境的外溢效应进一步放大。世界经济复苏整体动力不足，一些国家之间合作意愿下降。广大发展中国家遇到的困难和压力越来越大，新兴经济体普遍快速发展的内外环境发生重大改变。金砖国家除印度依然保持较高增长率外，中国连续几十年两位数增长的潜能已不复存在，俄罗斯和巴西2015

年甚至出现大幅度经济滑坡，经济发展进入下行通道。

世界经济面临如此严峻的局面，甚至可能出现更长时期的历史性衰退。发达国家、新兴经济体国家和广大发展中国家必须携手并进，共克时艰。然而，在西方国家，中国"经济崩溃论"始终不绝于耳，金砖国家"集体褪色"的看法很有市场。

正是在这种形势下，中国领导人作为 2016 年 G20 杭州峰会的东道主，旗帜鲜明地提出了创新、活力、联动、包容的新理念，并在出席金砖国家领导人果阿峰会期间，发出了共同建设开放世界，共同勾画发展愿景，共同应对全球性挑战，共同维护和平正义，共同深化伙伴关系的倡议。

我相信，本次高规格的学术会议，一定会围绕"新兴经济体发展：创新、活力、联动、包容"这一主题，结合不久前召开的G20 杭州峰会、金砖国家领导人果阿峰会以及即将召开的 APEC 领导人非正式会议，充分研讨新兴经济体在世界经济新格局中的地位和作用；畅谈金砖国家深化互利合作对广大发展中国家联动发展的积极影响，并就中国在新兴经济体群体性崛起过程中的特殊作用等问题发表真知灼见，碰撞出思想的火花，展示中国智慧的力量。

（2016 年 11 月）

中国始终坚持裁军与强军并举，发展与安全兼顾[*]

　　纪念中国人民抗日战争胜利 70 周年暨世界反法西斯战争胜利 70 周年大会已过数日，国内外对于这一盛举的热议一如当初。人们普遍关注的，不仅仅是规模宏大、气势磅礴的阅兵式和人民解放军叹为观止的现代化装备，也不仅仅是中国人民不可辱没的神圣爱国情怀和万众一心的巨大精神力量，同时还有中华民族追求正义、珍爱和平的优秀传统和品格，以及中国政府以维护世界和平为己任的坚强意志和决心。习近平主席庄严宣告裁军 30 万，是中国政府践行这一崇高意愿的具体体现，在国内外引起巨大反响。

　　中华人民共和国是中国共产党领导的社会主义国家。执政党的历史使命和社会主义制度的先进性，决定了中国政府高度重视军备与裁军问题。1950 年 6 月，新中国成立不久，政府就做出了将军队人数由 550 万裁至 400 万的决定，当年裁员 20 多万。1951 年 11 月，抗美援朝战争尚未结束，中国又做出了 3 年内将全军员额

---

* 本文作于 2015 年 9 月中国人民纪念抗日战争暨世界反法西斯战争胜利 70 周年大会之后。

控制在 300 万的决定。到 1958 年底，中国军队人数已比新中国成立初减少 60% 多。根据 1957 年 1 月中央军委决定，中国要继续裁军进程，军队人数最终保持在 250 万人左右。

1966 年至 1976 年"文革"期间，中国军队员额因多种原因而严重膨胀。1975 年至 1976 年间，中国第五次裁军，目标是 3 年内减员 60 万，但囿于当时情况，精简整编任务未能完全实现。改革开放后，中国又连续三次裁军，其中尤以 80 年代中期百万大裁军影响最大。主持这次裁军的邓小平当时指出，"军队要提高战斗力，提高工作效率，不消肿不行"。这次大裁军，实质上是解决军队机构臃肿、冗员繁杂、效能低下的问题。世纪之交，中国又进行两次裁军，总共裁军 70 万。中国军队逐步实现了由数量规模型向质量效能型、由人员密集型向科技密集型的转变。

以裁军为主要内容的军备控制，是国际社会普遍关心的问题。中国积极致力于军备控制和裁军，同时也努力推动世界军备控制与裁军进程。1971 年中国恢复在联合国的合法席位后，一直认真参与联合国及其相关机构关于裁军问题的审议和谈判，不但每年派人参加联合国大会主要讨论裁军与安全问题的第一委员会的工作，而且派团出席了联合国 1978 年、1982 年和 1987 年召开的裁军问题特别会议。

自 1980 年起，中国开始参加联合国日内瓦裁军谈判会议及其下属各委员会和工作小组的活动。此外，中国还向联合国"世界裁军运动"及裁军研究所等机构提供捐款。1986 年至 1990 年间，中国代表团连续多年在联合国提出推进核裁军和常规裁军的实质性决议案，获得一致通过。中国还与其他国家一起，作为共同提案国，提出过"裁军审议委员会报告"、"亚非拉和平与裁军"、"防止外空军备竞赛"等提案，均获通过。1987 年与 1992 年，中国与联合国在北京、上海共同举办过国际裁军讨论会。中国对世界军备控制和裁军事业的支持是实实在在的，有目共睹的。

中国领导人此次作出较大规模裁军的重大决定，一方面考虑到了和平与发展的时代主题依然如故，合作与共赢的基本诉求日益彰显，另一方面也注意到世界军事的发展动向。美国是世界头号军事大国，战后基于国际压力等种种原因，也在不断裁军，上世纪 70 年代其兵力减至 210 万，目前大致为 140 万。2014 年，美国宣布未来 3 年裁军 10 万，陆军人数将削减到 1940 年的规模。海军陆战队也将大幅削减。俄罗斯也是世界军事大国，以原苏军为基础组建的俄军，人数最初约 250 万，1996 年时减至 170 万，1999 年减至 120 万，最终要裁减至 100 万。

从整体军事实力上看，应当说中国明显逊于世界头号军事大国美国，在某些方面可能与世界第二军事强国俄罗斯也有一定差距。但中国军队员额远远超过美俄两国。陆军比重过大，指挥机构不尽合理，后勤保障部门庞杂，军事院校等非作战单位过多等问题相当突出。此外，中国军队还承担了许多可以由公安、武警等部门承担的任务。赶超世界军事革命潮流，大力裁减冗员，抓好质量建军，把军队建设重点放在海空军、特种部队、技术兵种以及太空部队、网络部队等新兵种上，势在必行。

作为中国最高领导人和中国武装力量最高统帅，习近平选择纪念抗日战争和世界反法西斯战争胜利 70 周年这一历史性时刻宣布裁军 30 万，意在向全世界展示中国人民的热爱和平的善良意愿，展示中华民族和平崛起的坚强意志，为别有用心者鼓吹的所谓"中国威胁论"撤火降温。国际社会对此评价总体上积极而恰当，认为中国此次裁军意义超乎寻常，影响相当深远。但也有个别人强调，中国此次裁军与军事体系改革和军事战略调整，与军队现代化建设总体部署紧密相连。

是的，中国此次裁军的确与国家军事体系改革、军事战略调整密切相关，与中国人民解放军的现代化建设总体部署紧密相连。对此我们也无须否认。中国的裁军，任何时候任何条件下都要以确保国家整体军事实力继续提升、确保军队战斗力持续增强为前提。因为世界还很不安宁，冷战思维和热战聒噪仍不绝于耳，扩张主义、霸权主义、新干涉主义和某些国家的军事冒险主义有增无已。

冷战结束以来，特别是进入新世纪以来，国际形势复杂多变的特点十分突出。在十三亿中国人民坚持改革开放、一心一意进行社会主义现代化建设之际，习近平主席倡导并全力推进"一带一路"建设，以振兴全球经济并引领合作共赢之际，战争的达摩克利斯之剑，依然高悬在人类社会的头上。这是我们不得不始终高度警觉的严酷事实。中国军队要忠实履行保卫祖国安全、维护世界和平的双重职责，必须赶上世界新军事革命步伐，在武器装备远程化、精确化、智能化、隐身化、无人化等诸多方面取得明显优势，牢牢把握太空和网络空间等新的战略竞争领域的制高点。

当前，世界主要国家都在致力于国家安全战略、防备战略和军事力量调整。美国虽然也在裁军，但美军的装备水平、机动能力和指挥系统，仍为世界一流。在裁减陆地作战部队的同时，美国仍极力确保其海空军优势，并且大大加强了特种部队。俄罗斯所选择的也是质量建军、精兵强将之路。

我国适应时代潮流和自身需要，把经济社会发展大局与军事改革总体部署紧密结合，把维护祖国安全与世界和平紧密结合。相信适度裁员、合理调整后，中国军队会更加精炼，斗志会更加高昂，为中华民族全面复兴保驾护航的战斗力会大大增强。此次裁军的政治影响和历史意义，必将随着时间的推移而进一步彰显。

（2016 年 9 月）

不忘初心：沿着和平发展与
合作共赢的道路砥砺前行*

习近平总书记在纪念中国共产党成立95周年大会的讲话，是一篇闪耀着马克思主义思想光辉，同时也充满强烈的时代气息的纲领性文献。讲话全面回顾了中国共产党坚持不懈、带领全国人民英勇奋斗的光辉历史，同时纵览国际风云变幻和我国目前所面临的新形势，旗帜鲜明地号召全党全国人民面向未来、面对挑战，不改初心、继续前进。这是中国领导人顺应历史潮流、勇敢面对各种挑战，向全世界发出的中国共产党人既永不忘本，又与时俱进的时代最强音。

习近平总书记从八个方面阐述了中国共产党人应当坚持不忘初心、矢志不移继续前进的战略思想，其中第七部分讲的是中国将"始终不渝地走和平发展道路，始终不渝地奉行互利共赢的开放战略"。这两个"始终不渝"，既是对中国共产党人以天下为己任伟大情怀的精辟概括，又是对新中国60多年外交理论与实践的科学总

---

* 本文系作者就习近平总书记2016年七一讲话在光明网做的一次访谈。原标题为：《不忘初心是中国共产党人对世界做出的又一庄严承诺》。

结，同时也是中华民族向国际社会作出的又一个庄严承诺。

坚定不移地走和平发展道路，坚持和平立国、和平兴国，这是中国共产党人的初心。新中国成立时，中国共产党人从当时的国际形势和新中国所处的特定环境出发，明确宣布在对外关系领域实行向以苏联为首的社会主义阵营"一边倒"的政策，但实际上，新中国观察国际问题、处理对外关系，一开始就坚持从中国人民的自身利益和世界各国人民的共同利益出发，一开始就毫不犹豫地站在了维护世界和平、争取共同安全、推动人类进步的时代最前列。因此，新中国成立伊始，就积极奉行独立自主的和平外交政策。在同社会主义阵营各国建立友好关系的同时，努力同周边地区社会制度不同的国家发展睦邻友好关系，并且很快就同欧洲一些发达资本主义国家建立了正常的国家关系。1954 年，中国联合印度、缅甸两个友好邻国，共同提出了著名的和平共处五项原则，1955 年又推动亚非国家共同提出万隆会议十原则，为当时的国际关系发展作出了重大贡献，至今仍是国际社会处理国与国关系的重要准则。

作为新中国领袖的毛泽东主席，自新中国成立时起，就积极倡导世界和平。他曾多次表示，中国愿意与包括美国在内的一切国家和平共处。他对邻国表示，"我们愿意用和平的方法来解决存在的问题"。他还通过周边国家领导人向美国提议，"如果美国愿意签订一个和平条约，多长的时期都可以，五十年不够就一百年"。他明确主张，新中国"要争取和平环境，时间要尽可能的长"，并且认为"这是有希望、有可能的"。

习近平总书记在讲话中总结了新中国"在和平共处五项原则基础上，同所有国家发展友好合作"的历史经验，进一步提出，

"中国要坚定不移地实行对外开放的基本国策，坚持打开国门搞建设"。"打开国门搞建设"，意味着中国在建设自己伟大国家的历史进程中，要长期奉行与外部世界开展合作的方针，这也是中国共产党人的初心。

上世纪 50 年代，毛泽东主席曾明确表示，新中国应当与资本主义国家"互相帮助，互通有无，和平友好，文化交流"。他旗帜鲜明地提出了"向外国学习"的口号，主张"学习资本主义国家先进的科学技术和企业管理方法中合乎科学的方面"。"如果美国人愿意的话，我们也愿意向他们学习。"他曾特别强调，即使中国完成了几个五年计划，取得了很大建设成就，也还要向外国学习，"一万年都要学习"。

遗憾的是，囿于当时的国内外条件，特别是极其复杂的国际形势，毛泽东主席"和平为上"的外交理念和"向一切国家学习"的开放思想，未能得到完全实现。

如今，国际形势已经发生了天翻地覆的变化，世界格局和力量对比早已今非昔比，中国同外部世界的关系继续发生着有利于中华民族全面复兴的全面变革。这正如习近平总书记所说，"人类社会比以往任何时候都更有条件共同朝着和平与发展的目标迈进"。正是基于这样的科学判断和深刻分析，习近平总书记振聋发聩地郑重宣布："中国主张各国人民同心协力，变压力为动力，化危机为生机，以合作取代对抗，以共赢取代独占。"这几点主张，指明了推动当今时代发展进步的本质问题，符合历史前进的方向和潮流，也符合各国人民的普遍诉求，应当成为也必将成为国际社会变革世界秩序、推进全球治理的核心理念。

当然，世界上的事情是非常复杂的，是由多方面因素决定的。在变幻莫测的国际大舞台上，许多事情的发生和发展常常不以人的意志为转移。在当前霸权主义、强权政治、冷战思维还严重存在的情况下，争取建立公正合理的国际秩序、推动全球治理良性发展的斗争依然漫长而尖锐。正因为如此，习近平总书记以不容置疑的坚定语气表示，世界需要什么样的秩序、全球治理体系如何构建，这是世界各国人民的共同事业，不能由少数人说了算，不能由一个国家说了算。我想，全世界都会懂得，习近平总书记这番话的深刻内涵。中国是当今世界最大的发展中国家，是对人类和平发展进步负有特殊责任和义务的国家。随着中国越来越接近于世界舞台的中心，国际社会对中国的期盼和要求越来越高。中国共产党人和中华民族有信心也有能力承担起这一崇高使命，在引领世界政治经济秩序全面变革、推动建立以互利共赢为核心的新型国际关系方面做出应有的努力和贡献。

历史赋予了中国共产党人和中华民族以"世界和平的建设者"、"全球发展的贡献者"和"国际秩序的维护者"的神圣使命。为了不辱使命，在当前乃至今后更加错综复杂的国际斗争中，一方面，我们要大力倡导人类命运共同体意识，持之以恒地推动建立各种形式的利益共同体、责任共同体和安全共同体，牢牢占据国际斗争中的道义高地；另一方面，还要继续高举和平发展合作共赢的旗帜，永远保持打开国门搞建设的开放态势，全力推进"一带一路"建设，在周边地区和更广泛的区域内打造共商共建共享的合作新格局。此外，我们还要理直气壮地坚守国际公理和正义，毫不含糊地反对霸权主义、新干涉主义、新冒险主义和新保护主义，维护我国和广大发展中国家的正当权益。

不在主权和安全问题上屈服于外部压力，不在核心利益方面做出妥协和让步，不拿原则做交易，这更是我们中国共产党人的初心。我们过去没有、现在没有，将来也不会在涉及国家核心利益的问题上做出让步，不会为了实现某种均势、维持一隅之安或为一时之得，牺牲中国人民的长远利益和根本利益。中国人民根本利益与世界人民根本利益的一致性，永远是中国共产党人处理国际事务的基本出发点和落脚点。

中国共产党人和中华民族通过自己的全面复兴与和平崛起，为人类文明进程做出新贡献的历史新时代，已经开启！

（2016 年 7 月）

责任编辑:刘敬文

图书在版编目(CIP)数据

"一带一路":联动发展的中国策/于洪君 著. —北京:人民出版社,2017.5
    (2017.10 重印)
ISBN 978 - 7 - 01 - 017684 - 0

Ⅰ.①—…　Ⅱ.①于…　Ⅲ.①"一带一路"-国际合作-研究
　Ⅳ.①F125

中国版本图书馆 CIP 数据核字(2017)第 081802 号

"一带一路":联动发展的中国策
"YIDAIYILU":LIANDONG FAZHAN DE ZHONGGUOCE

于洪君　著

人民出版社 出版发行
(100706　北京市东城区隆福寺街99号)

北京汇林印务有限公司印刷　新华书店经销

2017 年 5 月第 1 版　2017 年 10 月北京第 2 次印刷
开本:710 毫米×1000 毫米 1/16　印张:19.25
字数:192 千字　印数:4,001-9,000 册

ISBN 978 - 7 - 01 - 017684 - 0　定价:39.00 元

邮购地址 100706　北京市东城区隆福寺街 99 号
人民东方图书销售中心　电话 (010)65250042　65289539